TMS EMS

MATHE LEITFADEN
QUANTITATIVE UND FORMALE PROBLEME
7. AUFLAGE

266 ORIGINALGETREUE ÜBUNGSAUFGABEN • NEUN KOMPLETTE TMS & EMS SIMULATIONEN • DAS KOMPLETTE MATHE BASISWISSEN • EFFIZIENTE LÖSUNGSSTRATEGIEN • BEWÄHRTE TIPPS & TRICKS • MUSTERLÖSUNGEN ZU ALLEN AUFGABEN • EXAKTE ANALYSE DER ORIGINALAUFGABEN • AUSFÜHRLICHE ERKLÄRUNGEN ZU TYPISCHEN FEHLERQUELLEN

Zuschriften, Lob und Kritik bitte an:

MedGurus® Verlag
Am Bahnhof 1
74670 Forchtenberg
Deutschland

Email: buecher@medgurus.de

Bibliografische Information der Deutschen Nationalbibliothek

Die Deutsche Nationalbibliothek verzeichnet diese Publikation in der Deutschen Nationalbibliografie. Detaillierte bibliografische Daten sind im Internet über http://dnb.dnb.de abrufbar.

Alle Rechte vorbehalten
© by MedGurus® Verlag · Hetzel, Lechner, Pfeiffer GbR, Forchtenberg

1. Auflage Februar 2012	Umschlaggestaltung:	Studio Grau, Berlin
2. Auflage November 2012	Layout & Satz:	Studio Grau, Berlin
3. Auflage November 2013	Lektorat:	Marina Essig
4. Auflage Februar 2014	Druck & Bindung:	Schaltungsdienst Lange oHG, Berlin
5. Auflage Dezember 2014		
6. Auflage Dezember 2015		
6. Aktualisierte Auflage November 2016		
6. Aktualisierte Auflage November 2017		
7. Auflage Oktober 2018		
7. Aktualisierte Auflage Oktober 2019		

Das Werk einschließlich aller seiner Teile ist urheberrechtlich geschützt. Jede Verwertung außerhalb der engen Grenzen des Urheberrechtsgesetzes ist ohne Zustimmung des Verlages unzulässig und strafbar. Das gilt insbesondere für Vervielfältigungen, Übersetzungen, Mikroverfilmungen und die Einspeicherung und Verarbeitung in elektronischen Systemen.

Printed in Germany
ISBN: 978-3-950333-22-0

INHALTS VERZEICHNIS

1 EINLEITUNG 7

1. ALLGEMEINES UND AUFBAU 8
2. BEARBEITUNGSSTRATEGIE 10
3. HILFE-CHAT 12
4. NEUIGKEITEN ZUM TMS 12
5. UNI RANKING – DEINE STUDIENPLATZCHANCE 12

2 MATHE BASISWISSEN 13

1. ALLGEMEINE RECHENGESETZE 14
2. BRUCHRECHENREGELN 16
3. PROPORTIONALITÄT 19
4. GLEICHUNGEN 25
5. RECHNEN MIT POTENZEN 34
6. RECHNEN MIT ZEHNERPOTENZEN 38
7. PROZENTRECHNUNG 44
8. KOPFRECHNEN 47

3 GRUNDAUFGABENTYPEN 49

1. ALLGEMEINES UND AUFBAU 50
2. RECHNEN MIT FORMELN UND GLEICHUNGEN 51
3. DREISATZRECHNEN 57
4. SCHRITTWEISES RECHNEN UND LOGISCHES DENKEN 61
5. MISCHUNGSAUFGABEN UND MENGENAUFGABEN 66
6. RECHNEN MIT PHYSIKALISCHEN EINHEITEN 70

4 MUSTERLÖSUNGEN – GRUNDAUFGABENTYPEN 75

1. RECHNEN MIT FORMELN UND GLEICHUNGEN 76
2. DREISATZAUFGABEN 79
3. SCHRITTWEISES RECHNEN UND LOGISCHES DENKEN 81
4. MISCHUNGSAUFGABEN UND MENGENAUFGABEN 84
5. RECHNEN MIT PHYSIKALISCHEN EINHEITEN 88

5 ÜBUNGSAUFGABEN 91

1. SIMULATION 1 93
2. SIMULATION 2 101
3. SIMULATION 3 110
4. SIMULATION 4 119
5. SIMULATION 5 130
6. SIMULATION 6 139
7. SIMULATION 7 149
8. SIMULATION 8 158
9. SIMULATION 9 171

6 LÖSUNGEN 185

1. MUSTERLÖSUNGEN – SIMULATION 1 186
2. MUSTERLÖSUNGEN – SIMULATION 2 192
3. MUSTERLÖSUNGEN – SIMULATION 3 197
4. MUSTERLÖSUNGEN – SIMULATION 4 203
5. MUSTERLÖSUNGEN – SIMULATION 5 209
6. MUSTERLÖSUNGEN – SIMULATION 6 214
7. MUSTERLÖSUNGEN – SIMULATION 7 218
8. MUSTERLÖSUNGEN – SIMULATION 8 222
9. MUSTERLÖSUNGEN – SIMULATION 9 227

7 BUCHEMPFEHLUNGEN, E-LEARNING UND SEMINARE 233

1. ÜBUNGSMATERIAL ZU DEN EINZELNEN UNTERTESTS 235
2. E-LEARNING 237
3. VORBEREITUNGSSEMINARE 238

VORWORT

Hinter dem MedGurus® Verlag steht eine Initiative von approbierten Ärzten und Medizinstudenten, die es sich zur Aufgabe gemacht haben Medizininteressierten zu ihrem Studienplatz zu verhelfen. Es ist unser Anliegen Chancengleichheit bei der Vorbereitung auf den Medizinertest herzustellen und keine Selektion durch überteuerte Vorbereitungskurse und -materialien zu betreiben. Wir haben daher in den vergangenen Jahren viel Zeit und Herzblut in die Erstellung von Seminaren, Büchern und unserer E-Learning-Plattform investiert. Inzwischen können wir dieses Vorbereitungsangebot für den TMS, EMS, MedAT und Ham-Nat zu studentisch fairen Preisen anbieten. Wir hoffen, dass wir Dir damit den Weg ins Medizinstudium ebnen können, so wie uns das schon bei einer Vielzahl Medizinstudenten vor Dir erfolgreich gelungen ist.

Das Konzept unserer Buchreihe für den TMS & EMS ist simpel:
*   Der Leitfaden und der Mathe-Leitfaden für den TMS & EMS erklären Dir anhand von verständlichen Beispielen die Lösungsstrategien zu den einzelnen Untertests des TMS & EMS.
*   Mit unseren Übungsbüchern hast Du die Möglichkeit anhand der zahlreichen Übungsaufgaben, zu den jeweiligen Untertests, die beschriebenen Lösungsstrategien einzustudieren.
*   Mit unserer TMS Simulation kannst Du zum Abschluss Deiner Vorbereitung Deine Fähigkeiten realistisch überprüfen.

Unsere TMS & EMS Buchreihe wird dabei jedes Jahr auf den neuesten Stand gebracht und an die aktuellen Änderungen im TMS & EMS angepasst.

Auf Dein Feedback zu unseren Büchern freuen wir uns. Für konstruktive Kritik haben wir immer ein offenes Ohr und setzen Deine Wünsche, Anregungen und Verbesserungsvorschläge gerne um. Du erreichst uns unter buecher@medgurus.de oder auf Facebook unter www.facebook.com/medgurus. Hier veröffentlichen wir auch regelmäßig Neuigkeiten zu den Medizinertests.

Im Übrigen werden fünf Prozent der Gewinne des MedGurus® Verlages für karitative Zwecke gespendet. Detaillierte Informationen zu unseren geförderten Projekten findest Du auf unserer Homepage www.medgurus.de.

Jetzt wünschen wir Dir viel Spaß bei der Bearbeitung dieses Buches, eisernes Durchhaltevermögen bei der Vorbereitung und nicht zuletzt viel Erfolg im Medizinertest!

Dein Autorenteam
Alexander Hetzel, Constantin Lechner und Anselm Pfeiffer

DANKE!
Wenn Du der Meinung bist, dass Dir dieses Buch helfen konnte, dann bewerte es bitte auf **Amazon.de** oder auf unserer Homepage **www.medgurus.de**.

EINLEITUNG

1.	ALLGEMEINES UND AUFBAU	8		4.	NEUIGKEITEN ZUM TMS	12
2.	BEARBEITUNGSSTRATEGIE	10		5.	UNI RANKING – DEINE STUDIENPLATZCHANCE	12
3.	HILFE-CHAT	12				

EINLEITUNG

1. ALLGEMEINES UND AUFBAU

Im EMS hast Du zur Bearbeitung des Untertests Quantitative und formale Probleme 50 Minuten Zeit. In dieser Zeit musst Du 20 Aufgaben bearbeiten. Im TMS hast Du 60 Minuten Zeit und musst 24 Aufgaben bearbeiten. Das heißt sowohl im EMS als auch im TMS hast Du durchschnittlich 2,5 Minuten Bearbeitungszeit pro Aufgabe.

Da die Aufgaben allerdings unterschiedliche Schwierigkeitsgrade besitzen, sind diese 2,5 Minuten rein theoretisch zu sehen, da die leichten Aufgaben weniger Zeit und die schweren Aufgaben mehr Zeit in Anspruch nehmen.

Trotz dieser unterschiedlichen Schwierigkeitsgrade ist es so, dass jede Aufgabe, egal ob leicht oder schwer, nur einen Punkt gibt. Daher kannst Du im EMS maximal 20 Punkte erreichen. Im TMS sind ebenfalls maximal 20 Punkte erreichbar, da 4 Aufgaben, die Einstreuaufgaben, nicht in die Wertung einfließen. Diese sogenannten Einstreuaufgaben sind nicht gekennzeichnet und es ist folglich nicht möglich zu erkennen bei welchen Aufgaben es sich um Einstreuaufgaben handelt.

Bei jeder Aufgabe ist immer nur eine Antwort A bis E richtig. Für falsche Antworten werden Dir keine Punkte abgezogen, weswegen es immer ratsam ist auf gut Glück zumindest „irgendeine" Antwort anzukreuzen.

Die verschiedenen Aufgabenstellungen und Grundaufgabentypen, mit denen Du im Untertest Quantitative und formale Probleme konfrontiert wirst, sind im Kapitel Grundaufgabentypen ausführlich erklärt.

TIPPS ZUR BEARBEITUNG DIESES BUCHES

Der Inhalt dieses Buches gliedert sich in insgesamt sieben Kapitel. Dabei bauen die Kapitel aufeinander auf. Wir empfehlen deshalb dieses Buch im Rahmen der vorgegebenen Struktur zu bearbeiten, da diese Herangehensweise in der Vergangenheit die besten Ergebnisse lieferte.

Im folgenden Unterkapitel Bearbeitungsstrategie wird Dir ein strukturiertes Herangehen an die Aufgaben des Untertests Quantitative und formale Probleme im TMS & EMS vermittelt, mithilfe dessen Du Sicherheit und Schnelligkeit bei der Bearbeitung der Aufgaben erlangst.

Im Kapitel Mathe Basiswissen werden Dir die nötigen Mathe-Kenntnisse verständlich erklärt. In diesem Kapitel hast Du die Möglichkeit diese Mathe-Kenntnisse praktisch anhand von über 120 Übungsaufgaben, die im Anschluss an den jeweiligen Abschnitt folgen, anzuwenden. Nutze diese Möglichkeit, um Sicherheit im Umgang mit diesen grundsätzlichen mathematischen Fähigkeiten zu erlangen.

Im Kapitel Grundaufgabentypen werden Dir die verschiedenen Grundaufgabentypen anhand von 50 Übungsaufgaben vorgestellt und beschrieben welche Relevanz sie für den TMS & EMS haben. Die Aufgaben sind dabei nach den beschriebenen Grundaufgabentypen sortiert, damit Du Dir die Ähnlichkeit der Lösungsschemata noch besser einprägen kannst. Bei der Bearbeitung dieser Aufgaben ist es wichtig nicht unter Zeitdruck zu arbeiten, sondern Dich intensiv mit den verschiedenen Lösungsschemata zu beschäftigen, um das zugrundeliegende Muster zu verstehen und es so auf andere Aufgaben anwenden zu können.

Im Kapitel Musterlösungen zu den Grundaufgabentypen werden Dir die optimalen Lösungswege für die Übungsaufgaben vorgestellt. Falls Du eine Aufgabe nicht selbstständig lösen konntest, präge Dir das Lösungsschema genau ein, um es beim nächsten Mal direkt anwenden zu können.

Im Kapitel Übungsaufgaben hast Du zur Abrundung Deiner Vorbereitung mehrere komplette Simulationen mit je 24 Aufgaben, die Du unter Zeitdruck, das heißt in 60 Minuten, bearbeiten solltest. Die entsprechenden Musterlösungen findest Du im Kapitel Lösungen.

- **UP TO DATE**
  Um die Aufgaben so realistisch wie möglich zu gestalten integrieren wir in unsere Simulationen stets das Feedback der Testteilnehmer. Daher solltest Du ein besonderes Augenmerk auf die letzten Simulationen in diesem Buch legen, da sie die aktuellsten Simulationen darstellen.

2. BEARBEITUNGSSTRATEGIE

Sich ein strukturiertes, systematisches Vorgehen bei der Bearbeitung des Untertests Quantitative und formale Probleme anzueignen ist unerlässlich. Ohne Struktur verliert man bei diesen Aufgaben leicht den Überblick und rechnet blind drauf los, was erfahrungsgemäß nur selten zum richtigen Ergebnis führt. Im Folgenden stellen wir Dir deshalb eine Bearbeitungsstrategie vor, welche Du bei der Bearbeitung der Übungsaufgaben, direkt einstudieren kannst. Auch wenn es anfangs etwas umständlich erscheint sich Schritt für Schritt an die Aufgaben heranzuarbeiten, solltest Du Dich an die beschriebene Lösungsstrategie halten, da sie auf Dauer die Bearbeitung erheblich vereinfacht und die Fehlerquote deutlich senkt.

1. **Das aktive Bearbeiten und Mitdenken beim Lesen der Aufgabe**
   Dieser Schritt ist einer der entscheidenden bei der Bearbeitung der Aufgaben. Unterstreiche Dir beim ersten Lesen der Aufgaben alle Zahlen, Formeln, Einheiten und inhaltlichen Zusammenhänge, um eine logische Struktur zu schaffen und später beim Bearbeiten der Aufgabe alle wichtigen Informationen auf einen Blick zu haben. Achte vor allem auf Signalwörter wie proportional, reziprok, Quotient, Produkt, Summe, Differenz etc. oder andere Ausdrücke, die eine mathematische Relevanz haben.

▽ VORSICHT

> Du solltest immer auch einen Blick auf die Ergebnisse werfen, um zu sehen in welcher Einheit das Ergebnis angegeben ist oder wie das Ergebnis dargestellt wird (z. B. ist das Ergebnis als Zehnerpotenz geschrieben oder als Dezimalzahl).

2. **Inventur – Welche Fakten und Werte sind gegeben? Was sollst Du berechnen?**
   Nimm Dir einen kurzen Moment Zeit, um nochmals alle wichtigen Zahlen, Fakten, Formeln und deren Zusammenhänge schriftlich zu skizzieren. Darüber hinaus solltest Du Dir in eigenen Worten genau definieren, was Du eigentlich ausrechnen sollst. Diese simple Zusammenfassung der Aufgabe wird Dir die Bearbeitung immens erleichtern und schlägt eine gedankliche Brücke zum nächsten Schritt: Wie kommst Du mit den Informationen, die Du hast, zum gesuchten Ergebnis?

3. **Aufgabe überspringen oder bearbeiten?**
   Du musst Dich entscheiden, ob Du die Aufgabe bearbeiten willst oder nicht. Falls Du keine Idee hast, wie die Aufgabe zu lösen ist, solltest Du sie sofort abhaken, überspringen und direkt mit der Bearbeitung der nächsten Aufgabe beginnen, um keine weitere Zeit zu verlieren. Dieses Schieben von Aufgaben ist essentiell für eine erfolgreiche Bearbeitung des Untertests Quantitative und formale Probleme, da planloses Rechnen nur selten zum richtigen Ergebnis führt und Du in der verlorenen Zeit andere, eventuell leichtere, Aufgaben hättest lösen können.

4. **Aufgaben mithilfe der Schemata der Grundaufgabentypen lösen**
   Beim Lösen der Aufgaben ist es sehr hilfreich, die verschiedenen Grundaufgabentypen zu kennen, die sich im EMS und TMS alljährlich wiederholen und zumeist ähnliche Lösungsschemata aufweisen. Deshalb ist eine genaue Kenntnis dieser Grundaufgabentypen von großem Vorteil für Dich.

TIPP

* **TRIAL AND ERROR**
  Im Kapitel **Grundaufgabentypen** werden Dir die verschiedenen Grundaufgabentypen vorgestellt. Dort hast Du auch die Möglichkeit die Grundaufgabentypen anhand der sortierten Übungsaufgaben zu trainieren, bevor Du in den Musterlösungen den optimalen Lösungsweg nachschlägst.

5. **Ergebnisse sorgfältig auf den Antwortbogen übertragen**
   Häufig passieren beim Übertragen von Antworten auf den Antwortbogen Leichtsinnsfehler. Zum einen sollte man immer auf die Einheiten der Antwortmöglichkeiten achten, da hier häufig Fallen lauern (beispielsweise rechnet man in der Aufgabe mit Millimetern, das Ergebnis ist dann aber in Zentimetern angegeben). Zum anderen kann es passieren, dass man beim Übertragen der Antworten auf den Antwortbogen in der Zeile verrutscht, was zu einer ganzen Reihe an Fehlern führt, da man beim Ankreuzen im Raster verrutscht, und folglich alle anschließenden Aufgaben ebenfalls falsch angekreuzt werden.

   Deshalb solltest Du beim Übertragen der Antworten immer die Fragennummer im Aufgabenheft mit der Fragennummer auf dem Antwortbogen abgleichen, bevor Du Dein Kreuz setzt.

TIPP

* **LAST CHANCE FANCY PANTS**
  Im TMS und EMS ist **Quantitative und formale Probleme** übrigens der letzte Untertest des Vormittagteils, bevor die Antwortbögen eingesammelt werden. Deshalb musst Du vor Ende dieses Untertests alle Antworten auf Deinen Antwortbogen übertragen haben, da Du ansonsten wichtige Punkte verlierst.

3. HILFE-CHAT

Du hast noch Fragen zu den Übungsaufgaben, eine Korrektur zu melden oder einen Verbesserungsvorschlag? Na dann, schieß los! Über unseren Hilfe-Chat stehen wir Dir immer zur Verfügung. Folge einfach dem nebenstehenden QR-Link und poste dort Deine Frage. Wir nehmen uns Deinem Anliegen an, und werden darauf schnell antworten.

4. NEUIGKEITEN ZUM TMS

Obwohl es beim Aufbau des TMS in den letzten Jahren keine größeren Umstrukturierungen gab, sind doch immer wieder kleine Neuerungen und Anpassungen erfolgt. Wir versuchen diese Aktualisierungen natürlich stets in unseren Büchern abzubilden, doch leider ist das aufgrund der Kurzfristigkeit der Informationen nicht immer möglich. Deswegen posten wir für Dich in unserer MedGurus Community alle Neuigkeiten zum TMS und EMS. Dadurch gibt es für Dich mit Sicherheit keine fiesen Überraschungen am Testtag. Einfach dem nebenstehenden QR-Link folgen und mal reinschnuppern.

5. UNI RANKING – DEINE STUDIENPLATZCHANCE

Leider ist es inzwischen nicht mehr ausreichend ein gutes TMS Ergebnis zu erzielen, um einen Medizinstudienplatz zu erhalten. Man muss sich auch an der richtigen Universität damit bewerben. Bei falscher Ortspräferenz ist es, selbst mit guten Voraussetzungen, möglich keinen Studienplatz zu erhalten. Eine gewissenhafte, selbstständige Berechnung der Studienplatzchancen an den Universitäten dauert allerdings tagelang, da die vielen verschiedenen Auswahlkriterien das Auswahlverfahren der Hochschulen unübersichtlich und komplex machen.

Deshalb haben wir für Dich das Uni Ranking erstellt. Es hilft Dir Dich in diesem Dschungel zurechtzufinden und erstellt Dir Deine ganz individuelle Chancenanalyse. Nach Eingabe Deiner Daten erhältst Du von uns eine detaillierte Auswertung an welchen Universitäten Du die besten Chancen auf einen Medizinstudienplatz hast. Ganz einfach, schnell und unkompliziert. Folge einfach dem nebenstehenden QR-Link und berechne jetzt Deine Chance auf einen Medizinstudienplatz in Deutschland.

MATHE BASISWISSEN

1.	ALLGEMEINE RECHENGESETZE	14	5.	RECHNEN MIT POTENZEN	34
2.	BRUCHRECHENREGELN	16	6.	RECHNEN MIT ZEHNERPOTENZEN	38
3.	PROPORTIONALITÄT	19	7.	PROZENTRECHNUNG	44
4.	GLEICHUNGEN	25	8.	KOPFRECHNEN	47

MATHE BASISWISSEN

In diesem Kapitel werden Dir die wichtigsten mathematischen Grundlagen erklärt. Es handelt sich dabei um essentielle mathematische Kenntnisse die im Untertest Quantitative und formale Probleme vorausgesetzt werden und auf denen der Rest dieses Buches und die Aufgaben im EMS und TMS aufbauen. Du solltest Dir dieses Kapitel daher aufmerksam durchlesen und die Übungsaufgaben selbstständig lösen.

1. ALLGEMEINE RECHENGESETZE

PUNKT-VOR-STRICH-RECHENGESETZ

Punkt-vor-Strichrechnung ist eine Konvention in der Operatorrangfolge der Mathematik und besagt, dass Multiplikationen und Divisionen vor Additionen und Subtraktionen durchzuführen sind. Durch diese Konvention können in vielen Ausdrücken Klammern zu Gunsten der Lesbarkeit weggelassen werden.

Beispiel

Es gilt: $2 * 2 - 3 = 1$

Nicht aber: $2 * 2 - 3 = -2$

KOMMUTATIVGESETZ

Das Kommutativgesetz (zu Deutsch: Vertauschungsgesetz) ist ein Grundgesetz der Mathematik. Wenn es gilt, können die Argumente einer Operation vertauscht werden ohne dass sich am Ergebnis etwas ändert. Mathematische Operationen, die dem Kommutativgesetz gehorchen, nennt man kommutativ. Zu den kommutativen Operationen zählen die Addition und Multiplikation. Nicht dazu zählen Subtraktionen, Divisionen und Potenzen.

Beispiel

Es gilt: $a * b = b * a$ oder $a + b = b + a$

Nicht aber: $a - b = b - a$ oder $\frac{a}{b} = \frac{b}{a}$

ASSOZIATIVGESETZ

Im Deutschen wird das Assoziativgesetz oft auch als Verknüpfungsgesetz oder Verbindungsgesetz bezeichnet. Man unterscheidet das Assoziativgesetz der Addition und das Assoziativgesetz der Multiplikation. Wie beim Kommutativgesetz gilt auch das Assoziativgesetz nicht für Subtraktionen, Divisionen und Potenzen. Die allgemeine Definition lautet wie folgt: Eine (zweistellige) Verknüpfung ist assoziativ, wenn die Reihenfolge der Ausführung keine Rolle spielt. Anders gesagt: Die Klammerung mehrerer assoziativer Verknüpfungen ist beliebig.

Beispiel

Es gilt: $(a * b) * c = a * (b * c)$ oder $(a + b) + c = a + (b + c)$

Nicht aber: $\dfrac{\left(\frac{a}{b}\right)}{c} = \dfrac{a}{\left(\frac{b}{c}\right)}$ oder $(a - b) - c = a - (b - c)$

DISTRIBUTIVGESETZ

Im Deutschen wird das Distributivgesetz oft auch als Verteilungsgesetz bezeichnet. Die Erkenntnisse dieses mathematischen Grundgesetzes helfen beim Auflösen von Klammern bzw. beim Bilden von Klammerausdrücken (Produkte oder Quotienten aus einer Zahl und einer Klammer). In den Klammern stehen hierbei stets Summen oder Differenzen. Das Distributivgesetz regelt somit die Verteilung des Faktors auf die Summanden.

Beispiel

Es gilt: $a * (b + c) = a * b + a * c$ oder $\dfrac{a + b}{c} = \dfrac{a}{c} + \dfrac{b}{c}$

         $a * (b - c) = a * b - a * c$ oder $\dfrac{a - b}{c} = \dfrac{a}{c} - \dfrac{b}{c}$

MINUSREGELN

Es gelten folgende Regeln:

1. $-(-a) = a$

2. $-(a + b - c) = -a - b + c$

3. $-a * (-b + c) = ab - ac$

4. $-\dfrac{a}{b} = \dfrac{-a}{b} = \dfrac{a}{-b}$

5. $(-a)^n = \begin{cases} a^n & \text{für } n = \text{gerade} \\ -a^n & \text{für } n = \text{ungerade} \end{cases}$

2. BRUCHRECHENREGELN

Es gelten folgende Regeln:

1. $\dfrac{a}{b} * \dfrac{c}{d} = \dfrac{a*c}{b*d}$

2. $\dfrac{\frac{a}{b}}{\frac{c}{d}} = \dfrac{a}{b} * \dfrac{d}{c}$

3. $\dfrac{a}{\frac{b}{c}} = a * \dfrac{c}{b} = \dfrac{a*c}{b}$

4. $\dfrac{\frac{a}{b}}{c} = \dfrac{a}{b} * \dfrac{1}{c} = \dfrac{a}{b*c}$

5. $\dfrac{a}{b} + \dfrac{c}{d} = \dfrac{a*d}{b*d} + \dfrac{c*b}{b*d} = \dfrac{a*d+c*b}{b*d}$

FAKTOREN BILDEN UND VEREINFACHEN

Ausklammern (siehe Distributivgesetz)

Es gilt:

1. $a * b + a * c = a * (b + c)$

2. $a * b - a * c = a * (b - c)$

3. $\dfrac{a}{b} + \dfrac{a}{c} = a * \left(\dfrac{1}{b} + \dfrac{1}{c} \right)$

BINOMISCHE FORMELN

Es gilt:

1. $(a + b)^2 = a^2 + ab + ba + b^2 = a^2 + 2ab + b^2$

2. $(a - b)^2 = a^2 - ab - ba + b^2 = a^2 - 2ab + b^2$

3. $(a + b) * (a - b) = a^2 - ab + ba - b^2 = a^2 - b^2$

ÜBUNGSAUFGABEN ZUM BRUCHRECHNEN UND ZU DEN MINUSREGELN

1. Berechne und vereinfache so weit wie möglich.

a. $\dfrac{\frac{-30}{18}}{-5} = ?$

b. $\dfrac{-\frac{77}{13}}{\frac{33}{-26}} = ?$

c. $\dfrac{\frac{289}{14}}{\frac{17}{7}} = ?$

d. $-\dfrac{36}{\frac{9}{4}} = ?$

e. $\dfrac{\frac{8}{3} * \left(\frac{1}{2} - \frac{3}{8}\right)^2}{\frac{1}{24}} = ?$

f. $2 - \dfrac{\frac{7}{6} - \frac{2}{3}}{\frac{1}{4}} = ?$

g. $\dfrac{\frac{7}{2} * \frac{8}{21} + \frac{9}{2} * \frac{4}{27}}{1 - \frac{2}{7}} = ?$

h. $\dfrac{4}{17} * \left(-\dfrac{3}{2}\right)^2 + \dfrac{8}{17} * \left(\dfrac{3}{8} + \dfrac{1}{4}\right) = ?$

ÜBUNGSAUFGABEN ZUM VEREINFACHEN UND AUSKLAMMERN

2. Vereinfache mittels Ausklammern und den binomischen Formeln so weit wie möglich.

a. $\dfrac{2a^3b - 2ab^3}{a - b} = ?$

b. $\dfrac{5x^3y^2 + 10x^2y + 5x}{(xy + 1)^2} = ?$

c. $\dfrac{2x^2y^2 - 12xyz + 18z^2}{2} = ?$

d. $\dfrac{5x^2y^2 - 45x^2}{y - 3} = ?$

e. $\dfrac{a^5 - 5a^4 - 14a^3}{a^4 - 7a^3} = ?$

LÖSUNGEN ZU DEN ÜBUNGSAUFGABEN
ZUM BRUCHRECHNEN UND ZU DEN MINUSREGELN

1. **Berechne und vereinfache so weit wie möglich.**

a. $\dfrac{\frac{-30}{18}}{-5} = \dfrac{1}{3}$

e. $\dfrac{\frac{8}{3} * \left(\frac{1}{2} - \frac{3}{8}\right)^2}{\frac{1}{24}} = \dfrac{\frac{8}{3} * \left(\frac{1}{8}\right)^2}{\frac{1}{24}} = \dfrac{\frac{1}{24}}{\frac{1}{24}} = 1$

b. $-\dfrac{77}{13} / \dfrac{33}{-26} = \dfrac{14}{3}$

f. $2 - \dfrac{\frac{7}{6} - \frac{2}{3}}{\frac{1}{4}} = 0$

c. $\dfrac{289}{14} / \dfrac{17}{7} = \dfrac{17}{2}$

g. $\dfrac{\frac{7}{2} * \frac{8}{21} + \frac{9}{2} * \frac{4}{27}}{1 - \frac{2}{7}} = \dfrac{\frac{56}{42} + \frac{36}{54}}{\frac{5}{7}} = \dfrac{\frac{4}{3} + \frac{2}{3}}{\frac{5}{7}} = \dfrac{14}{5}$

d. $-\dfrac{36}{\frac{9}{4}} = -16$

h. $\dfrac{4}{17} * \left(-\dfrac{3}{2}\right)^2 + \dfrac{8}{17} * \left(\dfrac{3}{8} + \dfrac{1}{4}\right) = \dfrac{14}{17}$

LÖSUNGEN ZU DEN ÜBUNGSAUFGABEN
ZUM VEREINFACHEN UND AUSKLAMMERN

2. **Vereinfache mittels Ausklammern und den binomischen Formen so weit wie möglich.**

a. $\dfrac{2a^3b - 2ab^3}{a - b} = \dfrac{2ab\,(a^2 - b^2)}{a - b} = 2ab(a + b)$

b. $\dfrac{5x^3y^2 + 10x^2y + 5x}{(xy + 1)^2} = \dfrac{5x\,(x^2y^2 + 2xy + 1)}{(xy + 1)^2} = 5x$

c. $\dfrac{2x^2y^2 - 12xyz + 18z^2}{2} = \dfrac{2\,(x^2y^2 - 6xyz + 9z^2)}{2} = (xy - 3z)^2$

d. $\dfrac{5x^2y^2 - 45x^2}{y - 3} = \dfrac{5x^2\,(y^2 - 9)}{y - 3} = 5x^2(y + 3)$

e $\dfrac{a^5 - 5a^4 - 14a^3}{a^4 - 7a^3} = \dfrac{a^3\,(a^2 - 5a - 14)}{a^3\,(a - 7)} = \dfrac{(a - 7) * (a + 2)}{(a - 7)} = a + 2$

3. PROPORTIONALITÄT

RELEVANZ VON PROPORTIONALITÄTEN FÜR DEN EMS UND TMS

Proportionalität ist absolutes Basiswissen im EMS und TMS und von entscheidender Bedeutung bei einem Großteil der Aufgaben, mit denen Du konfrontiert wirst. Daher ist das genaue Verständnis von Proportionalitäten und Antiproportionalitäten unverzichtbar. In diesem Kapitel wird Dir erklärt wie proportionale und antiproportionale Verhältnisse grundsätzlich funktionieren, wie sie als Schaubilder aussehen und wie Du einen proportionalen Sachverhalt möglichst leicht und schnell mittels Aufstellen von einfachen Dreisätzen oder Verhältnisgleichungen lösen kannst.

DEFINITION VON PROPORTIONALITÄT UND ANTIPROPORTIONALITÄT

Zwei proportionale Größen (a und b) sind verhältnisgleich, das heißt, bei einer Verdopplung (Verdreifachung, Halbierung, etc.) des einen Wertes (a) kommt es stets zu einer Verdopplung (Verdreifachung, Halbierung, etc.) des anderen Wertes (b) oder allgemeiner gesprochen:

Eine Größe (a oder b) kann mit Hilfe eines konstanten Faktors, dem sogenannten Proportionalitätsfaktor (p), immer aus der anderen Größe (a oder b) berechnet werden. Dabei ist der Proportionalitätsfaktor der Quotient der beiden Größen (a und b).

Es gilt:

$$p = \frac{a}{b} = konstant \qquad oder \qquad p = \frac{b}{a} = konstant$$

Veranschaulichende Beispiele dazu sind unter anderem:
* Der Kreisumfang ist proportional zum Kreisdurchmesser. Der Proportionalitätsfaktor ist die konstante Kreiszahl $\pi = 3{,}14159\ldots$
* Beim Einkauf ist der Betrag der Mehrwertsteuer proportional zum Nettopreis. Der Proportionalitätsfaktor ist der konstante Mehrwertsteuersatz von 19 Prozent.

Im Schaubild stellt sich die Proportionalität als ein Spezialfall der Linearität dar. Eine Proportionalität ist eine lineare, das heißt durch eine Gerade darstellbare Funktion, $f(x) = y + m * x$, deren Schaubild immer durch den Ursprung des Koordinatensystems, den Nullpunkt, zieht.

Das Gegenteil der Proportionalität ist die Antiproportionalität (auch reziproke, inverse, umgekehrte oder indirekte Proportionalität genannt). Dabei ist die eine Größe (a oder b) proportional dem Kehrwert der anderen Größe ($\frac{1}{a}$ oder $\frac{1}{b}$). Statt des Quotienten entspricht bei der Antiproportionalität das Produkt der beiden Größen dem Proportionalitätsfaktor p.

Es gilt:
$p = a * b = $ konstant

Das Verständnis hinter diesen beiden Formeln ist von entscheidender Bedeutung, da Du nun eine Verhältnisgleichung erstellen kannst, mit der Du alle Aufgaben im EMS und TMS lösen kannst, die sich mit einer Proportionalität bzw. Antiproportionalität beschäftigen. Die beiden Formeln lauten:

Proportionalität

$$\frac{a_1}{b_1} = \frac{a_2}{b_2}$$

Antiproportionalität

$$a_1 * b_1 = a_2 * b_2$$

Nun musst Du lediglich drei Werte in die Formel einsetzen und nach dem vierten Wert auflösen. Wenn im Begleittext einer Aufgabe im EMS und TMS von Antiproportionalität oder Proportionalität die Rede ist, lässt sich die Aufgabe folglich durch Aufstellen dieser Verhältnisgleichungen und Einsetzen der gegebenen Werte ganz einfach und schnell lösen.

BEISPIELAUFGABE PROPORTIONALITÄT

Eine Spedition kann 240 m³ Abfall pro Tag auf die Müllhalde transportieren. Dafür stehen ihr sechs LKWs zur Verfügung. Der Besitzer der Spedition beschließt zwei weitere LKWs zu kaufen, um die Leistung seines Unternehmens zu steigern. Wie viel Abfall kann die Spedition nun pro Tag auf die Müllhalde bringen?

LÖSUNG

Schritt 1

Wenn jeder LKW die gleiche Menge Abfall transportieren kann und alle die gleiche Menge pro Tag transportieren, kann man von einem proportionalen Verhältnis ausgehen. Daher kann man nun die Größen festlegen:

a_1 = Abfallmenge = 240 m³

b_1 = Anzahl der LKWs zu Beginn = 6

b_2 = Anzahl der LKWs nach Zukauf = 8

Schritt 2

Einsetzen der Werte in die Verhältnisgleichung:

$$\frac{240}{6} = \frac{a_2}{8}$$

Schritt 3

Nach a_2 umstellen und lösen:

$$a_2 = \frac{240 * 8}{6} = 320$$

BEISPIELAUFGABE ANTIPROPORTIONALITÄT

Der begeisterte Segler Mitch Spinnaker hat zur Stromerzeugung an Bord seiner Jolle einen dieselbetriebenen Generator. Pro Tag muss der Generator zwei Stunden laufen, um die Akkus der Bordelektronik und die Navigationsgeräte aufladen zu können. Die mitgeführte Dieselmenge ist so bemessen, dass sie bei einer Generatorlaufzeit von 90 Minuten pro Tag 300 Tage ausreicht. Wie lange reicht der Diesel, wenn der Generator jeden Tag eine halbe Stunde länger als die geplanten 90 Minuten läuft?

LÖSUNG

Schritt 1

Festlegen der Größen a und b. Es handelt sich hierbei um eine indirekte Proportionalität, da der eine Wert (Laufzeit pro Tag) größer wird, der andere Wert (Vorrat an Diesel) hingegen kleiner wird. Daher gilt:

$a_1 * b_1 = a_2 * b_2$ | a = Laufzeit des Generators in Tagen;   b = Laufzeit pro Tag in Minuten

Schritt 2

Einsetzen der Werte in die Verhältnisgleichung: $300 * 90 = a_2 * 120$

Schritt 3

Nach a_2 auflösen und lösen: $a_2 = \frac{90 * 300}{120} = 225$

Schaubilder einer Proportionalität und Antiproportionalität

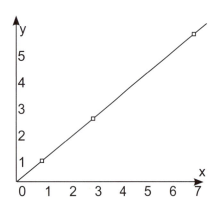 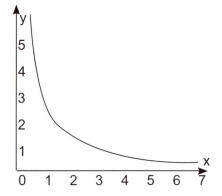

Ein proportionales Verhältnis wird im Achsenkreuz immer durch eine Ursprungsgerade dargestellt. Hierbei handelt es sich um eine Sonderform linearer Gleichungen.

Eine umgekehrte Proportionalität stellt sich im Achsenkreuz immer als Hyperbel dar, die sich asymptotisch der x-Achse nähert.

Diese beiden Schaubilder solltest Du Dir unbedingt einprägen, da Sie häufig im Untertest Tabellen und Diagramme abgefragt werden.

ÜBUNGSAUFGABEN ZUM RECHNEN
MIT ANTI-/PROPORTIONALITÄT

1. Bei einer durchschnittlichen Steiggeschwindigkeit von 4,8 m/s erreicht ein Flugzeug seine Reiseflughöhe 25 Minuten nach dem Start von einem Flugplatz auf Meereshöhe. Weil die Maschine voll besetzt ist, ist die Steiggeschwindigkeit um 1,8 m/s geringer.

    Wann wird die Reiseflughöhe erreicht?

    (A) Nach 30 Minuten
    (B) Nach 35 Minuten
    (C) Nach 40 Minuten
    (D) Nach 45 Minuten
    (E) Nach 50 Minuten

2. Ein Zeppelin beginnt seine Fahrt in Esslingen am Neckar auf einer Höhe von 250 Metern über Meereshöhe. Dort herrscht ein Außendruck von 1013 hPa. Das Gasvolumen im Inneren des Zeppelins verhält sich umgekehrt proportional zum jeweils herrschenden Außendruck. Zum Zeitpunkt des Startes beträgt das Gasvolumen 120 m^3. Mit zunehmender Höhe verringert sich der umgebende Luftdruck. Ab einem Füllungsvolumen von 210 m^3 droht der Zeppelin zu zerbersten.

    Bis zu welchem Außendruck darf der Zeppelin maximal steigen?

    (A) Circa 480 hPa
    (B) Circa 520 hPa
    (C) Circa 580 hPa
    (D) Circa 640 hPa
    (E) Circa 720 hPa

LÖSUNGEN ZU ÜBUNGSAUFGABEN
ZUM RECHNEN MIT ANTI-/PROPORTIONALITÄT

1. **Antwort C ist korrekt.**

   Es handelt sich um eine Antiproportionalität, denn je größer die Steiggeschwindigkeit, desto geringer die Zeit bis zum Erreichen der Flughöhe. Daher muss man die Werte nur noch in die Formel $a_1 * b_1 = a_2 * b_2$ einsetzen und erhält so:

   $$4,8 * 25 = 3,0 * b_2$$

   $$b_2 = 40 \text{ Minuten} = \text{Steigdauer}$$

2. **Antwort C ist korrekt.**

   Auch hierbei handelt es sich um eine Antiproportionalität, denn je kleiner der Luftdruck wird, desto größer wird das Volumen im Zeppelin. Daher muss man die Werte aus der Aufgabe nur noch in die Formel $a_1 * b_1 = a_2 * b_2$ einsetzen und erhält so:

   $$1013 * 120 = a_2 * 210$$

   $$a_2 = \frac{1013 * 120}{210} \approx 580 \text{ hPa}$$

4. GLEICHUNGEN

RELEVANZ VON GLEICHUNGEN FÜR DEN EMS UND TMS

Beim EMS und TMS wird ein absoluter Schwerpunkt auf die Bearbeitung von Formeln gelegt. Das heißt konkret für Dich, dass Du im EMS und TMS bei rund einem Drittel der Aufgaben direkt mit Formeln konfrontiert wirst. Dabei kann es sein, dass Du Werte in Formeln einsetzen, Formeln nach einer Variablen auflösen oder Formeln mit Hilfe des Begleittextes der Aufgabe selbst erstellen musst. Die Bandbreite ist folglich sehr groß und ein sicherer Umgang mit Formeln zur erfolgreichen Bearbeitung dieser Aufgaben unerlässlich.

Im folgenden Kapitel wird Dir deshalb nochmal genau erklärt wie Du Gleichungen korrekt umformst, löst und aus einem Text heraus aufstellst. Danach hast Du die Möglichkeit dies anhand zahlreicher Übungsaufgaben zu verinnerlichen.

MATHEMATISCHE DEFINITION

Eine Gleichung ist in der Mathematik eine Aussage über die Gleichheit zweier Terme, die mit Hilfe des Gleichheitszeichens symbolisiert wird. Formal hat eine Gleichung die Gestalt $T_1 = T_2$ mit zwei Termen T_1 und T_2.

Gleichungen sind entweder wahr bzw. erfüllt (beispielsweise $1 = 1$) oder falsch bzw. nicht erfüllt (beispielsweise $1 = 2$). Wenn zumindest einer der Terme T_1 oder T_2 von Variablen abhängig ist (beispielsweise $1 = x * 2$), dann hängt die Wahrheit oder Falschheit der Aussage der Gleichung von den konkreten, eingesetzten Werten für die Variable ab. Die Werte der Variablen, für die die Gleichung erfüllt ist, heißen Lösungen der Gleichung. Sind zwei oder mehr Gleichungen angegeben, spricht man auch von einem Gleichungssystem. Eine Lösung desselben muss alle Gleichungen simultan erfüllen.

UMSTELLEN VON FORMELN UND GLEICHUNGEN

Beim Umstellen von Gleichungen sind einige Dinge zu beachten. Hier werden die wichtigsten Schritte nochmal kurz wiederholt und anhand von Beispielen illustriert. Im Anschluss hast Du die Möglichkeit diese Schritte in zunehmend schwierigeren Übungsaufgaben zu trainieren.

1. Steht die Variable, nach der aufgelöst werden soll, in einer oder mehreren Klammern, sollten die Klammern nach den bekannten Gesetzen (siehe Mathe Basiswissen) aufgelöst werden. Hierbei ist besonders auf Minuszeichen vor den Klammern zu achten.

Beispiel

$8(6 - x) - 6(x - 10) = -4$	Klammern ausmultiplizieren
$48 - 8x - 6x + 60 = -4$	zusammenfassen
$108 - 14x = -4$	-108
$-14x = -112$	dividieren durch (-14)
$x = 8$	

2. Sind in einer Gleichung Brüche, Variablen oder Zahlen vorhanden, die addiert oder subtrahiert werden müssen, sind alle diese Summanden mit dem Hauptnenner zu multiplizieren.

Beispiel

$\frac{x}{2} - \frac{x-4}{3} = 9$	Mit Hauptnenner (6) multiplizieren
$6 * \frac{x}{2} - 6 * \frac{x-4}{3} = 6 * 9$	Ausrechnen und Kürzen
$3x - 2 * (x - 4) = 54$	Klammer auflösen
$3x - 2x + 8 = 54$	Zusammenfassen und lösen
$x = 46$	

3. Beim Dividieren bzw. Multiplizieren einer Gleichung muss darauf geachtet werden, dass jeder einzelne Summand auf beiden Seiten der Gleichung dividiert bzw. multipliziert wird.

Beispiel

$yx = y^2 + 6y$	Dividieren durch y
$x - y + 6$	

4. Kommt die Variable, nach der aufgelöst werden soll, mehrfach vor, werden alle Terme, die diese Variable enthalten, auf dieselbe Seite des Gleichheitszeichens gebracht. Im Folgenden wird die Variable ausgeklammert und zum Schluss wird durch den Klammerausdruck dividiert.

Beispiel

$6x = ax + b$ | ax subtrahieren

$6x - ax = b$ | x ausklammern

$x(6 - a) = b$ | durch $(6 - a)$ dividieren

$x = \dfrac{b}{6 - a}$

5. Kommt die Variable, nach der aufgelöst werden soll, lediglich im Nenner vor und befindet sich auf jeder Seite höchstens ein Bruchterm, so ist es vorteilhaft die Kehrwerte beider Seiten zu bilden. Bei mehreren Termen führt dieses Verfahren allerdings zum falschen Ergebnis.

Beispiel

$b = \dfrac{c}{A - d}$ | Kehrwert bilden

$\dfrac{1}{b} = \dfrac{A - d}{c}$ | multiplizieren mit c

$\dfrac{c}{b} = A - d$ | d addieren

$A = \dfrac{c}{b} + d$

6. Ein Bruch, beispielsweise $\dfrac{-x}{y - z}$, kann durch Erweitern mit -1 vereinfacht werden.

Beispiel

$\dfrac{-x}{y - z}$ | multiplizieren mit -1

$\dfrac{x}{-y + z}$ | umstellen

$\dfrac{x}{z - y}$

ÜBUNGSAUFGABEN ZUM UMSTELLEN VON GLEICHUNGEN

1. Löse stets nach x auf.

a) $2x - 4(x - 4) = 2y$

b) $4y = \dfrac{1}{5x}$

c) $6x - ax = 2$

d) $\dfrac{1}{4} + \dfrac{2}{x} = 6$

e) $a = \dfrac{2}{1 + x}$

f) $y = \dfrac{2a}{b - x}$

g) $2y = \dfrac{1}{x} - \dfrac{1}{z}$

h) $z = \dfrac{x - y}{xy}$

2. Löse stets nach x auf.

a) $4y = z * x$

b) $a = \dfrac{y * x}{3}$

c) $4a = \dfrac{y}{x}$

d) $a = (3 - y) * x$

e) $a = (y - z) * 3x$

f) $a * (1 - x) = 1$

g) $a - \dfrac{1}{2 - x} = 0$

h) $y * (2x - 1) = 4$

i) $y = z - \dfrac{1 - x}{2}$

j) $4a = xy + xz + x$

k) $a = 1 - \dfrac{1}{3}(3x - 1)$

l) $a = \dfrac{(y + x) * z}{2}$

3. Löse stets nach x auf.

a) $a = \dfrac{6}{6 - x}$

b) $z = \dfrac{1}{3x} - \dfrac{z}{y}$

c) $2 = \dfrac{x}{2 - 3yx}$

d) $y = (3a - x) * 4z$

e) $a = \left(b - \dfrac{x}{4}\right) * 2c$

f) $1 = 4 - a * (6 - 2x)$

g) $1 = 2y - \dfrac{1}{3 - x}$

h) $2 = 4a * \left(\dfrac{1}{2}x - 2\right)$

i) $y = \dfrac{4}{a} - \dfrac{1 - z}{x}$

j) $a = 2xy + xz + 2$

k) $y = z - \dfrac{z}{3} * (2xz - 1)$

l) $a = \dfrac{1}{xy} - \dfrac{1 - y}{x}$

LÖSUNGEN DER ÜBUNGSAUFGABEN ZUM UMSTELLEN VON GLEICHUNGEN

1. Löse stets nach x auf.

a) $x = 8 - y$

b) $x = \dfrac{1}{20y}$

c) $x = \dfrac{2}{6 - a}$

d) $x = \dfrac{8}{23}$

e) $x = \dfrac{2}{a} - 1$

f) $x = b - \dfrac{2a}{y}$

g) $x = \dfrac{1}{2y + \frac{1}{z}}$

h) $x = \dfrac{y}{1 - yz}$

2. Löse stets nach x auf.

a) $x = \dfrac{4y}{z}$

b) $x = \dfrac{3a}{y}$

c) $x = \dfrac{y}{4a}$

d) $x = \dfrac{a}{3 - y}$

e) $x = \dfrac{a}{3\,(y - z)}$

f) $x = 1 - \dfrac{1}{a}$

g) $x = 2 - \dfrac{1}{a}$

h) $x = 0{,}5 + \dfrac{2}{y}$

i) $x = 2y - 2z + 1$

j) $x = \dfrac{4a}{y + z + 1}$

k) $x = \dfrac{4}{3} - a$

l) $x = \dfrac{2a}{z} - y$

3. Löse stets nach x auf.

a) $x = 6 - \dfrac{6}{a}$

b) $x = \dfrac{y}{3z\,(y + 1)}$

c) $x = \dfrac{4}{6y + 1}$

d) $x = 3a - \dfrac{y}{4z}$

e) $x = 4b - \dfrac{2a}{c}$

f) $x = 3 - \dfrac{3}{2a}$

g) $x = \dfrac{6y - 4}{2y - 1}$

h) $x = \dfrac{1}{a} + 4$

i) $x = \dfrac{az - a}{ay - 4}$

j) $x = \dfrac{a - 2}{2y + z}$

k) $x = \dfrac{2}{z} - \dfrac{3y}{2z^2}$

l) $x = \dfrac{1 - y + y^2}{ay}$

GLEICHUNGEN AUFSTELLEN

Um eine Gleichung aus einem Aufgabentext heraus aufstellen zu können, solltest Du nach einem strukturierten Schema vorgehen. Denn auch wenn die Aufgabenstellung jedes Mal eine andere ist, so funktioniert das Aufstellen einer Gleichung immer nach demselben Muster.

Dies sind die drei essenziellen Schritte zum Aufstellen einer Gleichung aus dem Text:

Schritt 1
Du musst Dir überlegen, welche Größe man mit der Variablen bezeichnet. Dies ergibt sich meist aus der Fragestellung, da hier die gesuchte Größe genannt ist.

Schritt 2
Um einen Zahlenwert als Lösung für eine Gleichung zu erhalten, darf nur eine Variable pro Gleichung existieren. Falls es mehr sind, kann die Lösung nur relativ zu einer anderen Variablen ausgedrückt werden. Deshalb musst Du alle relevanten Größen einer Gleichung entweder als Zahlenwerte oder mithilfe dieser einen Variablen ausdrücken.

Schritt 3
Nun stellst Du die Gleichung auf und löst sie, wie oben im Kapitel Umstellen von Formeln und Gleichungen beschrieben, auf.

Beispiel
Constantin und Anselm kaufen ihrem Kumpel Alex einen neuen Porsche 911 Turbo Cabrio. Insgesamt kostet das Auto in der Avantgarde Variante 120.000 €. Anselm zahlt 30.000 € mehr an dem Wagen als Constantin. Wie viel bezahlt jeder der beiden?

Schritt 1
Variable festlegen: $\qquad$ x = Betrag Constantin

Schritt 2
andere Werte mit x ausrücken: $\qquad$ x + 30.000 = Betrag Anselm

Schritt 3
Gleichung aufstellen: $\qquad$ x + (x + 30.000) = 120.000

Gleichung lösen: $\qquad$ 2x = 90.000

Gleichung lösen: $\qquad$ x = 45.000

Lösung: $\qquad$ Constantin zahlt: **45.000 €**

$\qquad$ Anselm zahlt: **75.000 €**

ÜBUNGSAUFGABEN ZUM AUFSTELLEN VON GLEICHUNGEN

1. Ein Vater ist 43 Jahre alt, sein Sohn ist 16 Jahre alt.

    Nach wie vielen Jahren ist der Vater doppelt so alt wie sein Sohn?
    (A) Nach 10 Jahren
    (B) Nach 11 Jahren
    (C) Nach 12 Jahren
    (D) Nach 13 Jahren
    (E) Nach 14 Jahren

2. Ein Radfahrer unternimmt eine mehrtägige Radtour. Am ersten Tag legt er ⅙ der Gesamtstrecke zuzüglich 70 km zurück. Am zweiten Tag legt er ⅕ der Gesamtstrecke zuzüglich 60 km zurück. An beiden Tagen legt er insgesamt jedoch gleich viele Kilometer zurück.

    Wie viele Kilometer hat der Radfahrer insgesamt zu bewältigen?
    (A) 240 Kilometer
    (B) 260 Kilometer
    (C) 280 Kilometer
    (D) 300 Kilometer
    (E) 320 Kilometer

3. Zwei Schulfreunde fahren jeden Tag mit ihren Rollern vom gleichen Ort aus zur Berufsschule. Anton hat seinen Roller frisiert und legt pro Stunde durchschnittlich 60 km zurück, Bertram hat keine Ahnung von derlei technischen Kniffen und kann deshalb nur die vorgeschriebenen 45 km/h fahren.

    Es gilt:
    Geschwindigkeit = Strecke / Zeit; $v = \frac{s}{t}$

    Wie viele Minuten nach Aufbruch von Anton wird Anton Bertram einholen, wenn Bertram fünf Minuten früher losfährt als Anton?
    (A) 0,25 Minuten
    (B) 10 Minuten
    (C) 15 Minuten
    (D) 20 Minuten
    (E) 25 Minuten

LÖSUNGEN DER ÜBUNGSAUFGABEN ZUM AUFSTELLEN VON GLEICHUNGEN

1. Antwort B ist korrekt.

   Schritt 1
   Anzahl der Jahre bis Vater doppelt so alt ist = x

   Schritt 2
   Alter vom Vater zum Zeitpunkt der Verdopplung = $(43 + x)$

   Alter vom Sohn zum Zeitpunkt der Verdopplung = $(16 + x)$

   Schritt 3
   $(43 + x) = 2 * (16 + x)$

   $43 + x = 32 + 2x$

   $x = 11$

2. Antwort D ist korrekt.

   Schritt 1
   Gesamtlänge der Radtour = x

   Schritt 2

   $Tag\ 1 = \frac{1}{6} * x + 70$

   $Tag\ 2 = \frac{1}{5} * x + 60$

   Schritt 3

   $\frac{1}{6} * x + 70 = \frac{1}{5} * x + 60$

   $\frac{30 * 1}{6} * x + (70 * 30) = \frac{1 * 30}{5} * x + (60 * 30)$ | mal Hauptnenner (30)

   $5x + 2100 = 6x + 1800$

   $x = 300$

3. **Antwort C ist korrekt.**

Schritt 1

Dauer bis zum Einholen nach Start von Anton = x

Schritt 2

Dauer bis zum Einholen nach Start von Bertram = $(x + 5)$

Da beide Freunde zum Zeitpunkt des Einholens die gleiche Strecke zurückgelegt haben und $s = v * t$ gilt, kann man sagen:

Schritt 3

$$v_{Anton} * x = v_{Bertram} * (x + \frac{1}{12}) \qquad | \frac{1}{12}, \text{ da } x \text{ in Stunden}$$

$$60x = 45x + \frac{45}{12} \qquad | \text{ einsetzen}$$

$$x = 0{,}25 \text{ Stunden} \qquad | \text{ entspricht 15 Minuten}$$

5. RECHNEN MIT POTENZEN

RELEVANZ VON POTENZRECHNUNGEN FÜR DEN EMS UND TMS

Das Rechnen mit Potenzen und vor allem der sichere Umgang mit Zehnerpotenzen sind ein fester Bestandteil in jedem EMS und TMS Test. Besonders zu erwähnen sind dabei die sogenannten Mischungsaufgaben, bei denen beispielsweise zwei Lösungen mit unterschiedlicher Konzentration und unterschiedlichem Volumen miteinander vermischt werden und die Konzentration der Mischung berechnet werden soll. Hierbei werden die Konzentrationen und Volumina meist in Zehnerpotenzen angegeben. Diese Aufgaben funktionieren immer nach demselben Schema und wiederholen sich Jahr für Jahr. Deshalb wird Dir der Umgang mit Zehnerpotenzen in diesem Kapitel detailliert erklärt. Auch die Grundregeln des Potenzrechnens sind immer wieder Gegenstand von Aufgaben. Daher werden Dir in diesem Kapitel nochmal alle Grundsätze des Potenzrechnens anhand von zehn Regeln erklärt. Im Anschluss daran wirst Du die Möglichkeit haben in zahlreichen Übungsaufgaben das Erlernte zu verinnerlichen.

ZUM VERSTÄNDNIS VON POTENZEN

Die Idee des Potenzierens besteht zunächst einfach darin, dass von einer Folge an identischen Multiplikationen ausgegangen wird. Wir können beispielsweise die Zahl 5 dreimal mit sich selbst multiplizieren, das heißt das Produkt $5 * 5 * 5$ bilden und schreiben es als 5^3 (sprich: fünf hoch drei). Dieser Vorgang kann mit jeder (reellen) Zahl vollzogen werden.

Man kann anstatt konkreter Zahlen auch Symbole verwenden. Ist beispielsweise a eine Variable für eine Zahl, so ist mit a^3 nichts anderes als $a * a * a$ gemeint. Wenn wir uns zudem nicht auf die Zahl der Faktoren festlegen wollen, dann schreiben wir a^n (sprich: a hoch n), wobei n für eine beliebige natürliche Zahl ($n = 1$, 2, 3, etc.) steht. Auf diese Weise entsteht die Idee des Potenzierens aus der Idee des Multiplizierens.

Wir nennen:

a^n eine Potenz oder genauer: die n-te Potenz von a

a ist dabei die Basis oder Grundzahl

n wird als Exponent oder Hochzahl bezeichnet

ZEHN REGELN ZUM RECHNEN UND SCHREIBEN VON POTENZEN

1. **Der Exponent ist Null.**
In diesem Falle ist definiert: $a^0 = 1$ auch für $a = 0$

2. **Der Exponent ist eine negative ganze Zahl.**
In diesem Falle ist definiert: $a^{-n} = \dfrac{1}{a^n}$

3. **Der Exponent ist der Kehrwert einer natürlichen Zahl.**
In diesem Falle ist definiert: $a^{\frac{1}{n}} = \sqrt[n]{a}$ z.B. $a^{\frac{1}{2}} = \sqrt{a}$

4. **Der Exponent ist eine positive rationale Zahl.**
In diesem Falle ist definiert: $a^{\frac{n}{m}} = (a^n)^{\frac{1}{m}} = \sqrt[m]{a^n}$

5. **Der Exponent ist eine negative rationale Zahl.**
In diesem Falle ist definiert: $a^{-\frac{n}{m}} = \dfrac{1}{(a^n)^{\frac{1}{m}}} = \dfrac{1}{\sqrt[m]{a^n}}$

6. **Zwei Potenzen mit gleicher Basis werden multipliziert, indem die Exponenten addiert werden.**
In diesem Falle ist definiert: $a^n * a^m = a^{n+m}$

7. **Zwei Potenzen mit gleicher Basis werden dividiert, indem die Exponenten subtrahiert werden.**
In diesem Falle ist definiert: $\dfrac{a^n}{a^m} = a^{n-m}$

8. **Zwei Potenzen werden miteinander potenziert, indem die Exponenten multipliziert werden.**
In diesem Falle ist definiert: $(a^n)^m = a^{n*m}$

9. **Zwei Potenzen mit gleichem Exponenten werden miteinander multipliziert, indem man die Basen multipliziert.**
In diesem Falle ist definiert: $a^n * b^n = (a*b)^n$

10. **Zwei Potenzen können nur dann addiert bzw. subtrahiert werden, wenn sie die gleiche Basis und den gleichen Exponenten haben.**

Beispiel
Es gilt: $1 * 10^{-4} + 4 * 10^{-4} = 5 * 10^{-4}$

Falsch: $1 * 10^{-4} + 4 * 10^{-5}$ ➜ muss vor der Addition zuerst angeglichen werden

Es ergibt sich: $1 * 10^{-4} + 0,4 * 10^{-4} = 1,4 * 10^{-4}$

ÜBUNGSAUFGABEN ZUM RECHNEN MIT POTENZEN

1. Berechne und vereinfache so weit wie möglich.

a.) $7^{10} * \left(\dfrac{1}{14}\right)^{10} = ?$

b.) $8^{x-2} * 8^{2-x} = ?$

c.) $(x^{n+1})^3 = ?$

d.) $\dfrac{y^5}{y^{-8}} = ?$

e.) $(x^{-3})^5 = ?$

f.) $(2b)^{-3} = ?$

g.) $\dfrac{(2x^3y^2)^4}{(5x^2y)^2} = ?$

h.) $x^{-n} * x^0 = ?$

i.) $\dfrac{e^{3k} - e^k}{e^{2k-1} + e^{k-1}} = ?$

j.) $\dfrac{9^x * 16^{x+1}}{12^{(2x+1)}} = ?$

k.) $\sqrt[3]{a^{2n-5}} * \sqrt[3]{a^{n-4}} = ?$

l.) $(100^{100})^{100} = 10^x; \quad x = ?$

2. Multipliziere und fasse so weit wie möglich zusammen.

a. $5a^2(a - 2a^2 + 3a^3 - 4a^4) = ?$

b. $(u^p + u^q)(u^{p+2} - u^{q+2}) = ?$

c. $(x^2 + \sqrt{2x} + 1)(x^2 - \sqrt{2x} + 1) = ?$

d. $(a^b - a^c)(a^{2b-c} + a^b + a^c + a^{2c-b}) = ?$

e. $a^7b^2(7b^5 + 3ab^6) - a^3b^7(7a^4 - 5a^5b) = ?$

f. $(a^x + b^y)(a^{2x} - a^xb^y + b^{2y}) = ?$

g. $(2a^3 + b^2)(4a^6 - 2a^3b^2 + b^4) = ?$

LÖSUNGEN DER ÜBUNGSAUFGABEN ZUM RECHNEN MIT POTENZEN

1. **Berechne und vereinfache so weit wie möglich.**

a.) $7^{10} * \left(\dfrac{1}{14}\right)^{10} = \dfrac{1}{1024}$

e.) $(x^{-3})^5 = x^{-15}$

b.) $8^{x-2} * 8^{2-x} = 1$

f.) $(2b)^{-3} = \dfrac{1}{8b^3}$

c.) $(x^{n+1})^3 = x^{3n+3}$

g.) $\dfrac{(2x^3y^2)^4}{(5x^2y)^2} = \dfrac{16x^8y^6}{25}$

d.) $\dfrac{y^5}{y^{-8}} = y^{13}$

h.) $x^{-n} * x^0 = \dfrac{1}{x^n}$

i.) $\dfrac{e^{3k} - e^k}{e^{2k-1} + e^{k-1}} = \dfrac{e^k(e^{2k}-1)}{e^k(e^{k-1}+e^{-1})} = \dfrac{(e^k-1)*(e^k+1)}{\left(\dfrac{e^k}{e}+\dfrac{1}{e}\right)} = \dfrac{(e^k-1)*(e^k+1)}{\left(\dfrac{(e^k+1)}{e}\right)} = e*(e^k-1)$

j.) $\dfrac{9^x * 16^{x+1}}{12^{(2x+1)}} = \dfrac{3^{2x} * 4^{2x} * 4^2}{3^{(2x+1)} * 4^{(2x+1)}} = \dfrac{3^{2x} * 4^{2x} * 4^2}{3^{2x} * 3 * 4^{2x} * 4} = \dfrac{4^2}{3*4} = \dfrac{4}{3}$

k.) $\sqrt[3]{a^{2n-5}} * \sqrt[3]{a^{n-4}} = \sqrt[3]{a^{2n-5} * a^{n-4}} = \sqrt[3]{a^{3n-9}} = a^{\frac{3n-9}{3}} = a^{n-3}$

l.) $(100^{100})^{100} = 10^x; \quad ((10^2)^{100})^{100} = 10^x; \qquad x = 20\,000$

2. **Multipliziere und fasse so weit wie möglich zusammen.**

a. $5a^2(a - 2a^2 * 3a^3 - 4a^4) = 5a^3 - 10a^4 + 15a^5 - 20a^6$

b. $(u^p + u^q)(u^{p+2} - u^{q+2}) = u^{2p+2} - u^{2q+2}$

c. $(x^2 + \sqrt{2x} + 1)(x^2 - \sqrt{2x} + 1) = x^4 + 2x^2 - 2x + 1$

d. $(a^b - a^c)(a^{2b-c} + a^b + a^c + a^{2c-b}) = a^{3b-c} - a^{3c-b}$

e. $a^7b^2(7b^5 + 3ab^6) - a^3b^7(7a^4 - 5a^5b) = 8a^8b^8$

f. $(a^x + b^y)(a^{2x} - a^xb^y + b^{2y}) = a^{3x} + b^{3y}$

g. $(2a^3 + b^2)(4a^6 - 2a^3b^2 + b^4) = 8a^9 + b^6$

6. RECHNEN MIT ZEHNERPOTENZEN

Wie oben bereits erwähnt, stellen Mischungsaufgaben einen besonderen Schwerpunkt im EMS und TMS dar. Deshalb soll Dir hier nochmal explizit das Rechnen mit Zehnerpotenzen erklärt werden. Im Grunde gelten hierfür dieselben zehn Regeln, wie für das Rechnen mit Potenzen, deren Basis nicht 10 ist. In diesem Abschnitt wird Dir anhand von Beispielaufgaben erklärt, wie Du mit Zehnerpotenzen zu rechnen hast. Im Anschluss daran hast Du die Möglichkeit, dies selbst anhand von Übungsaufgaben zu trainieren.

ZUM VERSTÄNDNIS VON ZEHNERPOTENZEN

In unserem Zahlensystem spielen Zehnerpotenzen, das heißt Potenzen zur Basis bzw. Grundzahl 10, eine wichtige Rolle, da Sie es ermöglichen besonders große Zahlen bzw. Zahlen, die sehr nahe bei Null liegen, übersichtlich darzustellen. Zehnerpotenzen mit positiven Exponenten sind ein Vielfaches von 10 und damit große Zahlen. Zehnerpotenzen mit negativen Exponenten sind ein Vielfaches von einem Zehntel und liegen folglich sehr nahe bei Null.

Grundsätzlich gilt:
Positive Exponenten geben die Anzahl der Nullen an, die rechts der 1 stehen:

$$10^1 \quad = \quad 10$$

$$10^2 \quad = \quad 100$$

$$10^3 \quad = \quad 1000$$

etc.

Negative Exponenten geben an, wie viele Dezimalstellen hinter dem Komma die Zahl beginnt bzw. wie viele Nullen links der 1 stehen:

$$10^{-1} \quad = \quad 0,1$$

$$10^{-2} \quad = \quad 0,01$$

$$10^{-3} \quad = \quad 0,001$$

etc.

Mit den Übungsaufgaben im Anschluss an den theoretischen Teil kannst Du das Umformen von Zahlen in Zehnerpotenzen und das Umformen von Zehnerpotenzen in Zahlen trainieren.

RECHNEN MIT ZEHNERPOTENZEN

Wenn Du mit Zehnerpotenzen rechnest, bringe sie zunächst auf die Form: $x * 10^y$

Selbst wenn Dir beispielweise folgende Zehnerpotenz gegeben ist: 10^{-4}
Schreibe sie immer wie folgt: $1 * 10^{-4}$

Ansonsten geschehen Dir sehr leicht vermeidbare Fehler beim Ausrechnen.

Beispiel
Ein Liter einer Säure besitzt 10^{-8} g Wasserstoffionen.

Wie viele Wasserstoffionen enthält
* ein Liter? | $1 * 10^{-8}$
* ein halber Liter? | $0,5 * 10^{-8}$
* 100 ml? | $0,1 * 10^{-8}$
* 250 ml? | $0,25 * 10^{-8}$

Genau wie in diesem Beispiel musst Du im EMS und TMS aus den Informationen des Textes die Zehnerpotenzen aufstellen. Danach musst Du nur noch das Ergebnis mithilfe der Zehnerpotenzen ausrechnen.

ADDITION BZW. SUBTRAKTION VON ZEHNERPOTENZEN

Hierbei ist Regel 10 des Rechnens mit Potenzen zu beachten: Zehnerpotenzen können nur dann addiert bzw. subtrahiert werden, wenn sie gleich sind, das heißt die gleiche Hochzahl haben. Ist dies nicht der Fall, musst Du zuvor die Zehnerpotenzen angleichen. Wie Du Zehnerpotenzen angleichst, wird Dir ausführlich im Abschnitt Angleichen von Zehnerpotenzen erklärt.

Es gilt:
$x * 10^y + z * 10^y = (x + z) * 10^y$ | Addition

$x * 10^y - z * 10^y = (x - z) * 10^y$ | Subtraktion

ANGLEICHEN VON ZEHNERPOTENZEN

Beim Angleichen von Zehnerpotenzen der Form $x * 10^y$ darf natürlich nicht der Wert der Potenz verändert werden. Wenn Du folglich die Hochzahl y veränderst, musst Du die Zahl x entsprechend angleichen, sodass der Gesamtwert der Potenz unverändert bleibt.

Beispiel
Berechne: $3 * 10^{-3} + 4 * 10^{-5}$ $=$?

Bevor Du addieren kannst, müssen beide Zehnerpotenzen angeglichen werden, das heißt beide Terme müssen auf die Form $x * 10^{-3}$ oder $x * 10^{-5}$ gebracht werden.

Für die Form x * 10⁻³ gilt:

$3 * 10^{-3}$ | bleibt gleich

$4 * 10^{-5}$ | muss angeglichen werden

$10^{-3} = \dfrac{1}{10^3} = \dfrac{1}{1000}$ und $10^{-5} = \dfrac{1}{10^5} = \dfrac{1}{100\,000}$

Wenn man nun $x * 10^{-5}$ auf die Form $x * 10^{-3}$ bringt, vergrößert man die Potenz um den Faktor 100. Damit sich der Gesamtwert der Potenz dadurch nicht ändert, muss x (in diesem Fall 4) um den Faktor 100 verkleinert werden.

Es ergibt sich: $3 * 10^{-3} + 0{,}04 * 10^{-3} = 3{,}04 * 10^{-3}$

Für die Form x * 10⁻⁵ gilt:

$4 * 10^{-5}$ | bleibt gleich

$3 * 10^{-3}$ | muss angeglichen werden

$10^{-3} = \dfrac{1}{10^3} = \dfrac{1}{1000}$ und $10^{-5} = \dfrac{1}{10^5} = \dfrac{1}{100\,000}$

Wenn man $x * 10^{-3}$ auf die Form $x * 10^{-5}$ bringt, verkleinert man die Potenz um den Faktor 100. Damit sich der Gesamtwert der Potenz nicht verändert, muss x (in diesem Fall 3) um den Faktor 100 vergrößert werden.

Es ergibt sich: $300 * 10^{-5} + 4 * 10^{-5} = 304 * 10^{-5} = 3{,}04 * 10^{-3}$

MULTIPLIKATION BZW. DIVISION VON ZEHNERPOTENZEN

Hierbei sind Regel 6 und Regel 7 des Rechnens mit Potenzen zu beachten: Zwei Zehnerpotenzen werden miteinander multipliziert, indem man die Hochzahlen addiert und die Zahlen vor der Potenz multipliziert bzw. zwei Zehnerpotenzen werden durcheinander dividiert, indem man die Hochzahlen subtrahiert und die Zahlen vor den Potenzen dividiert.

Es gilt:

$(x * 10^y) * (z * 10^a) = (x * z) * 10^{y+a}$ | Multiplikation

$(x * 10^y) / (z * 10^a) = \left(\frac{x}{z}\right) * 10^{y-a}$ | Division

WICHTIGE PRÄFIXE FÜR ZEHNERPOTENZEN

Die gängigsten Zehnerpotenzen werden im EMS und TMS als Grundwissen vorausgesetzt. Deshalb haben wir Dir in der folgenden Tabelle alle relevanten positiven und negativen Zehnerpotenzen, sowie ihre Abkürzungen, übersichtlich aufgelistet.

ZEHNERPOTENZEN

piko	=	$1 * 10^{-12}$	=	p
nano	=	$1 * 10^{-9}$	=	n
mikro	=	$1 * 10^{-6}$	=	µ
milli	=	$1 * 10^{-3}$	=	m
zenti	=	$1 * 10^{-2}$	=	c
dezi	=	$1 * 10^{-1}$	=	d
deka	=	$1 * 10^{1}$	=	da
hekto	=	$1 * 10^{2}$	=	h
kilo	=	$1 * 10^{3}$	=	k
mega	=	$1 * 10^{6}$	=	M
giga	=	$1 * 10^{9}$	=	G
tera	=	$1 * 10^{12}$	=	T

ÜBUNGSAUFGABEN ZUM RECHNEN MIT ZEHNERPOTENZEN

1. Schreibe als Zehnerpotenz.

a) 0,00031

b) 0,006

c) 0,25

d) 0,000063

e) 0,002056

f) 0,00000002

g) $\dfrac{1364}{100\,000}$

h) $\dfrac{652}{1000}$

i) $\dfrac{28}{10\,000}$

j) 1256

k) 7 780 000

l) 6 000 000

m) 8 400 000

n) 9 600 000 000

o) 45 000

p) $\dfrac{6\,300\,000}{1000}$

q) $\dfrac{540\,000\,000}{200}$

r) $\dfrac{48\,000}{3000}$

2. Berechne das Ergebnis und schreibe es als möglichst kurze Zehnerpotenz.

a) $4,8 * 10^{-3} + 6,2 * 10^{-1}$

b) $0,36 * 10^2 + 8,2 * 10^4$

c) $0,75 * 10^1 + 3,4 * 10^{-1}$

d) $5,8 * 10^{-6} + 0,45 * 10^{-9}$

e) $4,6 * 10^{-6} - 3,8 * 10^{-4}$

f) $0,89 * 10^2 - 76 * 10^5$

g) $0,63 * 10^{-2} - 5,1 * 10^2$

h) $64 * 10^{-7} - 0,55 * 10^{-9}$

i) $4 * 10^{-3} * 6 * 10^{-1}$

j) $0,3 * 10^2 * 8 * 10^4$

k) $0,75 * 10^1 * 3 * 10^{-1}$

l) $5 * 10^{-6} * 0,45 * 10^{-9}$

m) $\dfrac{4 * 10^{-8}}{(3 * 10^{-4})}$

n) $\dfrac{0,8 * 10^2}{(80 * 10^5)}$

o) $\dfrac{0,6 * 10^{-2}}{(5 * 10^2)}$

p) $\dfrac{64 * 10^{-7}}{(0,5 * 10^{-9})}$

LÖSUNGEN DER ÜBUNGSAUFGABEN ZUM RECHNEN MIT ZEHNERPOTENZEN

1. Schreibe als Zehnerpotenz.

a) $3{,}1 * 10^{-4}$

b) $6 * 10^{-3}$

c) $2{,}5 * 10^{-1}$

d) $6{,}3 * 10^{-5}$

e) $2{,}056 * 10^{-3}$

f) $2 * 10^{-8}$

g) $1{,}364 * 10^{-2}$

h) $6{,}52 * 10^{-1}$

i) $2{,}8 * 10^{-3}$

j) $1{,}256 * 10^{3}$

k) $7{,}78 * 10^{6}$

l) $6 * 10^{6}$

m) $8{,}4 * 10^{6}$

n) $9{,}6 * 10^{9}$

o) $4{,}5 * 10^{4}$

p) $6{,}3 * 10^{3}$

q) $2{,}7 * 10^{6}$

r) $1{,}6 * 10^{1}$

2. Berechne das Ergebnis und schreibe es als möglichst kurze Zehnerpotenz.

a) $4{,}8 * 10^{-3} + 6{,}2 * 10^{-1} = 6{,}248 * 10^{-1}$

b) $0{,}36 * 10^{2} + 8{,}2 * 10^{4} = 8{,}2036 * 10^{4}$

c) $0{,}75 * 10^{1} + 3{,}4 * 10^{-1} = 0{,}784 * 10^{1}$

d) $5{,}8 * 10^{-6} + 0{,}45 * 10^{-9} = 5{,}80045 * 10^{-6}$

e) $4{,}6 * 10^{-6} - 3{,}8 * 10^{-4} = -3{,}754 * 10^{-4}$

f) $0{,}89 * 10^{2} - 76 * 10^{5} = -7{,}599911 * 10^{6}$

g) $0{,}63 * 10^{-2} - 5{,}1 * 10^{2} = -5{,}099937 * 10^{2}$

h) $64 * 10^{-7} - 0{,}55 * 10^{-9} = 6{,}39945 * 10^{-6}$

i) $4 * 10^{-3} * 6 * 10^{-1} = 2{,}4 * 10^{-3}$

j) $0{,}3 * 10^{2} * 8 * 10^{4} = 2{,}4 * 10^{6}$

k) $0{,}75 * 10^{1} * 3 * 10^{-1} = 2{,}25 * 10^{0} = 2{,}25$

l) $5 * 10^{-6} * 0{,}45 * 10^{-9} = 2{,}25 * 10^{-15}$

m) $\dfrac{4 * 10^{-8}}{(3 * 10^{-4})} = \dfrac{4}{3} * 10^{-4}$

n) $\dfrac{0{,}8 * 10^{2}}{(80 * 10^{5})} = 0{,}01 * 10^{-3} = 1 * 10^{-5}$

o) $\dfrac{0{,}6 * 10^{-2}}{(5 * 10^{2})} = 0{,}12 * 10^{-4} = 1{,}2 * 10^{-5}$

p) $\dfrac{64 * 10^{-7}}{(0{,}5 * 10^{-9})} = 128 * 10^{2} = 1{,}28 * 10^{4}$

7. PROZENTRECHNUNG

RELEVANZ VON PROZENTRECHNUNGEN FÜR DEN EMS UND TMS

Prozentrechnungen spielen im EMS und TMS eine wichtige Rolle und es werden immer wieder Fragestellungen zu diesem Thema formuliert. Deswegen sollen Dir hier kurz die wichtigsten Punkte zum Umgang mit Prozentrechnungen dargestellt werden.

ZUM VERSTÄNDNIS VON PROZENTRECHNUNGEN

Das Wort Prozent kommt vom lateinischen pro centum und bedeutet übersetzt von Hundert. Mit einem Prozent (1%) bezeichnet man folglich den hundertsten Teil eines Ganzen. Es handelt sich folglich nicht um eine absolute Größe, sondern um eine zum Grundwert relative Größe.

Bei der Prozentrechnung sind drei Größen entscheidend:
* Der Grundwert (G)
* Der Prozentsatz (Ps)
* Der Prozentwert (Pw)

Beispiel
75% von 100 € sind 75 €

Grundwert	=	100 €	Prozentwert	=	75 €
Prozentsatz	=	75%			

Wenn Dir zwei dieser Werte gegeben sind und Du den dritten Wert errechnen willst, ergeben sich folgende Formeln, in die Du nur die Werte einsetzen musst:

$$\text{Prozentwert} = G * Ps$$

$$\text{Grundwert} = \frac{Pw}{Ps} \qquad\qquad \text{Prozentsatz} = \frac{Pw}{G}$$

Allerdings muss der Prozentsatz (Ps) als Dezimalzahl angegeben werden, damit diese Gleichungen funktionieren. Beispielsweise entsprechen 75% der Dezimalzahl 0,75.

Man wandelt eine Prozentzahl in eine Dezimalzahl um, indem man sie durch 100 dividiert oder einfach das Komma um zwei Stellen nach links verschiebt.

Weitere Beispiele

89,0%	=	0,89	1,0%	=	0,01
63,0%	=	0,63	100,0%	=	1

FRAGESTELLUNGEN BEIM PROZENTRECHNEN

Bei Prozentrechnungen solltest Du die Fragestellung stets gründlich studieren, da hier Kleinigkeiten einen großen Effekt haben können. Besonders auf die Unterscheidung der Ausdrücke um und auf ist zu achten, da diese zwei komplett unterschiedliche Fragestellungen implizieren.

Beispiele

„Mein Gehalt ist um 5 Prozent gestiegen" bedeutet das Gleiche wie „Mein Gehalt ist auf 105 Prozent gestiegen".

„Die Miete ist um 3 Prozent gesunken" bedeutet das Gleiche wie „Die Miete ist auf 97 Prozent gesunken".

Um gibt also eine Differenz zwischen zwei Werten an, wohingegen auf den Endwert einer relativen Entwicklung darstellt.

ÜBUNGSAUFGABEN ZUM PROZENTRECHNEN

1. Der Grundpreis eines neuen VW Golf beträgt 27.500 €. Die Sonderausstattung, die Herr Gerstel zusätzlich einbaut, erhöht den Preis um weitere 1.000 €. Wegen der zusätzlichen Ausstattung erhält Herr Gerstel vom Verkäufer einen Rabatt von 12% auf den Gesamtpreis des Wagens.

    Löse die folgenden Fragen:

    (A) Spart Herr Gerstel durch die Sonderausstattung Geld im Vergleich zum Grundpreis?

    (B) Wie viel Prozent vom Grundpreis hat Herr Gerstel tatsächlich gezahlt?

    (C) Wie viel Prozent des Grundpreises spart Herr Gerstel durch die Sonderausstattung?

2. Ein Assistenzarzt zahlt monatlich 40% Einkommenssteuer, das entspricht 1.200 €.

    Wie hoch ist dementsprechend der Bruttolohn des Arztes?

LÖSUNGEN DER ÜBUNGSAUFGABEN ZUM PROZENTRECHNEN

1. LÖSUNG

Der neue Grundwert ergibt sich: 27.500 € + 1.000 € = 28.500 € (G)

Der Prozentsatz entspricht 12%, das heißt Ps = 0,12

Gesucht ist also der Prozentwert der 12% Rabatt

$Pw = Ps * G = 28.500 * 0,12 = 3.420$

(A) 28.500 − 3.420 = 25.080 | billiger als der Grundpreis

(B) Gefragt ist nach dem Prozentsatz, also: $PS = \dfrac{Pw}{G} = \dfrac{25.080}{27.500} = 0,912$

Herr Gerstel hat 91,2% des Grundpreises gezahlt.

(C) Da er 91,2% gezahlt hat, spart er 8,8% vom Grundpreis.

2. LÖSUNG

Ps = 40% = 0,40; Pw = 1.200 €; G = gesucht;

Einsetzen in Formel: $G = \dfrac{Pw}{Ps} = \dfrac{1.200}{0,4} = 3.000$

8. KOPFRECHNEN

Eine der entscheidenden Kernkompetenzen im Untertest Quantitative und formale Probleme ist schnelles Kopfrechen. Daher musst Du versuchen diese Fähigkeit so gut wie möglich zu trainieren. Deswegen haben wir einige Tipps für Dich zusammengestellt, wie Du die Rechenarbeit auf ein Minimum reduzieren und sicher Kopfrechnungen lösen kannst.

ALLE ZAHLEN UND RECHNUNGEN ALS BRÜCHE SCHREIBEN

Das Rechnen mit Brüchen hat den Vorteil, dass zum einen die gesamte Rechnung deutlich übersichtlicher wird und zum anderen, dass Du sofort erkennen kannst, ob sich etwas kürzt. Zudem kannst Du eine Division, die deutlich schwerer im Kopf zu rechnen ist als eine Multiplikation, immer in eine Multiplikation umwandeln, indem Du mit dem Kehrwert multiplizierst.

Beispiel

Die Division $\frac{48}{1,2}$ scheint eine relativ schwere Rechnung zu sein. Wenn man 1,2 jedoch als Bruch ($\frac{6}{5}$) schreibt und mit dem Kehrwert multipliziert, ergibt sich $\frac{48 * 5}{1 * 6} = 40$.

SO WEIT WIE MÖGLICH KÜRZEN

Eigentlich logisch, da man sich somit viel Zeit und Arbeit sparen kann. Allerdings wird es von den meisten Testteilnehmern sträflich vernachlässigt.

Beispiel

Der Bruch $\frac{10\,080}{840}$ scheint auf den ersten Blick schwer zu rechnen, doch kürzt Du mit 10 ergibt sich $\frac{1008}{84}$. nun kürzt Du weiter mit 4 und es ergibt sich $\frac{252}{21}$. Nun kürzt Du mit 21 und es ergibt sich $\frac{12}{1}$. Du musst überhaupt nicht rechnen, wenn du zuvor konsequent kürzt.

RUNDEN, WENN MIT UNGERADEN ZAHLEN GERECHNET WERDEN MUSS

Wenn Du in einer Aufgabe beispielsweise mit π rechnen sollst, dann solltest Du nicht mit 3,1459... rechnen, sondern mit 3 oder 3,1. Diese gerundeten Werte sind völlig ausreichend, um die korrekte Antwort zu ermitteln.

KLEINES UND GROSSES EINMALEINS LERNEN UND IM ALLTAG ANWENDEN

Es dauert 20 Minuten das kleine und große Einmaleins zu lernen, doch damit deckst Du 90 Prozent der gestellten Rechnungen im Untertest Quantitative und formale Probleme ab. Kleine Maßnahme, großer Effekt! Zudem solltest Du versuchen im alltäglichen Leben (zum Beispiel beim Einkaufen) im Kopf mitzurechnen, um Deine mathematischen Fähigkeiten permanent zu trainieren.

GRUND
AUFGABEN
TYPEN

1.	ALLGEMEINES UND AUFBAU	50
2.	RECHNEN MIT FORMELN UND GLEICHUNGEN	51
3.	DREISATZRECHNEN	57
4.	SCHRITTWEISES RECHNEN UND LOGISCHES DENKEN	61
5.	MISCHUNGSAUFGABEN UND MENGENAUFGABEN	66
6.	RECHNEN MIT PHYSIKALISCHEN EINHEITEN	70

1. ALLGEMEINES UND AUFBAU

Im EMS und TMS sind die Kenntnis und das genaue Verständnis dieser fünf Grundaufgaben-typen, neben dem Mathe Basiswissen, das in den vorherigen Kapiteln behandelt wurde, die absolute Grundvoraussetzung für die erfolgreiche Bearbeitung der Aufgaben.

Ein großer Teil der Aufgaben im Untertest Quantitative und formale Probleme lässt sich einem dieser fünf Grundaufgabentypen zuordnen. Daher erleichtert einem die Kenntnis dieser fünf Grundaufgabentypen das Bearbeiten und Lösen der Aufgaben im EMS und TMS ungemein. Natürlich gibt es für mathematische Aufgaben kein Patentrezept mit dem man alle Aufgaben optimal lösen kann. Aber wenn Du Dir die folgenden Grundaufgabentypen und die dazu angebotenen Lösungsschemata einprägst, wirst Du bei vielen Fragestellungen, die Dir im TMS oder EMS begegnen schon eine Lösungsidee im Hinterkopf haben, die Du dann nur noch anpassen musst. Es geht in diesem Kapitel also nicht darum Dir eine Blaupause zur Lö-sung aller Aufgaben zu liefern, sondern Dir typische Fragestellungen und entsprechende Lösungsschemata zu demonstrieren, damit Du sie später im Test wiedererkennst und in ab-gewandelter Form anwenden kannst. Deshalb solltest Du bei der Bearbeitung der 50 EMS und TMS Übungsaufgaben in diesem Kapitel genau auf den Aufbau und die Fragestellung der einzelnen Grundaufgabentypen achten, um sie später bei den Simulationen und im EMS und TMS wiederzuerkennen.

Die 50 Beispielaufgaben sollen Dir die unterschiedlichen Aufgabentypen vorstellen und Dir gleichzeitig die Möglichkeit geben diese anhand von realistischen Fragestellungen, die dem Niveau im EMS und TMS entsprechen, zu üben. Im Anschluss daran kannst Du im Kapitel Musterlösungen zu den Grundaufgabentypen den optimalen Lösungsweg nachschlagen.

Bei der Bearbeitung der Aufgaben solltest Du darauf achten, dass Du Dir kein Zeitlimit setzt, sondern ohne Druck arbeitest. Bei diesen Beispielaufgaben geht es darum, dass Du die ver-schiedenen Grundaufgabentypen kennenlernst und die angewandten Lösungsschemata verstehst. Daher solltest Du nicht sofort aufgeben, wenn Du die Aufgaben nicht auf Anhieb lösen kannst, sondern versuchen, durch weiteres Probieren den Lösungsweg selbst heraus-zufinden, bevor Du in den Musterlösungen nachschlägst.

Bei der Bearbeitung der EMS und TMS Simulationen solltest Du hingegen die je 24 Aufgaben in den vorgegebenen 60 Minuten lösen, um eine möglichst genaue Einschätzung Deiner Leistung zu erhalten. Die letzte Simulation in diesem Buch ist dabei immer an den letztjäh-rigen TMS angepasst.

2. RECHNEN MIT FORMELN UND GLEICHUNGEN

Dieser Aufgabentyp wird immer wichtiger und machte im EMS und TMS Untertest Quantitative und formale Probleme zuletzt circa ein Drittel aller Aufgaben aus. Daher sind eine gezielte Vorbereitung und die genaue Kenntnis der verschiedenen Lösungsschemata dieses Aufgabentyps unverzichtbar.

Das Aufgabenspektrum dieses Grundaufgabentyps ist sehr vielfältig und reicht vom Einsetzen, über Umformen, bis hin zum Aufstellen von Formeln aus einem Begleittext. Gemeinsam ist allen Aufgaben jedoch, dass sie einen sicheren Umgang mit Gleichungen voraussetzen, das heißt man muss sicher Gleichungen umformen, auflösen und einsetzen können. Deshalb solltest Du vor dem Bearbeiten der folgenden Beispielaufgaben, die Dir einen Überblick über die möglichen Fragestellungen liefern, das Kapitel Gleichungen im Mathe Basiswissen bearbeitet haben, um den Lerneffekt der Übungsaufgaben zu maximieren.

AKTUELL

- **TIMP MY MATH**
  Zuletzt wurden im TMS sehr häufig Aufgaben zu komplexen physikalischen Formeln gestellt, wodurch sich viele Teilnehmer haben verunsichern lassen. Mache diesen Fehler nicht! Da kein Formelwissen vorausgesetzt wird, ist die Bearbeitung exakt gleich, egal wie komplex die Formel ist. Umso wichtiger ist es aber, dass Du sicher Formeln und Gleichungen aufstellen, einsetzen und umformen kannst.

1. Lässt man einen Gegenstand aus der Ruhelage heraus vom Dach eines neunstöckigen Gebäudes (pro Stockwerk 5 Meter Höhe) fallen, so folgt dessen freier Fall folgendem Gesetz:

   $$s = \frac{1}{2} a * t^2$$

   Es gilt:
   s = Strecke;   t = Zeit   und   a = Erdbeschleunigung = $9{,}81 \frac{m}{s^2}$

   Vernachlässigt man Luftreibung und andere bremsende Elemente, so schlägt der Gegenstand nach welcher Zeit auf dem Boden auf?
   - (A) nach circa 1,0 Sekunden
   - (B) nach circa 1,5 Sekunden
   - (C) nach circa 2,0 Sekunden
   - (D) nach circa 2,5 Sekunden
   - (E) nach circa 3,0 Sekunden

2. Als Dopplereffekt bezeichnet man die Veränderung der wahrgenommenen oder gemessenen Frequenz von Wellen jeder Art, während sich die Quelle und der Beobachter einander nähern oder sich voneinander entfernen, sich also relativ zueinander bewegen. Nähern sich Beobachter und Quelle einander, so erhöht sich die vom Beobachter wahrgenommene Frequenz. Das heißt die Wellenlänge verkürzt sich um die in der Zeit einer Schwingung (Schwingungsdauer entspricht dem Kehrwert der Frequenz) vom Schwingungssender zurückgelegten Strecke.

Es gilt:

$v = \frac{s}{t}$;   s = zurückgelegte Strecke;   t = dafür benötigte Zeit

f = Frequenz;   λ = Wellenlänge und   c = Ausbreitungsgeschwindigkeit der Welle verhalten sich wie folgt:

$λ * f = c$

Wie hoch ist die Frequenz, die ein Passant am Straßenrand wahrnimmt, wenn sich ein Rettungswagen mit einem Martinshorn (Frequenz von 1000 Hz) und einer Geschwindigkeit von 40 m/s auf den Passanten zubewegt? (Es gilt für die Ausbreitung von Schallwellen in Luft c = 340 m/s)

(A) ungefähr 1420 Hz
(B) ungefähr 1350 Hz
(C) ungefähr 1245 Hz
(D) ungefähr 1130 Hz
(E) ungefähr 960 Hz

3. Das Gesetz von La Place beschreibt die Beziehung zwischen der Wandspannung (K), der Dicke der Gefäßwand (d), dem Radius eines Gefäßes (r) und dem darauf einwirkenden Druck (p). Die Konsequenz die daraus gezogen werden kann, ist, dass die Wandspannung eines Gefäßes ansteigt, je weiter ein Blutgefäß gedehnt wird. Das Risiko, dass das Gefäß rupturieren (platzen) kann, steigt dementsprechend. Wie muss sich die Dicke der Gefäßwand verändern, damit, bei verdoppeltem Gefäßradius, das Risiko einer Ruptur unverändert bleibt.

Es gilt:

$\frac{K}{r} = \frac{p}{2 * d}$

(A) Die Dicke der Gefäßwand bleibt unverändert.
(B) Die Dicke der Gefäßwand muss sich verdoppeln.
(C) Die Dicke der Gefäßwand muss sich vervierfachen.
(D) Die Dicke der Gefäßwand muss sich halbieren.
(E) Ohne Angabe der anderen Faktoren kann die Aufgabe nicht gelöst werden.

4. Die Ladungsmenge eines Kondensators Q hat die Einheit Coulomb und ist direkt proportional zur Spannung U. Der konstante Quotient dieser Beziehung ist die Kapazität C des Kondensators. Die Ladungsmenge ist zudem das Produkt aus Stromstärke I und Zeit t.

Mit welcher der folgenden Formeln lässt sich die Stromstärke I berechnen?

(A) $I = \dfrac{C * U}{t}$

(B) $I = \dfrac{t * U}{C}$

(C) $I = \dfrac{C * t}{U}$

(D) $I = \dfrac{C}{t} + U$

(E) $I = \dfrac{C}{U} + t$

5. Mit dem Hagen-Poiseuille'schen Gesetz wird der Volumenstrom (V) einer laminaren Strömung einer Flüssigkeit durch ein Rohr mit dem Radius r und der Länge l beschrieben.

Es gilt die folgende Gesetzmäßigkeit:

$V = \dfrac{\pi * r^4 * \Delta p}{8 * l * \eta}$

Welche der folgenden Formeln zur Berechnung der jeweiligen Größe ist falsch?

(A) $\dfrac{V * 8 * \eta}{r^2 * \pi * \Delta p} = \dfrac{r^2}{l}$

(B) $\dfrac{V * 8 * l}{\pi * r^4 * \Delta p} = \dfrac{1}{\eta}$

(C) $\dfrac{V * \eta * 16}{\pi * r^4 * 2} = \dfrac{\Delta p}{l}$

(D) $\dfrac{8 * l * \eta}{\pi * r^4} = \dfrac{\Delta p}{V}$

(E) $\dfrac{V * 8 * l * \Delta p}{\eta} = \dfrac{\pi * r^4}{1}$

6. Ein Mann lässt einen Stein von einer 80 Meter hohen Autobahnbrücke senkrecht nach unten fallen.

Für die Fallstrecke s gilt die Formel:

$s = \frac{1}{2} a * t^2$;   a = Erdbeschleunigung $9{,}81 \frac{m}{s^2}$;   t = Fallzeit

Wie lange dauert es bis zum Aufprall des Steines auf dem Boden, wenn der Luftwiderstand vernachlässigt wird und keine sonstigen bremsenden oder beschleunigenden Effekte (Seitenwinde, Thermik) auftreten?
- (A) etwa 3 Sekunden
- (B) etwa 4 Sekunden
- (C) etwa 5 Sekunden
- (D) etwa 5,5 Sekunden
- (E) etwa 6 Sekunden

7. Flaschenzüge werden in der Praxis dazu verwendet, schwere Gegenstände mit einem geringeren Kraftaufwand anheben zu können. Für die notwendige Zugkraft F_z ist die Anzahl der tragenden Seile im System entscheidend. Da die Spannung im Seil bei einem einfachen Flaschenzug an jeder Stelle gleich ist, wird die Gewichtskraft F_L gleichmäßig auf die tragenden Seile n (die Verbindungen zwischen den oberen und unteren Rollen) verteilt.

Es gilt:

$F_z = \frac{F_L}{n}$

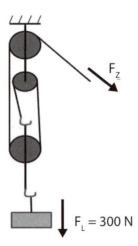

Wie groß muss die Zugkraft F_z im gegebenen Flaschenzug gewählt werden, damit sich das Gewicht im Gleichgewicht befindet?
- (A) 60 N
- (B) 75 N
- (C) 100 N
- (D) 150 N
- (E) 200 N

8. Der Anhalteweg beim Autofahren berechnet sich aus der Summe des Reaktionsweges und des Bremsweges. Es gelten folgende Faustformeln für den Reaktionsweg und den Bremsweg:

$$\text{Reaktionsweg [m]} = \frac{\text{Geschwindigkeit} \left[\frac{km}{h}\right]}{10} * 3$$

$$\text{Bremsweg [m]} = \frac{\text{Geschwindigkeit} \left[\frac{km}{h}\right]}{10} * \frac{\text{Geschwindigkeit} \left[\frac{km}{h}\right]}{10}$$

Wie lange ist der Anhalteweg, wenn unmittelbar vor dem Ereignis die Geschwindigkeit 135 km/h betrug?

(A) 180,75 Meter

(B) 187,25 Meter

(C) 212,50 Meter

(D) 217,65 Meter

(E) 222,75 Meter

9. Ein Sportwagen beschleunigt in 3,0 Sekunden von 0 auf 108 km/h.

Hinweis:

Bei gleichmäßig beschleunigten Bewegungen gilt das Geschwindigkeits-Zeit-Gesetz:
v = a * t

Wie groß ist seine Beschleunigung, wenn eine gleichmäßig beschleunigte Bewegung zugrunde liegt und Verluste durch Reibung vernachlässigt werden?

(A) $16 \frac{m}{s^2}$

(B) $6 \frac{m}{s^2}$

(C) $8 \frac{m}{s^2}$

(D) $10 \frac{m}{s^2}$

(E) $36 \frac{m}{s^2}$

10. Nach dem Energieerhaltungssatz der Mechanik gilt: $E_{pot} + E_{kin}$ = konstant, das heißt die Summe aus potentieller und kinetischer Energie ist immer gleich groß. Nun wird eine Messingkugel der Masse zehn Gramm aus einem zehn Meter hohen Fenster senkrecht nach unten fallen gelassen. Es gelten folgende Formeln und Zusammenhänge:

$$E_{kin} = \frac{1}{2} m * v^2; \quad E_{pot} = m * g * h; \quad g = 9{,}81 \frac{m}{s^2}; \quad [J] = \frac{kg * m^2}{s^2} \quad .$$

Wie groß ist die kinetische Energie der Kugel nach einer Fallhöhe von 6 Metern, wenn es keine Energieverluste durch Reibung oder Wärme gibt, die Energieformen verlustfrei ineinander übergehen und der Luftwiderstand vernachlässigt wird?

(A) 0,4405 J

(B) 0,5886 J

(C) 0,6025 J

(D) 60,25 J

(E) 588,6 J

3. DREISATZRECHNEN

Dreisatzaufgaben kommen in jedem EMS und TMS vor, wobei ihre Bedeutung in den letzten Jahren deutlich abgenommen hat, da sie sehr leicht zu lösen sind. Erfahrungsgemäß wirst Du mit ein bis zwei Aufgaben von diesem Typ konfrontiert werden. Daher solltest Du Dich auch mit den verschiedenen Fragestellungen dieses Aufgabentyps gut vertraut machen.

Diese Aufgaben befassen sich mit direkten oder indirekten Proportionalitäten (siehe Kapitel Proportionalität im Mathe Basiswissen), die durch Aufstellen von Verhältnisgleichungen schnell und sicher gelöst werden können. Deshalb solltest Du versuchen die Beispielaufgaben dazu zu nutzen das Aufstellen solcher Verhältnisgleichungen und das Rechnen mittels Dreisatz zu üben, um Sicherheit im Umgang mit diesen Aufgaben zu erlangen, die komplizierter erscheinen als sie tatsächlich sind.

1. Der Längswiderstand eines Axons (Nervenfaser eines Neurons) verhält sich umgekehrt proportional zur Querschnittsfläche des Axons ($\pi * r^2$).

   Eine Verdopplung des Axondurchmessers würde demnach wozu führen?
   (A) Halbierung des Längswiderstandes
   (B) Verdopplung des Längswiderstandes
   (C) Abnahme des Längswiderstandes auf ein Viertel
   (D) Abnahme des Längswiderstandes auf ein Achtel
   (E) Zunahme des Längswiderstandes auf das Achtfache

2. Ein Rechteck hat eine Fläche von $48 \, cm^2$, dabei ist es 6 cm breit.

   **Wie viel muss ein flächengleiches Rechteck breiter sein,
   wenn es 5 cm weniger lang ist?**
   (A) 16 cm
   (B) 10 cm
   (C) 8 cm
   (D) 6 cm
   (E) 4 cm

3. Der Luftdruck an einem beliebigen Ort der Erdatmosphäre entspricht dem hydrostatischen Druck der Luft. Dieser entsteht durch die Gewichtskraft der Luftsäule, die vom Erdgravitationsfeld angezogen wird. Der mittlere Luftdruck der Atmosphäre auf Meereshöhe beträgt in etwa 1013 hPa. Mit zunehmender Höhe ist er abnehmend, sodass er auf 5500 Metern nur noch der Hälfte des Luftdrucks auf Meereshöhe entspricht. Wenn nun also ein Heißluftballon von Meereshöhe aufsteigt, verhält sich das Volumen in seinem Inneren umgekehrt proportional zum ihn umgebenden Außendruck.

In welcher Höhe hat sich folglich das Volumen des Heißluftballons auf 140 Prozent des Ausgangsvolumens ausgedehnt, wenn davon ausgegangen werden kann, dass sich Höhe und Luftdruck ebenfalls umgekehrt proportional zueinander verhalten?

(A) in einer Höhe von etwa 2530 Metern

(B) in einer Höhe von etwa 3240 Metern

(C) in einer Höhe von etwa 3850 Metern

(D) in einer Höhe von etwa 4710 Metern

(E) in einer Höhe von etwa 5370 Metern

4. Ein Rettungshelikopter fliegt mit einer Geschwindigkeit von 240 km/h.

Wie lange braucht er, um ein 1080 km entferntes Krankenhaus zu erreichen?

(A) 3 Stunden

(B) 3,5 Stunden

(C) 4 Stunden

(D) 4,5 Stunden

(E) 5 Stunden

5. Ein Krankenwagen fährt vom Krankenhaus zum Einsatzort mit einer konstanten Geschwindigkeit von 76 km/h und braucht dafür 18 Minuten. Mit dem Patienten an Bord fährt er langsamer, aber ebenfalls mit konstanter Geschwindigkeit zurück und kommt nach 24 Minuten im Krankenhaus an.

Wie schnell ist der Krankenwagen auf der Fahrt zurück ins Krankenhaus gefahren?

(A) 52 km/h

(B) 57 km/h

(C) 62 km/h

(D) 66 km/h

(E) 70 km/h

6. Zwei Autos starten gleichzeitig an den jeweils entgegengesetzten Enden einer 375 Kilometer langen Strecke. Dabei fährt Wagen 1 mit einer Geschwindigkeit von 43,5 km/h und Wagen 2 mit einer Geschwindigkeit von 31,5 km/h.

Nach wie vielen Stunden treffen sich die beiden Fahrzeuge?

(A) nach 4 Stunden

(B) nach 4,5 Stunden

(C) nach 4,75 Stunden

(D) nach 5 Stunden

(E) nach 5,25 Stunden

7. Ein Medizinstudent muss seine Doktorarbeit, die einen Umfang von 126 Seiten haben soll, schreiben. Dabei kann er täglich sechs Seiten schreiben, von denen er zwei Drittel aufgrund von zahlreichen Korrekturen neu schreiben muss.

Wie viel Zeit muss er einplanen bis er seine korrigierte Doktorarbeit abgeben kann?

(A) 32 Tage

(B) 42 Tage

(C) 54 Tage

(D) 63 Tage

(E) 69 Tage

8. Insulin wird bei Diabetikern zur Regulation des Blutzuckers subkutan gespritzt. Dabei senkt eine Einheit kurzwirksames Insulin den Blutzucker um ca. 38 mg/dl. Insulinmenge und Blutzuckersenkung verhalten sich proportional zueinander. Der Normbereich für den Blutzucker liegt nüchtern zwischen 70 mg/dl und 90 mg/dl und sollte in keinem Fall unterschritten werden. In einer Praxis wird ein Patient mit einem Blutzucker von 220 mg/dl vorstellig.

Wie viele Einheiten Insulin dürfen dem Patienten höchstens gespritzt werden?

(A) 2 Einheiten Insulin

(B) 3 Einheiten Insulin

(C) 4 Einheiten Insulin

(D) 5 Einheiten Insulin

(E) 6 Einheiten Insulin

9. Das Herzminutenvolumen (HMV) errechnet sich als Produkt aus Herzfrequenz (HF) und Herzschlagvolumen (HSV). In Ruhe beträgt das HMV bei gesunden Erwachsenen in etwa 5 Liter pro Minute. Bei starker körperlicher Belastung kann das Volumen auf bis zu 30 Liter pro Minute ansteigen. Diese Steigerung ist allerdings nicht alleine durch einen Anstieg der HF zu gewährleisten.

Um wie viel Prozent muss sich das HSV eines 40-Jährigen bei Belastung steigern, wenn davon ausgegangen wird, dass er einen Ruhepuls von 60 hat und die maximale HF 220 minus Lebensalter beträgt?

(A) 50 Prozent

(B) 100 Prozent

(C) 150 Prozent

(D) 200 Prozent

(E) 250 Prozent

10. In einem Krankenhaus sind am Wochenanfang 90% der Betten belegt. Zum Wochenende werden 24 weitere Betten frei.

Wie viele Betten hat das Krankenhaus, wenn die Auslastung nun nur noch 80% beträgt?

(A) 160 Betten

(B) 200 Betten

(C) 240 Betten

(D) 280 Betten

(E) 320 Betten

4. SCHRITTWEISES RECHNEN UND LOGISCHES DENKEN

Im Untertest Quantitative und formale Probleme werden regelmäßig circa drei Aufgaben von diesem Typ gestellt, die in ihrem Schwierigkeitsgrad meist als leicht einzuschätzen sind. Deshalb kannst Du hier durch eine gezielte Vorbereitung mit ähnlichen Aufgaben ganz leicht Punkte abkassieren.

Es handelt sich um Aufgaben, die durch simples Aneinanderreihen von kleinen Kopfrechnungen gelöst werden können. Die Schwierigkeit bei diesen Aufgaben liegt einzig und allein darin, durch logisches Denken herauszufinden, wie diese Kopfrechnungen aneinander zu reihen sind.

Daher solltest Du Dir die Beispielaufgaben genau ansehen und versuchen Dir die angewandten Lösungsstrategien einzuprägen, um sie später reproduzieren zu können.

1. Einem Patienten wird morgens um 10 Uhr 1800 mg eines Medikamentes verabreicht. Da der Patient allergisch reagiert und Atemnot entwickelt, wird ihm ein Antidot (Gegengift) verabreicht, das 250 mg des Medikaments im Blut bindet und direkt eliminiert.

   Wann wurde das Antidot verabreicht, wenn um 22 Uhr bei der Laborkontrolle nur mehr 130 mg des Medikamentes vorhanden sind und die Halbwertszeit (Zeit in der sich die Menge eines Stoffes halbiert) des Medikamentes vor und nach Gabe des Antidots 4 Stunden beträgt?

   (A) Das Antidot muss um 10 Uhr verabreicht worden sein.
   (B) Das Antidot muss um 14 Uhr verabreicht worden sein.
   (C) Das Antidot muss um 18 Uhr verabreicht worden sein.
   (D) Das Antidot muss zwischen 14 Uhr und 18 Uhr verabreicht worden sein.
   (E) Das Antidot kann zu jedem Zeitpunkt verabreicht worden sein.

2. Die Radiojodtherapie ist ein nuklearmedizinisches Verfahren zur Behandlung bestimmter Formen des Schilddrüsenkrebses. Eingesetzt wird das radioaktive Jod-Isotop 131, das ein überwiegender Beta-Strahler mit einer Halbwertszeit von acht Tagen ist und im menschlichen Körper nur in Schilddrüsenzellen gespeichert wird. Nachweisbar ist das Jod-Isotop 131 in der Schilddrüse bis zu 80 Tage nach der Therapie. Dies entspricht einer Restaktivität von 15 Becquerel.

   Wie hoch war die Ausgangsaktivität der applizierten Menge Jod-Isotop 131, wenn davon ausgegangen wird, dass die Aktivität dem gleichen Halbwerts-Zerfall unterliegt?

   (A) 15360 Becquerel
   (B) 7680 Becquerel
   (C) 3840 Becquerel
   (D) 1920 Becquerel
   (E) 150 Becquerel

3. In einem µl menschlichen Blutes befinden sich rund 10 000 Leukozyten, 200 000 Thrombozyten und 5 200 000 Erythrozyten. Auf einem Erythrozyten befinden sich in etwa 30 pico (10^{-12}) Gramm Hämoglobin.

Wie viel Hämoglobin besitzt ein Erwachsener 70 kg schwerer Mensch wenn das Blutvolumen ungefähr 70 ml / kg Körpergewicht beträgt?

(A) circa 2,6 * 10^{-3} Gramm

(B) circa 2,6 * 10^{-2} Gramm

(C) circa 7,6 * 10^{-1} Gramm

(D) circa 7,6 * 10^{2} Gramm

(E) circa 4,8 * 10^{4} Gramm

4. Acetylsalicylsäure (ASS), die unter anderem zur Myokardinfarkt-Prophylaxe bei beste-hender koronarer Herzkrankheit (KHK) gegeben wird, hat eine Bioverfügbarkeit von 70%, d.h. 70% der zugeführten Dosis gelangen ins Blut. Damit die regelrechte Wirkung garantiert werden kann, sollten nie weniger als 50 mg ASS im Blut sein. Ein KHK-Patient nimmt im Abstand von 12 Stunden, zwei Mal täglich, eine Tablette ASS.

Wie viel mg ASS muss eine Tablette mindestens enthalten, um eine konstante Wirkung zu garantieren, wenn alle 8 Stunden 24 mg ASS über die Niere ausgeschieden werden? (Es wird davon ausgegangen, dass der Patient zu Beginn der Therapie bereits 50 mg ASS im Blut hat.)

(A) circa 24 mg

(B) circa 36 mg

(C) circa 52 mg

(D) circa 74 mg

(E) circa 103 mg

5. Sauerstoff (O_2) macht 21% unserer Atemluft aus. Ab einem Sauerstoffanteil von 12% kommt es ohne Anpassungsphase zum Auftreten von Atembeschwerden. Vom einge-atmeten Sauerstoff gelangen jedoch nur 24% ins Blut, der Rest verlässt mit der Aus-atmung wieder den Körper. Sechs erwachsene Menschen befinden sich während eines Experimentes in einem luftdicht abgeschlossenen Raum mit 30 m³ Rauminhalt. Alle haben ein Atemzugvolumen (Volumen das mit einem Atemzug eingeatmet wird) von 500 ml und eine Atemfrequenz von 12 Atemzügen pro Minute.

Wie lange dauert es bis es zum Auftreten von Atembeschwerden kommt, wenn man davon ausgeht, dass sich Atemfrequenz, Atemzugsvolumen und prozentuale Sauerstoffaufnahme ins Blut nicht verändern?

(A) circa 6 Stunden

(B) circa 10 Stunden

(C) circa 15 Stunden

(D) circa 20 Stunden

(E) circa 25 Stunden

6. Für die Herstellung eines technischen Produkts E ist der folgende Gozintograph gegeben. Er gibt an, dass zur Herstellung eines Produktes E insgesamt 10 Einheiten des Zwischenproduktes Z1, 50 Einheiten des Zwischenproduktes Z2 und 30 Einheiten des Zwischenproduktes Z3 notwendig sind. Analog werden für die Herstellung der Zwischenprodukte verschiedene Rohstoffe benötigt.

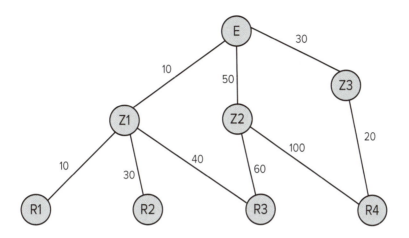

Wie viele Einheiten der Rohstoffe R3 und R4 werden benötigt, wenn 100 Einheiten des technischen Produkts E hergestellt werden sollen?

(A) 40 000 Einheiten R3 und 320 000 Einheiten R4
(B) 72 000 Einheiten R3 und 615 000 Einheiten R4
(C) 270 000 Einheiten R3 und 440 000 Einheiten R4
(D) 320 000 Einheiten R3 und 510 000 Einheiten R4
(E) 340 000 Einheiten R3 und 560 000 Einheiten R4

7. Ein Unternehmen stellt die zwei Produkte P1 und P2 auf den drei Maschinen M1, M2 und M3 her. Die Bearbeitungszeiten der Produkte auf den Maschinen und die Maschinenkapazitäten sind der folgenden Tabelle zu entnehmen.

Maschine	Bearbeitungszeit in Stunden pro Stück		Maschinenkapazität in Stunden
	P1	P2	
M1	4	3	360
M2	5	5	420
M3	6	8	640

Bei welchem Produktionsprogramm werden beide Maschinenkapazitäten voll ausgeschöpft?

(A) M1(50;50)   M2(35;60)   M3(50;20)
(B) M1(45;60)   M2(25;75)   M3(40;60)
(C) M1(30;80)   M2(42;42)   M3(60;30)
(D) M1(25;95)   M2(30;40)   M3(80;20)
(E) M1(45;60)   M2(50;34)   M3(80;20)

8. Die Funktion $K(x) = x^3 - 2x^2 - 5x + 6$ beschreibt die Kostenfunktion einer Apotheke in Abhängigkeit der unterschiedlichen, sich im Sortiment befindlichen Medikamente.

An welchen Stellen x_2 und x_3 schneidet die Funktion die x-Achse ($K(x) = 0$), wenn mit $x_1 = 1$ ein Schnittpunkt mit der x-Achse bekannt ist?

(A) $x_2 = -2$; $x_3 = -3$

(B) $x_2 = 2$; $x_3 = 3$

(C) $x_2 = -2$; $x_3 = 3$

(D) $x_2 = 2$; $x_3 = -3$

(E) $x_2 = -2$;   (doppelte Nullstelle)

9. Beim Doppelspaltversuch werden Photonen auf eine Platte geschossen, die zwei Spalte besitzt. Die Größe der Spalte und der Abschusswinkel auf die Platte wird so gewählt, dass jedes Lichtteilchen Spalt 1 mit einer Wahrscheinlichkeit von 30% und Spalt 2 mit einer Wahrscheinlichkeit von 70% passiert. Nacheinander werden vier Photonen abgeschossen.

Wie hoch ist die Wahrscheinlichkeit, dass ein Lichtteilchen Spalt 1 passiert und drei Lichtteilchen Spalt 2 passieren?

(A) 41,16 Prozent

(B) 22,47 Prozent

(C) 10,29 Prozent

(D) 53,71 Prozent

(E) 68,92 Prozent

10. Bei der Entscheidung, ob ein Projekt realisiert wird oder nicht, wird häufig die soge-nannte Kapitalwertmethode angewendet. Dabei werden alle Einzahlungen und Auszah-lungen, die in Zusammenhang mit dem Projekt stehen auf den gemeinsamen Zeitpunkt $t = 0$ abgezinst. Bei einfachen Projekten, wie z.B. dem Kauf einer Maschine, gibt es zu Beginn des Projektes eine Auszahlung (Anschaffungskosten der Maschine) und in den folgenden Perioden Rückflüsse in Form von Einzahlungen (gesteigerte Stückzahl durch den Einsatz der Maschine). Ein einfaches Projekt läuft über die Perioden $t = 0$, $t = 1$ und $t = 2$.

Hinweise:

Es wird mit dem Zinssatz $i = 5\%$ kalkuliert. Das Projekt wird für $C_0 = 0$ gerade noch rea-lisiert. Es handelt sich um eine Summenformel, bei der die Einzelwerte der Perioden $t = 1$, $t = 2$ etc. summiert werden müssen.

Für den Kapitalwert C_0 gilt:

$$C_0 = -a + \sum_{t=1}^{2} 6.000 * (1 + i)^{-t}$$

In $t = 0$ wird eine Auszahlung in Höhe von a getätigt und in $t = 1$ und $t = 2$ wird mit Rück-flüssen von jeweils 6.000 € gerechnet.

Wie hoch darf die Auszahlung a in $t = 0$ höchstens sein, damit das Projekt gerade noch realisiert wird?

(A) 10.837 €

(B) 12.412 €

(C) 11.156 €

(D) 12.724 €

(E) 14.112 €

5. MISCHUNGSAUFGABEN UND MENGENAUFGABEN

Bei den Mischungs- und Mengenaufgaben handelt es sich um sehr spezielle Aufgaben, die in den letzten Jahren zunehmend an Bedeutung verloren haben. Trotzdem ist es wichtig sich diesen Aufgabentyp und seine Fallstricke genau einzuprägen, da diese Aufgaben mit einer guten Vorbereitung leicht zu lösen sind.

Bei den Mischungsaufgaben handelt es sich in der Regel um eine Vermengung von einem Stoff bzw. einer Flüssigkeit mit Wasser. Wenn man zwei Substanzen miteinander vermengt gibt es unterschiedliche Möglichkeiten auszudrücken, in welchem Verhältnis beide Substanzen zueinander stehen. Man unterscheidet hierbei zwischen einer Verdünnung und einer Mischung.

VERDÜNNUNG

Bei einer Verdünnung stellt das angegebene Verhältnis den Anteil des verdünnten Stoffes am Gesamtvolumen dar.

Beispiel
Eine 1:10-Ethanol-Verdünnung (reines Ethanol in Wasser) besteht aus 1 Teil Ethanol und 9 Teilen Wasser. Insgesamt liegen 10 Teile vor. Der Ethanol-Anteil beträgt also $\frac{1}{10}$. Das entspräche 100 ml Ethanol und 900 ml Wasser. Das Gesamtvolumen beträgt demnach 100 ml + 900 ml = 1000 ml.

▽ VORSICHT

> Da in der Chemie standardmäßig von Verdünnungen gesprochen wird, handelt es sich, wenn nicht anders angegeben, in diesen Fällen stets um Verdünnungen.

MISCHUNG

Bei einer Mischung entspricht das angegebene Verhältnis dem Verhältnis der Komponenten untereinander. Die Summe der Anteile ergibt also die Endmenge.

Beispiel
Eine 1:10-Ethanol-Mischung besteht aus 1 Teil Ethanol und 10 Teilen Wasser. Insgesamt liegen also 11 Teile vor. Der Ethanolanteil beträgt also $\frac{1}{11}$ am Gesamtvolumen. Das entspräche 100 ml Ethanol und 1000 ml Wasser. Das Gesamtvolumen beträgt demnach 100 ml + 1000 ml = 1100 ml.

Wichtig für den sicheren Umgang mit diesen Aufgaben ist vor allem das Rechnen mit Zehnerpotenzen und Prozentangaben.

Bei den Mengenaufgaben geht es häufig darum mit Mengen bzw. Größen korrekt umzugehen (beispielsweise das korrekte Rechnen mit Prozentangaben) oder Wachstumsvorgänge korrekt zu berechnen.

Diese beiden Aufgabentypen sind sehr auffällig und variieren nur wenig. Wenn Du Dir die zugrundeliegenden Muster genau anschaust und studierst, erkennst Du diese Aufgaben im EMS und TMS leicht wieder und wirst keine Schwierigkeiten haben sie zu lösen.

1. Eine Dialyselösung C2 aus Alkohol mit physiologischer Kochsalzlösung, die bei einer Methanolvergiftung zum Einsatz kommt, entsteht durch Mischen von 500 ml Kochsalzlösung 20 mit 20 Volumenprozent Alkohol, das heißt der Alkohol macht 20 Prozent des Gesamtvolumens der Lösung aus, mit 3 Litern Kochsalzlösung 5 mit 5 Volumenprozent Alkohol.

   Die Konzentration der Dialyselösung C2 beträgt also:
   (A) 6,3 Volumenprozent Alkohol
   (B) 7,1 Volumenprozent Alkohol
   (C) 8,9 Volumenprozent Alkohol
   (D) 11,0 Volumenprozent Alkohol
   (E) 12,3 Volumenprozent Alkohol

2. Ein dementer Patient, der mit einer Exsikkose im Krankenhaus eingeliefert wird, bekommt drei verschiedene Infusionen über einen Dreiwegehahn angehängt. Eine 3-%ige (Volumenprozent) NaCl Lösung mit 500 ml/h, eine 1%ige NaCl Lösung mit 300 ml/h und eine 0,45%ige NaCl Lösung mit 750 ml/h.

   Wie viel Gramm NaCl werden dem Patienten in den ersten 210 Minuten verabreicht, wenn angenommen wird, dass 1 ml NaCl einem Gramm entspricht?
   (A) circa 34 Gramm
   (B) circa 48 Gramm
   (C) circa 56 Gramm
   (D) circa 67 Gramm
   (E) circa 75 Gramm

3. Zu einem halben Liter einer Lösung, die eine Konzentration von 10^{-6} K-Ionen/Liter aufweist, werden 750 ml einer zweiten Lösung mit einer Konzentration von $0,4 * 10^{-4}$ K-Ionen pro Liter gegeben.

   Wie viele K-Ionen befinden sich in 250 ml der entstandenen Mischung?
   (A) $30,5 * 10^{-6}$ K-Ionen
   (B) $24,4 * 10^{-6}$ K-Ionen
   (C) $5,4 * 10^{-4}$ K-Ionen
   (D) $6,1 * 10^{-6}$ K-Ionen
   (E) $1,3 * 10^{-4}$ K-Ionen

4. Zwei Liter einer Säure enthalten x Protonen (H$^+$-Teilchen). Eine zweite Säure enthält pro Liter y Schwefelsäure-Moleküle (H_2SO_4). Man entnimmt der ersten Säure 400 ml und mischt sie mit 1200 ml reinem, destilliertem Wasser. Danach entnimmt man dieser Lösung 800 ml und mischt diese mit 200 ml der zweiten Säure.

Wie viele Protonen und Schwefelsäure-Moleküle enthalten 100 ml der entstandenen Mischung?

(A) $\frac{x}{40}$ Protonen; $\frac{y}{5}$ Schwefelsäure-Moleküle

(B) $\frac{x}{400}$ Protonen; $\frac{y}{5}$ Schwefelsäure-Moleküle

(C) $\frac{x}{800}$ Protonen; $\frac{y}{50}$ Schwefelsäure-Moleküle

(D) $\frac{x}{600}$ Protonen; $\frac{y}{25}$ Schwefelsäure-Moleküle

(E) $\frac{x}{100}$ Protonen; $\frac{y}{50}$ Schwefelsäure-Moleküle

5. Ein Patient auf der Intensivstation ist an vier Perfusoren angeschlossen, die ihm kochsalzhaltige Lösungen in unterschiedlichen Konzentrationen verabreichen. Perfusor 1 verabreicht 20 ml pro Stunde einer 0,9% (Volumenprozent) Kochsalzlösung. Perfusor 2 verabreicht 25 ml pro Stunde einer 0,3% (Volumenprozent) Kochsalzlösung, Perfusor 3 verabreicht 40 ml pro Stunde einer 0,1% (Volumenprozent) Kochsalzlösung und Perfusor 4 verabreicht 0,1 ml pro Minute einer 2% Kochsalzlösung.

Wie lange dauert es bis der Patient 7,5 g Kochsalz verabreicht bekommen hat, wenn Kochsalz eine Dichte von 1,2 g/ml hat?

(A) 8 Stunden
(B) 11 Stunden
(C) 15 Stunden
(D) 18 Stunden
(E) 24 Stunden

6. Eine Streptokokken-Kolonie wächst um 20% je sechs Minuten.

Welcher der folgenden Zeitpunkte entspricht dem letzten Zeitpunkt, bevor sich die Koloniegröße verdoppelt, wenn angenommen wird, dass die Bakterienkolonie weiterhin gleich schnell wächst?

(A) 12 Minuten
(B) 16 Minuten
(C) 18 Minuten
(D) 24 Minuten
(E) 30 Minuten

7. Im statistischen Mittel wird bei der Konsultation des Arztes in 34% der Fälle die korrekte Diagnose bereits nach der Anamnese gestellt. Weitere 26% der korrekten Diagnosen werden nach weiteren Untersuchungen (Ultraschall, Labor, Röntgen, MRT) gestellt. Doch auch dies ist hin und wieder nicht ausreichend. Bei diesen ungelösten Fällen müssen folglich weitere Ärzte hinzugezogen werden, die wiederum 20% der ihnen zugewiesenen Fälle korrekt diagnostizieren können.

Wie viel Prozent aller korrekten Diagnosen werden demzufolge vom Arzt bereits nach der Anamnese gestellt?

(A) 25 Prozent
(B) 35 Prozent
(C) 42,5 Prozent
(D) 50 Prozent
(E) 60 Prozent

8. Zwei Prozent aller über 85-Jährigen in Deutschland leiden an Mb. Parksinson. 80 Prozent der Erkrankten werden anhand der klinischen Untersuchung diagnostiziert und bei 90 Prozent der Parkinson-Patienten kann mithilfe eines MRT eine sichere Diagnose gestellt werden.

Bei wie vielen Prozent der über 85-Jährigen in Deutschland kann weder die klinische Untersuchung noch das MRT die Diagnose Mb. Parkinson stellen?

(A) bei höchstens 0,2 Prozent
(B) bei höchstens 0,4 Prozent
(C) bei höchstens 2,5 Prozent
(D) bei höchstens 5,0 Prozent
(E) bei höchstens 10 Prozent

9. In einem Labor sind drei gleichartige Mischungen verfügbar, die in unterschiedlichen Mischungsverhältnissen, 1:2, 1:5 und 1:10 vorliegen.

Welches Mischungsverhältnis weist ein Gemisch der drei Mischungen auf, wenn 30 ml der ersten Mischung, 120 ml der zweiten Mischung und 330 ml der dritten Mischung vermengt werden?

(A) 1:8
(B) 2:13
(C) 1:7
(D) 3:20
(E) 4:17

10. Ein Spritzmittel zur Bekämpfung von Schädlingen wird normalerweise im Verhältnis 1:5 mit Wasser verdünnt.

Wie viel Wasser muss bei einer 50 Liter Spritzmittel-Wasser-Mischung nachgefüllt werden, wenn das Verhältnis zu Testzwecken auf 1:7 verdünnt werden soll?

(A) 10 Liter

(B) 15 Liter

(C) 20 Liter

(D) 25 Liter

(E) 27,5 Liter

6. RECHNEN MIT PHYSIKALISCHEN EINHEITEN

Das Rechnen mit physikalischen Einheiten und Dimensionen ist ebenfalls fester Bestandteil des EMS und TMS und wurde zuletzt vermehrt abgefragt. Dir werden daher mindestens vier Aufgaben von diesem Typ im Untertest Quantitative und formale Probleme gestellt werden.

Im Grunde unterscheidet sich das Rechnen mit physikalischen Einheiten und Dimensionen kaum vom Rechnen mit Zahlen. Sie können genauso wie Zahlen multipliziert, dividiert und potenziert werden, allerdings können sie nicht addiert und subtrahiert werden. Wichtig bei diesen Aufgaben ist es sauber zu arbeiten, da beim Einsetzen von Einheiten in Gleichungen und Formeln leicht Doppelbrüche entstehen und man schnell den Überblick verlieren kann.

Die folgenden Beispielaufgaben sollen Dir die wichtigsten Fragestellungen dieses Aufgabentyps zeigen und Dir die entsprechenden Lösungsstrategien vermitteln.

1. Beim freien Fall ohne Reibung lässt sich die Fallzeit t (Einheit: 1s) aus der Fallhöhe und der Erdbeschleunigung bestimmen.

h = Fallhöhe;   Einheit: 1m

g = Erdbeschleunigung;   Einheit: $1m * s^{-2}$

Welche der folgenden Formeln beschreibt das oben beschriebene Gesetz?

(A) $t = \sqrt[3]{\dfrac{2h}{g}}$

(B) $t = \sqrt{\dfrac{4g}{h}}$

(C) $t = \sqrt{\dfrac{2h}{g}}$

(D) $t = \sqrt{\dfrac{6h^2}{g}}$

(E) $t = \sqrt[2]{\dfrac{6h}{g^2}}$

2. Die Gravitationskraft zwischen zwei sich anziehenden Körpern ist eine universelle, nicht abschirmbare Kraft in unserem Universum und lässt sich mithilfe folgender

Formel berechnen: $\quad F_G = G * \sqrt{\dfrac{(M * m)^2}{r^4}}$

[M] = Masse des einen Körpers = kg; $\qquad$ [m] = Masse des anderen Körpers = kg
[r] = Abstand der beiden Mittelpunkte = m; $\quad$ [F_G] = Gravitationskraft = N

Welche Dimension hat die Konstante G?

(A) $[G] = \sqrt{\dfrac{Nm}{kg^2}}$

(B) $[G] = \dfrac{Nm^2}{kg^2}$

(C) $[G] = \sqrt[2]{\dfrac{Nm}{kg^2}}$

(D) $[G] = \dfrac{Nm}{kg^2}$

(E) $[G] = \dfrac{Nkg^2}{m^2}$

3. Die Permeabilitätszahl μr ist ein Maß für die Durchlässigkeit (Permeabilität) von Materie für magnetische Felder. Sie ist eine physikalische, dimensionslose Größe und daher ein reiner Zahlenwert.

Welche Antwort beschreibt die Einheit der Permeabilitätszahl am besten?
(A) $[\mu r] = (V/(A * s))^2 * (V/s) * (A^2/V * s)$
(B) $[\mu r] = (V/s * A)^{-2} * (s/V * A) * (A^2/V * s^2)$
(C) $[\mu r] = (A^2/V * s^2) * (V/s * A) * (s/V * A)$
(D) $[\mu r] = (V/s) * (A^2/V * s)^{-1} * (V/(A * s))^{-2}$
(E) $[\mu r] = (A^2 * V/s^2) * (V/s * A)^{-1} * (s/V^2 * A)$

4. Für die Beschreibung einer Bewegung gilt folgende Formel:

$r_0 = \dfrac{1}{2\pi} * \sqrt{\dfrac{l}{a}}$

Dabei ist K der Kehrwert von r_0

Welche Einheit hat K, wenn gilt: $\quad [a] = (m^{-1} * s)^{-2}; \quad [l] = (1/m)^{-2}$?
(A) $[K] = (m/s)^{-1}$
(B) $[K] = (m/s)$
(C) $[K] = (1/m)^{-1}$
(D) $[K] = (1/s)$
(E) $[K] = (1/s)^{-1}$

5. Nach Einstein kann jeder Energie eine Masse zugeordnet werden und umgekehrt. Selbst für ein Photon, kann eine relativistische Masse m_{rel} angenommen werden.

Mit Hilfe welcher der folgenden Formeln kann m_{rel} berechnet werden, wenn m_{rel} die Einheit kg besitzt und gilt:
$[h] = J * s$; $[c] = (s/m)^{-1}$; $[f] = s^{-1}$; $1J = kg * m^2 * s^{-2}$?

(A) $m_{rel} = \dfrac{h * c}{f}$

(B) $m_{rel} = \dfrac{h * \sqrt{f}}{c^2}$

(C) $m_{rel} = \dfrac{h^2 * f}{c^{-1}}$

(D) $m_{rel} = \dfrac{h * \frac{1}{c}}{f^2}$

(E) $m_{rel} = \dfrac{h * f}{c^2}$

6. Druck entsteht, wenn der einer Materie zur Verfügung stehende Raum verkleinert wird. Der Druck wird in der Einheit Pascal gemessen.

Es gilt:

$$p = \frac{F}{A}$$

$[F] = N = $ Kraft, die auf die Materie einwirkt;

$[A] = m^2 = $ Fläche, auf die die Kraft einwirkt;

$$1N = 1 \frac{kg * m}{s^2}$$

Welche Dimension hat der Druck p?

(A) $p = \dfrac{kg}{m * s}$

(B) $p = \dfrac{kg}{m^2 * s}$

(C) $p = \dfrac{kg^2}{m * s}$

(D) $p = \dfrac{kg}{m * s^2}$

(E) $p = \dfrac{kg}{m^{-1} * s^{-1}}$

7. Die Coulomb-Kraft beschreibt die Anziehungs- bzw. Abstoßungskraft zweier kugelsymmetrisch verteilter Ladungsmengen im Vakuum, deren Mittelpunkte sich im Abstand r voneinander befinden.

Es gilt:

$$F_C = \frac{1}{4\pi\varepsilon_0} * \frac{q_1 * q_2}{r^2} \quad ; \quad \varepsilon_0 = \text{elektrische Feldkonstante}$$

In welchem Abstand befinden sich die beiden Ladungsmengen allgemein, wenn auf sie die Coulomb-Kraft F_C wirkt?

(A) $\sqrt{\dfrac{q_1 * q_2}{4\pi\varepsilon_0 F_C}}$

(B) $\sqrt{\dfrac{q_1 * q_2 * F_C}{4\pi\varepsilon_0}}$

(C) $\left(\dfrac{q_1 * q_2 * F_C}{4\pi\varepsilon_0}\right)^2$

(D) $\sqrt{\dfrac{q_1 * q_2}{4\pi^2\varepsilon_0 F_C}}$

(E) $\sqrt{\dfrac{4\pi\varepsilon_0 F_C}{q_1 * q_2}}$

8. Das Gesetz von Boyle-Mariotte besagt, dass der Druck zweier Gase bei einer isothermen Zustandsänderung umgekehrt proportional zum Volumen ist, vorausgesetzt die Stoffmenge ändert sich nicht.

Welche Formel beschreibt diesen Zusammenhang?

(A) $\dfrac{p_1}{p_2} = \dfrac{V_2}{V_1}$

(B) $\dfrac{p_1}{p_2} = \dfrac{V_1}{V_2}$

(C) $p \sim V$

(D) $p_1 * V_2 = p_2 * V_1$

(E) $V \sim T$

9. Die Periodendauer einer harmonischen Schwingung wird durch folgende Formel beschrieben: $T = 2 * \pi * \sqrt{\frac{m}{D}}$

Welche Einheit besitzt die Federkonstante D, wenn [m] = kg und [T] = s?

(A) $[D] = \frac{kg}{s^2}$

(B) $[D] = \frac{m}{N}$

(C) $[D] = \frac{1}{s^2}$

(D) $[D] = \frac{s^2}{kg}$

(E) $[D] = \frac{kg^2}{s}$

10. Bei der Reihenschaltung von Kondensatoren lässt sich die Ersatzkapazität durch die Formel berechnen $\frac{1}{C_{ges}} = \frac{1}{C_1} + \frac{1}{C_2} + ... + \frac{1}{C_n}$.

Wie groß ist C_2 in Abhängigkeit von C_1 und C_{ges}, wenn der Schaltkreis nur die zwei Kondensatoren C_1 und C_2 enthält?

(A) $\frac{C_1 - C_{ges}}{C_1 * C_{ges}}$

(B) $\frac{C_1 * C_{ges}}{C_1 + C_{ges}}$

(C) $\frac{C_1 * C_{ges}}{C_1 - C_{ges}}$

(D) $\frac{C_1 * C_{ges}}{\sqrt{C_1 - C_{gees}}}$

(E) $\frac{C_1 + C_{ges}}{C_1 - C_{ges}}$

MUSTERLÖSUNGEN – GRUND AUFGABENTYPEN

1. RECHNEN MIT FORMELN UND GLEICHUNGEN 76

2. DREISATZAUFGABEN 79

3. SCHRITTWEISES RECHNEN UND LOGISCHES DENKEN 81

4. MISCHUNGSAUFGABEN UND MENGENAUFGABEN 84

5. RECHNEN MIT PHYSIKALISCHEN EINHEITEN 88

MUSTERLÖSUNGEN – GRUND AUFGABENTYPEN

1. RECHNEN MIT FORMELN UND GLEICHUNGEN

Beim Einsetzen von Werten in vorgegebene Gleichungen (Aufgabe 1, 2 und 3) muss man darauf achten keine Leichtsinnsfehler zu machen, die gegebenen Formeln zuvor so weit wie möglich zu vereinfachen und nach der gesuchten Variable umzustellen. Zudem muss man aus einem Text heraus eine Formel aufstellen können (Aufgabe 4) und Formeln nach jeder Variable fehlerfrei umstellen können (Aufgabe 5). Wenn Du diese Grundfertigkeiten sicher beherrschst, wirst Du keinerlei Probleme mit diesem Grundaufgabentyp im EMS und TMS haben.

1. **Antwort E ist korrekt.**

Bei dieser Aufgabe muss man die vorgegebenen Werte in die Formel einsetzen und die Formel dann nach t umstellen. Man erhält dann:

$$\sqrt{\frac{2s}{a}} = \sqrt{\frac{2*45}{9,81}} \approx \sqrt{9} = 3$$

2. **Antwort D ist korrekt.**

Da sich der Rettungswagen auf den Passanten zubewegt, kann Antwort E von vornherein ausgeschlossen werden, da die Frequenz größer als die Basisfrequenz von 1000 Hz sein muss.

Als erstes muss berechnet werden wie groß die zurückgelegte Strecke des Krankenwagens innerhalb einer Schwingung (⅟₁₀₀₀ Sekunde) ist, um ausrechnen zu können um wie viel die Wellenlänge verkürzt wird, bevor man mit der neuen Wellenlänge und der Schallgeschwindigkeit die Endfrequenz berechnen kann.

Nun muss die Wellenlänge des Martinhorns berechnet werden, um mit dieser die neue Gesamtwellenlänge und die Frequenz bestimmen zu können.

$$s = v * t = 40 * \frac{1}{1000} = \frac{4}{100} \, m = 4 \, cm$$

Nun muss die Wellenlänge des Martinhorns berechnet werden, um mit dieser die neue Gesamtwellenlänge und die Frequenz bestimmen zu können.

$$\lambda_{alt} = \frac{c}{f} = \frac{340}{1000} = \frac{34}{100} \, m = 34 \, cm$$

$$\lambda_{neu} = 34 \, cm - 4 \, cm = 30 \, cm = 0,3 \, m = \frac{3}{10}$$

$$f_{neu} = \frac{c}{\lambda_{neu}} = \frac{340}{\frac{3}{10}} = \frac{3400}{3} = 1133 \, \frac{1}{s} \approx 1133 \, Hz$$

3. **Antwort B ist korrekt.**

Wenn sich der Radius (r) verdoppelt, verdoppelt sich auch die Wandspannung. Man stellt nun die Formel nach K um und erhält:

$$K = \frac{p * r}{2 * d}$$

Damit die Wandspannung unverändert bleibt muss die Dicke (d) sich ebenfalls verdoppeln.

4. **Antwort A ist korrekt.**

Da gilt: Q proportional zu U mit konstantem Quotient C, kann man schreiben:

$$\frac{Q}{U} = C \qquad \text{zudem gilt:} \qquad Q = I * t$$

$$\frac{I * t}{U} = C \qquad \text{es folgt:} \qquad I = \frac{C * U}{t}$$

5. Antwort E ist korrekt.

Alle anderen Antworten lassen sich durch Umformung bilden.

6. Antwort B ist korrekt.

Einsetzen der Werte in die Formel und man erhält: $80 = \frac{1}{2} * 10 * t^2$;
Auflösen nach t: $t = 4$

7. Antwort C ist korrekt.

Es gibt drei tragende Seile, daher gilt: $F_z = \frac{F_L}{3} = \frac{300}{3} = 100\,N$

8. Antwort E ist korrekt.

Einsetzen der Geschwindigkeit in km/h in die beiden vorgegebenen Formeln und man erhält:

$$\frac{135 * 3}{10} + \left(\frac{135}{10} * \frac{135}{10} \right) = 40{,}5 + 182{,}25 = 222{,}75$$

9. Antwort D ist korrekt.

Da die Antworten in $\frac{m}{s^2}$ angegeben sind, muss die Geschwindigkeit von 108 km/h zuerst in $\frac{m}{s}$ umgewandelt werden.

108 km/h entsprechen dabei: $\frac{108 * 1000}{3600} = 30\,\frac{m}{s}$

Nun nur noch einsetzen: $a = \frac{30}{3} = 10\,\frac{m}{s^2}$

10. Antwort B ist korrekt.

Da die Ergebnisse in Joule angegeben sind und 1 Joule $1\,\frac{kg * m^2}{s^2}$ entspricht, muss man zuerst die Einheiten angleichen. In diesem Fall die Masse 10 Gramm in kg umrechnen (0,01 kg). Nun muss man die Differenz der potentielle Energie von 10 Metern und 4 Metern Höhe bilden und erhält somit die kinetische Energie, die durch Umwandlung aus der potentiellen Energie entstanden ist. Durch einsetzen erhält man:

$$E_{kin} = 0{,}01\,kg * 9{,}81\,\frac{m}{s^2} * 10\,m - 0{,}01\,kg * 9{,}81\,\frac{m}{s^2} * 4m = 0{,}981\,J - 0{,}3924\,J$$

$$E_{kin} = 0{,}5886\,J$$

2. DREISATZAUFGABEN

Bei diesen Aufgaben handelt es sich häufig um anti-/proportionale Beziehungen, die sich durch Aufstellen von Verhältnisgleichungen (siehe Kapitel Proportionalität) schnell und leicht lösen lassen. Deswegen musst Du auf Signalwörter (proportional, antiproportional etc.) achten und dann in die entsprechende Verhältnisgleichung einsetzen.

1. **Antwort C ist korrekt.**

   Es handelt sich hierbei um ein umgekehrt proportionales Verhältnis zwischen Querschnittsfläche und Längswiderstand. Eine Verdopplung des Durchmessers führt zu einer Vervierfachung der Querschnittsfläche, da r^2 zur Berechnung der Querschnittsfläche herangezogen wird. Dementsprechend fällt der Längswiderstand auf ein Viertel.

2. **Antwort B ist korrekt.**

   Es handelt sich hier um eine Antiproportionalität, da bei einer Längenzunahme die Breite entsprechend abnehmen muss. Durch Einsetzen der Werte in die Verhältnisgleichung erhält man:

   $$a_1 * b_1 = a_2 * b_2 \qquad \text{es ergibt sich:} \qquad 8 * 6 = 3 * x; \quad x = 16$$

   Also muss das Rechteck 10 cm breiter sein als das 6 cm breite Rechteck.

3. **Antwort C ist korrekt.**

   Da es sich hier um eine umgekehrte Proportionalität handelt gilt die Formel:

   $$a_1 * b_1 = a_2 * b_2$$

   Um die Höhe zu ermitteln, in welcher der Ballon 140% seines Ausgangsvolumens (100%) erreicht, muss man zunächst den Außendruck berechnen. Man muss nur in die Formel einsetzen und erhält:

   $$100\% * 1013 = 140\% * x \quad \rightarrow \quad x = \frac{100 * 1013}{140} \approx 715 \, \text{hPa}$$

   Nun muss man mit dem Druck nur noch analog die Höhe ausrechnen, da man weiß, dass der Druck auf 5500 Metern nur noch rund 500 hPa beträgt. Da es sich hierbei ebenfalls um eine umgekehrte Proportionalität handelt muss man wieder nur einsetzen und erhält:

   $$5500 * 500 = 715 * x \quad \rightarrow \quad x = \frac{5500 * 500}{715} \approx 3850 \, \text{Meter}$$

4. **Antwort D ist korrekt.**

   Es handelt sich hierbei um ein proportionales Verhältnis. Also muss man nur in die entsprechende Formel einsetzen und erhält:

   $$\frac{1}{240} = \frac{x}{1080} \quad \rightarrow \quad x = \frac{1080}{240} = 4{,}5 \, \text{Stunden}$$

5. Antwort B ist korrekt.

Es handelt sich hierbei um ein umgekehrt proportionales Verhältnis. Also muss man nur in die entsprechende Formel einsetzen und erhält:

$$76 * 18 = x * 24 \quad \rightarrow \quad x = \frac{76 * 18}{24} = 57 \, km/h$$

6. Antwort D ist korrekt.

Es handelt sich um eine einfache Schlussrechnung. Man muss sich nur überlegen, dass sich beide Fahrzeuge dann treffen, wenn sie zusammen einmal die Gesamtstrecke zurückgelegt haben. Da beide Fahrzeuge zusammen 75 km/h zurücklegen, brauchen Sie für 375 km folglich 5 Stunden.

7. Antwort D ist korrekt.

Es handelt sich um eine simple Schlussrechnung. Er schreibt täglich effektiv nur 2 Seiten, denn ⅔ von 6 = 4 Seiten müssen erneut geschrieben werden. Daher braucht er für 126 Seiten folglich 63 Tage.

8. Antwort B ist korrekt.

Da der minimale normale Blutzucker 70 mg/dl entspricht, darf man dem Patienten den Blutzucker um maximal 150 mg/dl senken. Da es sich wie in der Aufgabe schon beschrieben, um einen proportionalen Zusammenhang handelt, muss man nun die Werte nur noch in die entsprechende Formel einsetzen und erhält:

$$\frac{1}{38} = \frac{x}{150} \quad \rightarrow \quad x = \frac{150}{38} \approx 3{,}95$$

Man darf dem Patienten daher höchstens 3 Einheiten Insulin spritzen, da 4 Einheiten den Blutzucker bereits um 152 mg/dl senken würden.

9. Antwort B ist korrekt.

Da sich das Herzminutenvolumen versechsfacht, sich die Herzfrequenz aber nur verdreifacht (von 60 auf 180), muss sich das Herzschlagvolumen verdoppeln.

▽ VORSICHT

Bei einer Verdoppelung steigt das HSV um 100% auf 200%.

10. Antwort C ist korrekt.

Dadurch, dass 24 Betten frei werden, sind 10% weniger Betten belegt. Wenn 10% diesen 24 Betten entsprechen, dann sind 100% folglich 240 Betten.

3. SCHRITTWEISES RECHNEN UND LOGISCHES DENKEN

Bei diesen Aufgaben geht es darum kleine Rechnungen logisch miteinander zu verknüpfen. Die Schemata dieser Aufgaben sind sehr ähnlich und mit etwas Übung fällt es einem leichter den Weg des geringsten Widerstandes zu finden. Wichtig ist, dass Du Kopfrechnen übst und lernst Dir selbst schwere Kopfrechenaufgaben in einfache Teilschritte zu zerlegen, da Du sonst viel Zeit verlierst und Fehler produzierst.

Beispiel
4% von 840 scheint auf den ersten Blick schwer zu rechnen, aber wenn man sich die Rechnung in zwei Teilschritte zerlegt verliert sie ihren Schrecken, denn 1% von 840 ist 8,4 und 4 mal 8,4 ist 33,6.

1. **Antwort D ist korrekt.**
   Bei solchen Zerfalls- oder Wachstumsaufgaben sollte man sich eine Tabelle zum besseren Verständnis erstellen.

	MG 10 UHR	MG 14 UHR	MG 18 UHR	MG 22 UHR
ANTIDOT UM 10 UHR	1550	775	≈ 388	≈ 194
ANTIDOT UM 14 UHR	1800	650	325	≈ 162
ANTIDOT UM 18 UHR	1800	900	200	100

   Das Antidot muss zwischen 14 Uhr und 18 Uhr verabreicht worden sein.

2. **Antwort A ist korrekt.**
   Die Halbwertszeit von Jod 131 entspricht 8 Tagen, das heißt nach 80 Tagen hat sich die Menge des vorhandenen Jod 131 zehn Mal halbiert d. h. es ist noch $\frac{1}{2^{10}}$ vorhanden.

   $$\frac{1}{2^{10}} = \frac{1}{1024}$$

   Da angenommen wird, dass die Aktivität ebenso abgefallen ist, kann man nun im Umkehrschluss folgern: $1024 * 15 = 15360$

3. **Antwort D ist korrekt.**
   Das Blutvolumen: $70\,ml * 70\,kg = 4900\,ml = 4,9 * 10^6\,\mu l$

   Damit besitzt ein Mensch: $4,9 * 10^6\,\mu l * 5,2 * 10^6 \approx 25 * 10^{12}$ Erythrozyten

   Der gesamte Hämoglobinanteil beträgt demnach:

   $25 * 10^{12} * 30 * 10^{-12} \approx 750 \approx 7,6 * 10^2$ Gramm Hämoglobin

4. Antwort C ist korrekt.

Innerhalb von 24 Stunden werden 3 * 24 = 72 mg ASS ausgeschieden. Um diese Menge zu ersetzen, müssen 72 mg * 10/7 ≈ 103 mg ASS als Tabletten hinzugefügt werden. Da man zwei Tabletten pro Tag einnimmt, muss jede Tablette in etwa 52 mg ASS enthalten.

5. Antwort E ist korrekt.

Sechs Personen verbrauchen in einer Minute:

6 * 500 ml * 12 Atemzüge = 36 l Luft. Damit verbrauchen sechs Personen pro Minute:

$$36 * \frac{21}{100} * \frac{24}{100} \approx 36 * \frac{1}{5} * \frac{1}{4} \approx 1,8 \text{ Liter Sauerstoff.}$$

Die Menge an Sauerstoff, die verbraucht werden muss, bis es zu Störungen kommt, beträgt 9% von 30 000 Litern, also 2700 Liter. Damit dauert es 1500 Minuten oder 25 Stunden bis dieser kritische Wert erreicht wird.

6. Antwort E ist korrekt.

Um über das Zwischenprodukt Z1 100 Produkte E herzustellen, werden 40 * 10 * 100 = 40 000 R3 benötigt. Über das Zwischenprodukt Z2 benötigt man analog 60 * 50 * 100 = 300 000 R3. Insgesamt braucht man also 340 000 R3. Damit kann nur Antwort E richtig sein.

7. Antwort E ist korrekt.

Die einzige Möglichkeit ist durch Einsetzen der, in den Antwortmöglichkeiten gegebenen, Stückzahlen von Produkt P1 und P2, die Kapazitäten zu berechnen und mit den gegebenen Maximalkapazitäten zu vergleichen. Beispielsweise Antwort A Maschine 1 50 * 4 Stunden + 50 * 3 Stunden sind insgesamt 350 Stunden. Damit ist Antwort A ausgeschlossen, da die Kapazität von 360 Stunden nicht komplett ausgeschöpft wird. Nur bei Antwort E stimmen alle errechneten Kapazitäten mit den Maximalkapazitäten überein.

8. Antwort C ist korrekt.

Auch hier muss man die Werte von x_2 und x_3 in die Gleichung einsetzen und ausrechnen. Entsprechend finden sich Nullstellen bei x = −2 und x = 3.

9. Antwort A ist korrekt.

Insgesamt werden vier Photonen abgeschossen. Es gibt insgesamt vier Varianten, wie 3 Photonen durch Spalt 2 und ein Photon durch Spalt 1 passieren können, von denen jede eine Wahrscheinlichkeit von p = 0,1029 hat. Diese errechnet sich aus den vier Einzelwahrscheinlichkeiten (0,3 * 0,7 * 0,7 * 0,7 = 0,1029)

VARIANTE	PHOTON 1	PHOTON 2	PHOTON 3	PHOTON 4	P =
1	Spalt 1 (0,3)	Spalt 2 (0,7)	Spalt 2 (0,7)	Spalt 2 (0,7)	0,1029
2	Spalt 2 (0,7)	Spalt 1 (0,3)	Spalt 2 (0,7)	Spalt 2 (0,7)	0,1029
3	Spalt 2 (0,7)	Spalt 2 (0,7)	Spalt 1 (0,3)	Spalt 2 (0,7)	0,1029
4	Spalt 2 (0,7)	Spalt 2 (0,7)	Spalt 2 (0,7)	Spalt 1 (0,3)	0,1029

Nun muss man nur noch die vier Wahrscheinlichkeiten addieren und erhält 0,4116. Damit ist die Wahrscheinlichkeit 41,16 Prozent.

10. Antwort C ist korrekt.

Da es sich um eine Summenformel handelt, müssen die Einzelwerte der Perioden für t = 1 und t = 2 ermittelt und addiert werden.

Für t = 1 ergibt sich folglich: $\frac{6000}{(1+0,05)^1} = \frac{6000}{1,05}$;

Für t = 2 ergibt sich folglich: $\frac{6000}{(1+0,05)^2} = \frac{6000}{1,1025}$;

Nun muss man in die Gesamtgleichung einsetzen und erhält $C_0 = -a + \frac{6000}{1,05} + \frac{6000}{1,1025}$.

Daraus folgt grob gerundet $C_0 \approx -a + \frac{6000*20}{21} + \frac{6000*10}{11} \approx -a + \frac{12000}{2,1} + \frac{6000}{1,1}$

$\approx -a + 5714 + 5.454 \approx -a + 11168$ ➔ da $C_0 = 0$, ist a ≈ 11168.

Damit ist Antwort C 11.156 korrekt, da alle anderen Antworten deutlich abweichen.

4. MISCHUNGSAUFGABEN UND MENGENAUFGABEN

Bei diesen Aufgaben muss man sicher mit Potenzen, Zehnerpotenzen und Prozentangaben umgehen können um Fehler bei der Berechnung zu vermeiden. Zudem werden immer wieder Mengenaufteilungen (Aufgabe 7) abgefragt, bei denen man unbedingt auf die Reihenfolge achten muss. Wichtig ist auch das Verständnis von Mengenverhältnissen, wie sie in Aufgabe 8 beschrieben werden.

1. Antwort B ist korrekt.

    20% von 500 ml entsprechen 100 ml;   5% von 3000 ml entsprechen 150 ml;   Damit befinden sich in der Dialyselösung C2, mit einem Gesamtvolumen von 3500 ml, 250 ml Alkohol.

    Nun kann man die Volumenprozent berechnen: $\frac{250}{3500} = \frac{25}{350} = \frac{1}{14} = 7{,}1$ Vol.%

2. Antwort E ist korrekt.

    210 Minuten entsprechen 3,5 Stunden. Daher muss nun ausgerechnet werden wie viel NaCl dem Patienten binnen 3,5 Stunden über jede einzelne Infusion verabreicht wird. 3% von 1750 ml entspricht 52,5 ml;   1% von 1050 ml entspricht 10,5 ml;   0,45% von 2625 ml entspricht ungefähr 12 ml. Insgesamt werden dem Patienten also ungefähr 75 ml NaCl verabreicht, welche 75 Gramm entsprechen.

3. Antwort D ist korrekt.

    500 ml einer Lösung mit $1 * 10^{-6}$ K/l entsprechen $0{,}5 * 10^{-6}$ K-Ionen. 750 ml einer Lösung mit $0{,}4 * 10^{-4}$ K/l entsprechen $0{,}3 * 10^{-4}$ K-Ionen.

    $0{,}5 * 10^{-6} + 0{,}3 * 10^{-4} = 0{,}5 * 10^{-6} + 30 * 10^{-6} = 30{,}5 * 10^{-6}$ K-Ionen

    Die Menge an K-Ionen in 250 ml entspricht folglich einem Fünftel der Menge in 1250 ml, also $6{,}1 * 10^{-6}$ K-Ionen.

▽ VORSICHT

> Wäre hier nach der Konzentration gefragt, wäre das Ergebnis $24{,}4 * 10^{-6}$ K-Ionen/Liter, egal ob in 250 ml oder in 1250 ml. Deshalb musst Du bei diesen Aufgaben die Fragestellung immer genau lesen und beachten, ob nach einer Konzentration oder nach einer absoluten Anzahl von Teilchen gesucht wird.

4. **Antwort E ist korrekt.**
400 ml der ersten Säure enthalten x/5 Protonen. Sie wird mit 1200 ml destilliertem Wasser verdünnt, die Menge der gelösten Protonen verändert sich aber nicht (Vorsicht, hier ist nicht die Rede von Konzentration). Im nächsten Schritt wird nur die Hälfte der entstandenen Lösung entnommen, wodurch sich die Anzahl der Protonen halbiert. Es befinden sich nun also x/10 Protonen in 800 ml Lösung. Diese wird nun mit 200 ml der zweiten Säure mit y/5 H_2SO_4 Teilchen gemischt. Nun werden von diesen 1000 ml Lösung 100 ml entnommen, wodurch sich beide Anzahlen nochmals auf ein Zehntel verringern. Es befinden sich also x/100 Protonen und y/50 H_2SO_4 Teilchen in der Mischung.

5. **Antwort C ist korrekt.**
Zuerst muss man berechnen wie viele Milliliter jeder Perfusor pro Stunde verabreicht.

P1 = 20 ml * 0,009 = 0,18 ml

P2 = 25 ml * 0,003 = 0,075 ml

P3 = 40 ml * 0,001 = 0,04 ml

P4 = 6 ml * 0,02 = 0,12 ml

Alle Perfusoren verabreichen zusammen also 0,415 ml/Stunde, das entspricht 0,498 (≈0,5) g/Stunde. Die 4 Perfusoren brauchen für 7,5 Gramm also in etwa 15 Stunden.

6. **Antwort C ist korrekt.**
Wachstum um 20% entspricht dem Faktor 1,2. Bei solch einem exponentiellen Wachstum ist es immer ratsam sich eine Tabelle zu erstellen.

ZEITPUNKT	AUSGANGSWERT (20% DIFFERENZ)	ENDWERT
0 MINUTEN	1	1
6 MINUTEN	1 (0,2)	1,2
12 MINUTEN	1,2 (0,24)	1,44
18 MINUTEN	1,44 (0,288)	1,728
24 MINUTEN	1,728 (0,3456)	2,0736

Daher ist der Zeitpunkt 18 Minuten, der letzte bevor sich die Koloniegröße verdoppelt hat, da sie nach 24 Minuten bereits mehr als doppelt so groß ist.

✱ TIPP

✱ STEP BY STEP
Um wie hier die Differenz im Kopf zu rechnen, sollte man die Rechnung möglichst weit vereinfachen. In diesem Fall berechnet man zuerst ein Zehntel (10%) und verdoppelt dann den Wert, damit hat man die 20% Differenz schnell ausgerechnet.

7. **Antwort D ist korrekt.**

Da nach der Anzahl der korrekten Diagnosen gefragt ist, summiert man diese nun zusammen. 34% (Anamnese) + 26% (nach Untersuchung) + 8% (20% von 40%, durch Zweitärzte). Insgesamt hat man also 68%, von denen 34% durch die Anamnese erhoben werden. Diese 34% entsprechen also 50% der korrekten Diagnosen.

8. **Antwort A ist korrekt.**

Hier muss man aufpassen und die Fragestellung genau lesen. Es ist hier die Rede von höchstens ...%, das heißt man muss vom ungünstigsten Fall ausgehen, nämlich dass sich die Verfahren nur minimal überschneiden. Wenn hier mindestens ...% stehen würde, wäre nach dem Gegenteil gefragt, nämlich dem günstigsten Fall. Im Folgenden ein kleines Schaubild zur Verdeutlichung:

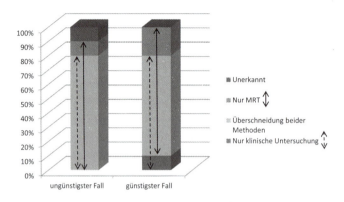

Im günstigsten Fall überschneiden sich die beiden Methoden maximal und es bleiben keine Patienten unerkannt. Im ungünstigsten Fall bleiben 10% unerkannt. 10% von 2% sind 0,2%.

9. **Antwort C ist korrekt.**
   Zuerst muss man die Mischungsverhältnisse in Brüche umwandeln. 1:2 bedeutet, es gibt drei Teile und einer davon ist x. Also entspricht 1:2 einem Drittel. Analog geht man bei den anderen Werten vor und setzt die Volumina und Konzentrationen der Einzelmischungen ein, addiert sie und setzt sie mit dem Gesamtvolumen (30 + 120 + 330 = 480 ml) der Endmischung gleich und erhält: $\frac{1}{3} * 30 + \frac{1}{6} * 120 + \frac{1}{11} * 330 = x * 480$.

   Es folgt: $10 + 20 + 30 = x * 480$; es folgt: $x = \frac{60}{480} = \frac{1}{8}$

   Damit ist das Mischungsverhältnis 1:7.

TIPP

* **COCKTAIL**
  Vermengt man unterschiedliche Volumina einer Lösung mit jeweils unterschiedlichen Konzentrationen, lässt sich die Endkonzentration stets ganz einfach mit der folgenden Formel berechnen:

  $V_1 * C_1 + V_2 * C_2 + .. = (V_1 + V_2 + ...) * C_{ges}$

  Als Anwendungsbeispiel kannst Du Dir die vorherige Musterlösung einprägen.

10. **Antwort C ist korrekt.**
    Zuerst muss man das Verdünnungsverhältnis in einen Bruch umwandeln. Da es sich um eine Verdünnung handelt entspricht ein Fünftel also 10 Liter der Mischung Spritzmittel. Damit das Verdünnungsverhältnis einem Siebtel entspricht, muss man folglich die 10 Liter Spritzmittel mit weiteren 20 Liter Wasser auf 70 Liter Mischung verdünnen.

5. RECHNEN MIT PHYSIKALISCHEN EINHEITEN

Diese Aufgaben unterscheiden sich kaum vom Rechnen mit vorgegebenen Formeln. Allerdings muss man mit Einheiten rechnen und negative Hochzahlen und Klammern auflösen können, um keine Fehler zu machen. Darüber hinaus ist es wichtig übersichtlich zu arbeiten, da man ansonsten schnell den Überblick verliert.

1. **Antwort C ist korrekt.**
    Die gesuchte Einheit, die am Ende übrig bleiben soll, ist [s]. Nun muss man lediglich die Einheiten in alle gegebenen Formeln A bis E einsetzen und schauen bei welcher Formel [s] übrig bleibt.

2. **Antwort B ist korrekt.**
    Wer es sieht kann im ersten Schritt die Formel vereinfachen zu $F_G = G * \frac{M * m}{r^2}$ und sich somit viel Arbeit sparen. Man kann aber auch zum richtigen Ergebnis kommen, wenn man diesen Schritt überspringt und direkt die Einheiten in die Formel einsetzt und nach G auflöst. Am Ende sollte es wie folgt aussehen:

    $$G = \frac{F_G * r^2}{M * m} \qquad | \text{ nun die Einheiten einsetzen}$$

    $$G = \frac{Nm^2}{kg^2}$$

3. **Antwort D ist korrekt.**
    Hier besteht die Schwierigkeit darin die Doppelbrüche und die Klammern mit den negativen Hochzahlen korrekt als Brüche zu schreiben, um im Anschluss überprüfen zu können, bei welcher Antwort A bis E keine Einheit übrig bleibt.

4. **Antwort D ist korrekt.**
    Zuerst muss man die Einheiten sauber als Brüche schreiben bevor man anfängt sie einzusetzen.

    $$[a] = \frac{m^2}{s^2} \qquad \text{und} \qquad [l] = m^2$$

    Nun muss man nur noch die Einheiten in die Formel einsetzen.

    $$r_0 = \sqrt{\frac{m^2}{\frac{m^2}{s^2}}} = \sqrt{\frac{m^2 * s^2}{m^2}} = \sqrt{s^2} = s \qquad K \text{ ist also } \frac{1}{r_0} = \frac{1}{s}$$

5. Antwort E ist korrekt.

Zuerst muss man die Einheit von h genau bestimmen.

$$J * s = \frac{kg * m^2}{s^2} * s = \frac{kg * m^2}{s}$$

Nun muss man nur noch die Einheiten von h, c und f in die Formeln von A bis E einsetzen und überprüfen bei welcher als Einheit kg übrig bleibt.

6. Antwort D ist korrekt.

Wenn man die Einheiten in die Gleichung einsetzt, erhält man:

$$\frac{kg * m}{s^2 * m^2} = \frac{kg}{s^2 * m}$$

7. Antwort A ist korrekt.

Durch Umstellen der Gleichung nach r erhält man: $r = \sqrt{\frac{q_1 * q_2}{4\pi\varepsilon_0 F_C}}$

8. Antwort A ist korrekt.

Im Kapitel Proportionalität haben wir gelernt, dass sich umgekehrte Proportionalitäten auf die Formel $a_1 * b_1 = a_2 * b_2$ zurückführen lassen. Wendet man dies auf den Druck und das Volumen an erhält man $p1 * V1 = p2 * V2$. Durch Umstellen dieser Gleichung ergibt sich: $\frac{p1}{p2} = \frac{V2}{V1}$.

9. Antwort A ist korrekt.

Die Gleichung wird zuerst von allen dimensionslosen Konstanten (2 und π) befreit, dann quadriert und anschließend nach D aufgelöst.

Man erhält: $D = \frac{m}{T^2} = \frac{kg}{s^2}$

10. Antwort C ist korrekt.

Um die Formel übersichtlicher zu gestalten, wird zuerst mit C_1, dann mit C_2 und schließlich mit C_{ges} durchmultipliziert. Man erhält im Folgenden:

$$C_1 * C_2 - C_{ges} * C_2 = C_{ges} * C_1$$

Nun kann man C_2 ausklammern und erhält:

$$C_2 * (C_1 - C_{ges}) = C_{ges} * C_1$$

Nun noch nach C_2 auflösen, dann erhält man: $C_2 = \frac{C_{ges} * C_1}{(C_1 - C_{ges})}$

ÜBUNGS AUFGABEN

1.	SIMULATION 1	93
2.	SIMULATION 2	101
3.	SIMULATION 3	110
4.	SIMULATION 4	119
5.	SIMULATION 5	130

6.	SIMULATION 6	139
7.	SIMULATION 7	149
8.	SIMULATION 8	158
9.	SIMULATION 9	171

ÜBUNGS AUFGABEN

Die nun folgenden **24 Aufgaben** prüfen Deine Fähigkeit im Rahmen medizinischer und naturwissenschaftlicher Fragestellungen mit Zahlen, Größen, Einheiten und Formeln korrekt umzugehen. Zur Bearbeitung stehen Dir **60 Minuten** zur Verfügung.

Nach Ablauf der 60 Minuten vergleichst Du Deine Ergebnisse mit den Lösungen. Im Anschluss daran bearbeitest Du die falsch gelösten und noch nicht bearbeiteten Aufgaben nach.

▽ VORSICHT

Mit 15–16 Punkten hat man in diesem Untertest schon ein sehr gutes Ergebnis, deswegen nicht unruhig werden, wenn Du in der gegebenen Zeit nicht alle Aufgaben bearbeiten kannst. Das ist völlig normal. Jetzt nochmal durchatmen und los geht's!

1. SIMULATION 1

1. Der positive prädiktive Wert (ppW) oder positive Vorhersagewert ist ein Parameter zur Einschätzung der Aussagekraft von medizinischen Testverfahren. Er gibt an, wie viele Personen, bei denen eine bestimmte Krankheit mittels eines Testverfahrens festgestellt wurde (positiv getestet), auch tatsächlich krank sind.

$$ppW = \frac{rpos}{rpos + fpos}$$

rpos = richtig positiv getestete Patienten;   fpos = falsch positive getestete Patienten

Welche Aussage ist demzufolge richtig?
(A) ppW ist direkt proportional zu fpos.
(B) Die Aussagekraft eines Tests ist umso größer je größer fpos ist.
(C) Der Anteil der Kranken an den positiv getesteten steigt wenn fpos kleiner wird.
(D) Die Aussagekraft eines Tests ist unabhängig von fpos.
(E) rpos hat keinen Einfluss auf den positiven Vorhersagewert.

2. Eine alkalische Lauge enthalte pro 400 ml 10^{-8} Gramm OH-Ionen. Zu einem Liter dieser „ersten Lauge" gibt man nun 40 Liter einer zweiten Lauge mit 10^{-11} Gramm OH-Ionen pro Liter.

Auf wie viel Prozent sinkt die Konzentration der OH-Ionen der entstanden Mischlösung im Vergleich zur „ersten Lauge"?
(A) auf ungefähr 33 Prozent
(B) auf ungefähr 24,5 Prozent
(C) auf ungefähr 13 Prozent
(D) auf ungefähr 7 Prozent
(E) auf ungefähr 2,5 Prozent

3. Ein 50-jähriger, 70 kg schwerer Patient wird nach einem epileptischen Anfall mit einer ausgeprägten Hyponatriämie von 114 mmol/l in der Notfallaufnahme angeliefert. Um den Patienten außer Lebensgefahr zu bekommen, muss man eine 0,9%ige NaCl Lösung anhängen, die 154 mmol/l Natrium enthält. Der Ziel-Natriumwert liegt bei 130 mmol/l.

Welche Menge der 0,9%igen NaCl Lösung muss man dem Patienten verabreichen, wenn der Wasseranteil, in dem sich das Natrium im Körper verteilen kann, 60% des Gesamtkörpergewichts ausmacht? (Es wird davon ausgegangen, das 1 kg Körpergewicht einem Liter Wasser entspricht.)
(A) 3,78 Liter
(B) 28,00 Liter
(C) 6,05 Liter
(D) 4,36 Liter
(E) 8,21 Liter

4. Der Umfang eines Kreises ist proportional zu seinem Durchmesser. Der Proportionalitätsfaktor dieser Beziehung ist die Kreiszahl π.

Wie groß ist der Kreisumfang, wenn sich der Durchmesser von 3,18 cm um 0,159 dm vergrößert und der Kreisumfang vor der Veränderung des Durchmessers 9,99 cm betragen hat?
(A) 14,98 dm
(B) 16,96 dm
(C) 1,696 dm
(D) 1,498 dm
(E) Die Aufgabe ist ohne die Formel zur Berechnung des Kreisumfangs nicht lösbar.

5. Der Körper eines Menschen enthält durchschnittlich 5 g Eisen, welches eine Molekülmasse von 55,8457 g/mol besitzt. Dabei drückt die Avogadrozahl aus, wie viele Teilchen in einem Mol Masse enthalten sind ($6,022 * 10^{23}$).

Wie viele Eisenteilchen befinden sich im Körper?
(A) $53,916 * 10^{21}$ Eisenteilchen
(B) $0,539 * 10^{22}$ Eisenteilchen
(C) $66,032 * 10^{22}$ Eisenteilchen
(D) $5,391 * 10^{23}$ Eisenteilchen
(E) $6,603 * 10^{24}$ Eisenteilchen

6. Der Brechwert D einer Linse ist der Kehrwert der Brennweite f. Dabei berechnet sich der Brechwert als Summe aus den Kehrwerten der Gegenstandweite g und Bildweite b.

Wie groß ist demnach die Brennweite einer Linse mit Gegenstandsweite von 50 cm und einer Bildweite von 0,04 m?
(A) in etwa 27 m
(B) in etwa 3,7 m
(C) in etwa 27 cm
(D) in etwa 3,7 cm
(E) in etwa 0,27 cm

7. Eine Broteinheit [BE] ist als die Menge eines Nahrungsmittels definiert, die zwölf Gramm an verdaulichen und damit blutzuckerwirksamen Kohlenhydraten in unterschiedlicher Zucker- und Stärkeform enthält. Zwölf Gramm Kohlenhydrate entsprechen dabei einem Energiewert von 200 kJ. Der tägliche Energiebedarf eines Menschen in Ruhe beträgt in etwa 7650 kJ, das entspricht 1800 kcal.

Wie viele kcal enthält demzufolge ein Gramm Kohlenhydrat?
(A) 3,9 kcal
(B) 5,2 kcal
(C) 7,8 kcal
(D) 10,4 kcal
(E) 12,5 kcal

8. Kohlenstoffdioxid besteht aus zwei Sauerstoffatomen und einem Kohlenstoffatom. Dabei besitzt ein Kohlenstoffatom nur drei Viertel der Masse eines Sauerstoffatoms.

Wie groß ist demnach der prozentuale Anteil des Sauerstoffs an der Masse eines Kohlenstoffdioxid-Moleküls?

(A) ungefähr 67 Prozent

(B) ungefähr 72 Prozent

(C) ungefähr 78 Prozent

(D) ungefähr 82 Prozent

(E) ungefähr 89 Prozent

9. Inulin ist ein in der Medizin eingesetzter Wirkstoff, der zur Bestimmung des Extrazellulärraumes (EZR) verwendet wird, da er sich zwar gleichmäßig im Interstitium verteilt, nicht aber in die Zellen eindringt. Da Inulin im Glomerulum der Niere vollständig filtriert wird, hat es nur eine kurze Plasmahalbwertszeit. Sie injizieren einem Patienten 210 mg Inulin. Um das Volumen des EZR bestimmen zu können, müssen Sie 30 Minuten warten bis sich das Inulin gleichmäßig verteilt hat. Während dieser Zeit wurden bereits 14% des Inulins in der Niere ausgeschieden. Im Anschluss wird mittels einer Blutprobe die Konzentration von Inulin im EZR ermittelt.

Welches Volumen hat der EZR, wenn die gemessene Konzentration von Inulin im EZR 0,012 mg/ml beträgt?

(A) 7 Liter

(B) 10 Liter

(C) 12 Liter

(D) 15 Liter

(E) 18 Liter

10. Bei einem physikalischen Experiment erhält man für die Größen A, B und C die in der Tabelle angegebenen Werte zurück.

A	B	C
1	1	1
32	4	$\frac{1}{2}$
256	8	$\frac{1}{4}$
720	12	$\frac{1}{5}$

Welche der unten aufgeführten Beziehungen erklärt die Werte der Tabelle?

(A) $\frac{A}{2B^2}$ ist konstant

(B) $C = \left(\frac{B}{A}\right)^2$

(C) $B = \sqrt{AC}$

(D) $A * C^5$ ist konstant

(E) $A = \frac{B^2}{2C}$

11. Der Strömungswiderstandkoeffizient C_w ist ein dimensionsloses Maß für den Strömungswiderstand eines von Flüssigkeit umströmten Körpers.

Welche der folgenden Antworten beschreibt die Einheit des Strömungswiderstandkoeffizienten demnach am besten, wenn gilt: 1 Newton (N) = kg * m * s^{-2}?

(A) $[CW] = \dfrac{N * s^2}{kg * m} * \dfrac{N}{s^2 kg * m} * s^2$

(B) $[CW] = \left(\dfrac{N}{kg * m}\right)^{-2} * \left(\dfrac{N * s^2}{kg * m}\right)^{-3} * \dfrac{1}{s^4}$

(C) $[CW] = \dfrac{N * kg}{kg * s} * \dfrac{kg}{s^2 * m} * \dfrac{1}{s^2}$

(D) $[CW] = \dfrac{N * kg}{kg * m} * \left(\dfrac{N * m}{kg * s}\right)^{-3} * \dfrac{m^5}{s^6}$

(E) $[CW] = \dfrac{N * s^2}{kg} * \left(\dfrac{N}{s^2 * m}\right)^{2} * \dfrac{s^2}{kg * m}$

12. Beim Durchfluss von Blutgefäßen unterschiedlichen Durchmessers ändert sich die Flussgeschwindigkeit entsprechend dem Bernoulli-Gesetz. Die Querschnittsfläche des durchströmten Blutgefäßes verhält sich dabei umgekehrt proportional zur Flussgeschwindigkeit des Blutes. Bei einem Myokardinfarkt kommt es infolge einer Stenose im Herzkranzgefäß zu einem 80%igen Verschluss des Herzkranzgefäßes.

Wie hoch ist demzufolge die Flussgeschwindigkeit im Bereich der Engstelle, wenn sie im Normalzustand 5,8 cm/Sekunde beträgt (Reibungsverluste werden vernachlässigt)?

(A) 29 m/Sekunde
(B) 7,5 cm/Sekunde
(C) 4,64 cm/Sekunde
(D) 1,16 cm/Sekunde
(E) 0,29 m/Sekunde

13. Zu 1200 ml einer Lösung, die eine Konzentration von 10^{-8} Na-Ionen/Liter aufweist, werden 600 ml einer zweiten Lösung mit einer Konzentration von 0,06*10^{-5} Na-Ionen pro Liter gegeben.

Wie hoch ist die Konzentration an Na-Ionen in 300 ml der entstandenen Mischung?

(A) 6⅕ * 10^{-8} Na-Ionen/Liter
(B) 20⅔ * 10^{-8} Na-Ionen/Liter
(C) 37⅕ * 10^{-8} Na-Ionen/Liter
(D) 37⅕ * 10^{-6} Na-Ionen/Liter
(E) 6⅕ * 10^{-6} Na-Ionen/Liter

14. Bei einer bakteriellen Meningitis können die drei Kardinalsymptome Fieber, Kopfschmerzen und Nackensteifigkeit unabhängig voneinander auftreten. Kopfschmerzen erscheinen in 80% der Fälle und Nackensteifigkeit in 70% der Fälle.

Wie hoch ist die Wahrscheinlichkeit, dass ein Patient beide Symptome aufweist?

(A) mindestens 50%

(B) mindestens 56%

(C) mindestens 60%

(D) mindestens 70%

(E) mindestens 75%

15. In der Familie eines Patienten, in Ihrem Methadonprogramm, kam es zu einer Meningokokken-Infektion. Um ihn vor einer eventuellen Infektion zu schützen, verschreiben Sie ihm 1200 mg Rifampicin täglich für zwei Tage. Allerdings sorgt das Rifampicin durch Enzyminduktion dafür, dass das Methadon von der Leber vermehrt abgebaut wird und die durchschnittliche Halbwertszeit von zwölf Stunden halbiert wird.

Wie viel Methadon ist 48 Stunden nach Beginn der Rifampicinprophylaxe noch im Blut des Patienten vorhanden, wenn davon ausgegangen wird, dass der Patient die tägliche Rifampicindosis und seine tägliche Methadondosis von 120 mg zeitgleich einnimmt, die Wirkung des Rifampicin an der Leber aber nur für zwölf Stunden nach der Einnahme anhält und der Patient vor der ersten Einnahme 60 mg Methadon im Blut hat?

(A) Es ist kein Methadon mehr im Körper.

(B) in etwa 12,4 mg

(C) in etwa 17,8 mg

(D) in etwa 24,8 mg

(E) in etwa 36,2 mg

16. Bei der oxidativen Energiegewinnung im menschlichen Körper werden energiereiche Nährstoffe wie Kohlenhydrate, Fette und Proteine mittels Oxidation – unter Verbrauch von Sauerstoff – zu ATP und CO_2 umgewandelt. Der physikalische Brennwert dieser Nährstoffe wird in kJ/g angegeben und beträgt für Kohlenhydrate/Proteine 17 und für Fette 37. Der Körper kann dabei auch körpereigenes Fett verwenden, um Energie zu gewinnen. Ein aktiver Erwachsener verbraucht pro Tag in etwa 12 000 kJ. (Es wird angenommen, dass der Körper bei Nahrungsmangel nur aus Fetten Energie gewinnt.)

Wie viel Gramm Fett darf ein Erwachsener maximal zu sich nehmen, wenn er binnen 21 Tagen zwei Kilogramm körpereigenes Fett verbrennen will und der Anteil von Fett an der täglichen Nahrung nicht mehr als zwölf Prozent betragen soll?

(A) circa 140 Gramm

(B) circa 580 Gramm

(C) circa 890 Gramm

(D) circa 1240 Gramm

(E) circa 1750 Gramm

17. Ein schwer dehydrierter Patient wird in der Notfallaufnahme aufgenommen. Da er nicht ansprechbar ist, muss er intravenös rehydriert werden. Zur Rehydrierung werden insgesamt vier intravenöse Zugänge gelegt. Unter Normalbedingungen würden alle vier Zugänge zusammen 36 Minuten brauchen, um die gewünschte Rehydrierung zu gewährleisten. Jedoch fallen nach 20 Minuten zwei Zugänge und weitere acht Minuten später der dritte Zugang aus.

Wie lange muss der vierte Zugang nach Ausfall des dritten Zugangs weiterlaufen um die verbleibende Flüssigkeitsmenge zu infundieren?

(A) 24 Minuten

(B) 30 Minuten

(C) 36 Minuten

(D) 40 Minuten

(E) 48 Minuten

18. Ein Kran hebt eine Abrissbirne aus der Ruhelage um 150 dm an. Die dabei entstandene potentielle Energie W berechnet sich als Produkt aus Masse, Höhe und der Erdgravitationskonstanten (g = 9,8 m/s^2). Der Energieerhaltungssatz sagt aus, dass Energien ohne Verlust ineinander übergehen.

Hierbei gilt für die Bewegungsenergie:

$$W = \frac{1}{2} m * v^2$$

Wie groß ist die Geschwindigkeit der Abrissbirne, nachdem sie ein Drittel der angehobenen Strecke im freien Fall zurückgelegt hat?

(A) in etwa 10 m/s

(B) in etwa 12 m/s

(C) in etwa 14 dm/s

(D) $\sqrt{980}$ dm/s

(E) Die Aufgabe ist ohne Angabe der Masse der Abrissbirne nicht lösbar.

19. Einem Patienten wird morgens um zehn Uhr nach der Visite 400 mg eines Medikamentes verabreicht. Da der Patient allergisch reagiert und Atemnot entwickelt, wird ihm ein Antidot (Gegengift) verabreicht, das das Medikament im Blut bindet und somit ¾ dieses Medikamentes direkt eliminiert.

Wann wurde das Antidot verabreicht, wenn um 22 Uhr bei der Laborkontrolle nur mehr 12,5 mg des Medikamentes vorhanden sind und die Halbwertszeit des Medikamentes vor und nach Gabe des Antidots vier Stunden beträgt?

(A) Das Präparat muss um zehn Uhr verabreicht worden sein.

(B) Das Präparat muss um 14 Uhr verabreicht worden sein.

(C) Das Präparat muss um 18 Uhr verabreicht worden sein.

(D) Das Präparat muss um 22 Uhr (vor der Kontrolle) verabreicht worden sein.

(E) Das Präparat kann zu jedem der genannten Zeitpunkte verabreicht worden sein.

20. Für den Widerstand R in einem in Längsrichtung durchflossenen geraden Leiter mit konstanter Querschnittsfläche A und der Länge l gilt:

$$R = \rho * \frac{l}{A}$$

ρ entspricht dabei dem spezifischen Widerstand und ist eine materialabhängige, konstante Größe. Die Querschnittsfläche A berechnet sich für runde Drähte mit dem Durchmesser d nach der Formel:

$$A = d^2 * \frac{\pi}{4}$$

Wie verändert sich der Widerstand R, wenn sich der Radius und die Länge l des Drahtes vervierfachen?
(A) Der Widerstand fällt auf ein Achtel des Ausgangswertes.
(B) Der Widerstand fällt auf ein Sechzehntel des Ausgangswertes.
(C) Der Widerstand fällt auf die Hälfte des Ausgangswertes.
(D) Der Widerstand fällt auf ein Viertel des Ausgangswertes.
(E) Der Widerstand vervierfacht sich.

21. Eine radiologische Praxis kauft sich ein neues MRT für 960.000 € Brutto, das heißt inklusive 20 Prozent Mehrwertsteuer. Da die Praxis die Mehrwertsteuer absetzen kann, ist jedoch nur der Nettopreis ohne Mehrwertsteuer entscheidend.

Wie viel kostet das MRT netto?
(A) 730.000 €
(B) 744.000 €
(C) 768.000 €
(D) 786.000 €
(E) 800.000 €

22. Ein Apnoe-Taucher taucht ohne Gasflasche von der Meeresoberfläche bis auf 150 Meter Tiefe. Der Außendruck durch die wachsende Wassersäule nimmt dabei konstant zu. Das Volumen seiner Lungen hingegen nimmt mit steigender Tiefe immer weiter ab, und verhält sich umgekehrt proportional zum Umgebungsdruck.

Es gilt:
1 bar entspricht 100 000 Pa;   1 hPa entspricht 100 Pa

In welcher Tiefe hat sich das Volumen der Lunge auf 75 % des Ausgangsvolumens reduziert, wenn davon ausgegangen wird, dass der Außendruck an der Wasseroberfläche 1013 hPa beträgt und mit jedem Meter Tiefe der Druck um 0,103 bar zunimmt?
(A) in etwa 1,8 Metern Tiefe
(B) in etwa 2,4 Metern Tiefe
(C) in etwa 3,3 Metern Tiefe
(D) in etwa 5,6 Metern Tiefe
(E) in etwa 7,5 Metern Tiefe

23. Ein Käfer durchläuft während seiner Entwicklung eine Metamorphose. Die aus dem Ei geschlüpfte Larve wandelt sich durch Verpuppung zum Käfer. Der Käfer kann dann wiederum Eier legen. Nach der Ablage der Eier dauert es in etwa vier Wochen bis die Larven schlüpfen und weitere vier Wochen bis die Larven zu Käfern gereift sind. Die Käfer sind dann nach weiteren vier Wochen in der Lage wieder Eier zu legen. Allerdings schlüpfen nur ein Drittel der Eier und nur die Hälfte der Larven wächst zu Käfern heran, von denen wiederum jeder 18 Eier legen kann.

Aus wie vielen lebenden Käfern besteht die Population nach 29 Wochen, wenn zu Beginn 18 Eier, 20 Larven und zehn Käfer vorhanden sind und davon ausgegangen wird, dass die Käfer zwei Wochen nach der Eiablage sterben?

(A) 27 Käfer

(B) 90 Käfer

(C) 180 Käfer

(D) 270 Käfer

(E) 360 Käfer

24. Die Spannung U berechnet sich als Produkt aus dem Widerstand R und der Stromstärke I. Zudem ergibt sich die Arbeit W als Produkt aus der Ladungsmenge Q und der Spannung U. Die physikalische Einheit der Arbeit ist Joule [J]. Die Ladungsmenge ist wiederum das Produkt aus Stromstärke I und Zeit t.

Welche Einheit hat der Widerstand, wenn 1 Joule 1 kg * m² * s⁻² entspricht, die Zeit in Sekunden [s] und die Stromstärke in Ampere [A] angegeben wird.

(A) $[R] = kg * m^2 * s^{-1} * A$

(B) $[R] = kg * m^2 * s^{-3} * A^{-2}$

(C) $[R] = kg * m^2 * s^{-3}$

(D) $[R] = kg^{-1} * m^{-2} * s^3 * A^2$

(E) $[R] = kg^{-1} * m^2 * s^{-1} * A^{-2}$

2. SIMULATION 2

Die nun folgenden **24 Aufgaben** prüfen Deine Fähigkeit im Rahmen medizinischer und naturwissenschaftlicher Fragestellungen mit Zahlen, Größen, Einheiten und Formeln korrekt umzugehen. Zur Bearbeitung stehen Dir **60 Minuten** zur Verfügung.

Nach Ablauf der 60 Minuten vergleichst Du Deine Ergebnisse mit den Lösungen. Im Anschluss daran bearbeitest Du die falsch gelösten und noch nicht bearbeiteten Aufgaben nach.

1. Ein Krankentransport fährt um 8 Uhr in München in Richtung Hamburg los. Die Strecke zwischen Hamburg und München beträgt 780 Kilometer. Dabei kann der Krankenwagen nur 80 km/h fahren.

    Wann muss der Notarzt in München losfahren, damit er, wenn er durchschnittlich 40 km/h schneller fährt als der Krankentransport, gleichzeitig in Hamburg ankommt?
    (A) um 10:45 Uhr
    (B) um 11:00 Uhr
    (C) um 11:15 Uhr
    (D) um 11:30 Uhr
    (E) um 11:45 Uhr

2. Ein im Labor heranwachsender Bakterienstamm weist in den aufeinanderfolgenden Zeitperioden folgende Bestandsgrößen auf:

PERIODE	T = 0	T = 1	T = 2	T = 3
ANZAHL DER BAKTERIEN	1 000 000	1 250 000	1 562 500	1 953 125

    Um welche Art von Wachstum handelt es sich?
    (A) lineares Wachstum
    (B) beschränktes Wachstum
    (C) logistisches Wachstum
    (D) exponentielles Wachstum
    (E) quadratisches Wachstum

3. Bei der Versorgung einer neurologischen Station erledigen 16 Schwestern normalerweise alle Tätigkeiten binnen neun Arbeitsstunden. Allerdings werden heute nach drei
Stunden vier Schwestern auf eine andere Station abgezogen.

**Wie lange müssen die verbliebenen Schwestern länger als
die normale Arbeitszeit arbeiten bis alle Tätigkeiten erledigt sind?**

(A) 2 Stunden

(B) 3 Stunden

(C) 6 Stunden

(D) 8 Stunden

(E) 11 Stunden

4. In der für Besucher offenen Station eines Krankenhauses sind aufgrund mangelnder
Hygienevorschriften insgesamt 48% der Patienten an Durchfall erkrankt. Vor zwei Tagen waren es noch lediglich 12% (15 Patienten), die unter Durchfall litten.

**Wie viele Patienten sind erkrankt und wie viele Patienten
(gesunde und kranke) befinden sich insgesamt auf der Station?**

(A) 60 Patienten erkrankt;   125 Patienten auf der Station

(B) 76 Patienten erkrankt;   132 Patienten auf der Station

(C) 69 Patienten erkrankt;   137 Patienten auf der Station

(D) 60 Patienten erkrankt;   148 Patienten auf der Station

(E) 64 Patienten erkrankt;   156 Patienten auf der Station

5. Ein Krankenwagen fährt zu einem 48 Kilometer entfernten Einsatzort. Nach 24 Minuten
Fahrt mit konstanter Geschwindigkeit von 120 km/h kommt der Krankenwagen an. Auf
dem Rückweg braucht er 50 Prozent mehr Zeit für dieselbe Strecke.

Wie hoch war die Durchschnittsgeschwindigkeit auf dem Rückweg?

(A) 60 km/h

(B) 70 km/h

(C) 75 km/h

(D) 80 km/h

(E) 85 km/h

6. Bei der Erprobung eines neuen Medikaments gegen Kopfschmerzen wurde festgestellt,
dass der enthaltene Wirkstoff innerhalb einer Stunde vom Körper zu 30% abgebaut wird.

Nach wie vielen Stunden ist der Wirkstoff zu 76% abgebaut?

(A) nach 3 Stunden

(B) nach 4 Stunden

(C) nach 5 Stunden

(D) nach 6 Stunden

(E) nach 7 Stunden

7. Auf zwei Bettenstationen werden täglich 56 Infusionen angehängt. Dabei werden auf Station 1 sechsmal so viele Infusionen angehängt wie auf Station 2.

Wie viele Infusionen werden auf Station 1 angehängt?

(A) 49 Infusionen
(B) 48 Infusionen
(C) 46 Infusionen
(D) 36 Infusionen
(E) 50 Infusionen

8. Eine spezielle Ethanol-Kochsalz-Lösung entsteht durch Mischen von 500 ml Kochsalzlösung 20, die 20 Volumenprozent Ethanol enthält (das Ethanol macht 20% des Gesamtvolumens der Lösung aus), und 1,5 l Kochsalzlösung 10 mit 10 Volumenprozent Ethanol.

Welche Konzentration hat die so gewonnene Ethanol-Kochsalz-Lösung?

(A) 10 Volumenprozent Ethanol
(B) 11,25 Volumenprozent Ethanol
(C) 12,5 Volumenprozent Ethanol
(D) 13,75 Volumenprozent Ethanol
(E) 15 Volumenprozent Ethanol

9. Für die Fortbildung seiner 36 Assistenzärzte hat ein Krankenhaus ein Budget von 25.200 €. Ein Sonographie-Kurs würde 900 € je Teilnehmer kosten.

**Wie viel müsste jeder Assistenzarzt selbst noch beisteuern,
damit alle 36 Ärzte am Kurs teilnehmen können?**

(A) 180 €
(B) 185 €
(C) 190 €
(D) 195 €
(E) 200 €

10. Auf ein voll beladenes Auto der Masse m wirkt die Beschleunigung a. Nach Entladung des Kofferraums ist das Auto um 20% leichter.

Es gilt das zweite Newton'sche Gesetz:
$F = m * a$

**Um wie viel Prozent muss die Beschleunigung zunehmen, damit
das Auto weiterhin mit gleichem Kraftaufwand vorangetrieben wird?**

(A) 15 Prozent
(B) 20 Prozent
(C) 22,5 Prozent
(D) 23,75 Prozent
(E) 25 Prozent

11. Mit dem monatlichen Budget, das einer Bettenstation zur Verfügung steht, können 56 Patienten 27 Tage versorgt werden.

Wie lange können 63 Patienten mit demselben Budget versorgt werden?
(A) 22 Tage
(B) 23 Tage
(C) 24 Tage
(D) 25 Tage
(E) 26 Tage

12. Das radioaktive Element ^{222}Rn (Radon) besitzt eine Halbwertszeit von 3,8 Tagen.

Welche Aussage ist falsch?
(A) Nach 3,8 Tagen sind im statistischen Mittel genau 50% der Atomkerne zerfallen.
(B) Nach 1,9 Tagen sind bereits mehr als 25% der Atomkerne zerfallen.
(C) Der radioaktive Zerfall kann durch eine Exponentialfunktion beschrieben werden.
(D) Nach 5,4 Tagen sind weniger als 75% der Atomkerne zerfallen.
(E) Nach 7,6 Tagen sind 100% der Atomkerne zerfallen.

13. Zwei Bagger heben eine Grube im Erdreich, die für das Fundament eines neu zu bauenden Krankenhauses notwendig ist, in genau drei Tagen aus.

Wie lange würden die Bagger brauchen, wenn sie dabei ein weiterer Bagger unterstützt?
(A) 46 Stunden
(B) 48 Stunden
(C) 52 Stunden
(D) 60 Stunden
(E) 64 Stunden

14. Die Ersatzkapazität zweier in Reihe geschalteter Kondensatoren C_1 und C_2 berechnet

sich durch $C_g = \dfrac{C_1 * C_2}{C_1 + C_2}$

Es gilt:

$C_1 = 2 * C_2$

Wie groß ist in diesem Fall C_g?

(A) $\dfrac{3}{2} C_2$

(B) $\dfrac{4}{3} C_2$

(C) $\dfrac{3}{2} C_1$

(D) $\dfrac{2}{3} C_2$

(E) $\dfrac{3}{4} C_2$

15. Die Zentripetalkraft ist die Kraft, die auf einen Körper der Masse m wirken muss, damit er sich auf einer gekrümmten Bahn bewegt. Sie ist immer zum Mittelpunkt des Krümmungskreises gerichtet, der den Radius r besitzt.

Es gilt:

$F_z = m\omega^2 r;$ $\quad [F_z] = \dfrac{kg * m}{s^2};$ $\quad [m] = kg;$ $\quad [r] = m$

Welche Einheit besitzt die Winkelgeschwindigkeit ω?

(A) keine

(B) $\dfrac{1}{s^2}$

(C) $\dfrac{1}{s}$

(D) s

(E) s^2

16. In Deutschland haben 40% der Bevölkerung die Blutgruppe 0, 43% die Blutgruppe A, 11% die Blutgruppe B und 5% die Blutgruppe AB. Darüber hinaus haben 85% der Menschen einen positiven Rhesusfaktor und 15% einen negativen Rhesusfaktor.

Wie hoch ist die Wahrscheinlichkeit, dass eine zufällig gefragte Person Blutgruppe 0 und einen positiven Rhesusfaktor hat?

(A) 32 Prozent

(B) 33 Prozent

(C) 34 Prozent

(D) 35 Prozent

(E) 36 Prozent

17. Die allgemeine Gasgleichung lautet $\frac{V_1 * p_1}{T_1} = \frac{V_2 * p_2}{T_2}$. Dabei beschreiben V_1 das Volumen, p_1 den Druck und T_1 die Temperatur im Zustand 1. V_2 das Volumen, p_2 den Druck und T_2 die Temperatur im Zustand 2.

Wie lautet das Verhältnis von $\frac{T_2}{T_1}$ wenn die Verhältnisse $\frac{V_1}{V_2} = \frac{p_1}{p_2} = 2$ gegeben sind?

(A) $\frac{1}{4}$

(B) 4

(C) $\frac{1}{2}$

(D) 2

(E) $\frac{1}{8}$

18. 600 Milliliter einer Lösung 1 werden mit 0,8 Liter einer Lösung 2 gemischt. Die Mischlösung hat eine Alkoholkonzentration von 40%. Mischt man jedoch 1200 Milliliter der Lösung 1 mit 400 Milliliter der Lösung 2 so hat die Mischlösung nur eine Alkoholkonzentration von 30%.

Welche Alkoholkonzentration hat Lösung 1?

(A) 6,66 Prozent

(B) 9,99 Prozent

(C) 11,11 Prozent

(D) 22,22 Prozent

(E) 33,33 Prozent

19. Bei der Betrachtung von Drücken werden häufig die Einheiten Pascal oder Bar verwendet. Der mittlere atmosphärische Druck auf Höhe des Meeresspiegel beträgt 1013,25 hPa (Hektopascal = 10^2 Pa).

Wie viel Millibar (10^{-3} bar) sind dies, wenn die Umrechnung 1 bar = 10^5 Pa gilt?
- (A) 101,325 mbar
- (B) 1013,25 mbar
- (C) 10,1325 mbar
- (D) 1,01325 mbar
- (E) 10 013,25 mbar

20. Ein Hausarzt versucht seine Gewinne von 84.000 € gewinnbringend anzulegen. Dabei verteilt er seine Gewinne auf zwei Konten. Auf einem Konto erhält er einen Zinssatz von 9% pro Jahr, auf dem anderen Konto einen Zinssatz von 11,5% pro Jahr. Nach einem Jahr erhält er insgesamt 9.200 € Zinsen.

Wie viel Geld hat er zu einem Zinssatz von 9% angelegt?
- (A) 15.600 €
- (B) 16.400 €
- (C) 17.200 €
- (D) 18.400 €
- (E) 19.200 €

21. Im folgenden Baumdiagramm sind verschiedene relative Häufigkeiten gegeben. Die erste Stufe des Baums gibt an, aus welchen Gründen ein Patient einen Arzt aufsucht. Die zweite Stufe gibt an, ob der Arzt auch tatsächlich eine Krankheit feststellt.

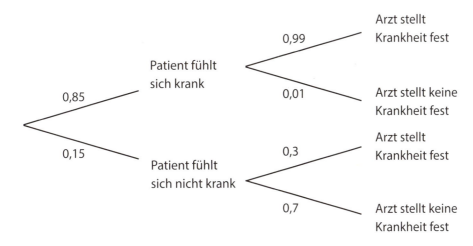

Wie hoch ist die Wahrscheinlichkeit, dass der Arzt eine Krankheit feststellt, unabhängig davon, ob der Patient tatsächlich krank ist?
- (A) 29,7 Prozent
- (B) 66,7 Prozent
- (C) 88,65 Prozent
- (D) 93,22 Prozent
- (E) 98,1 Prozent

22. Für Ihre Studie müssen zwei Labore je 858 Patientenproben untersuchen. Labor 1 kann am Tag maximal 78 Proben verarbeiten und direkt mit der Untersuchung beginnen. Labor 2 schafft 96 Proben pro Tag, hat aber erst nach zwei Tagen freie Kapazitäten, um mit der Untersuchung zu beginnen.

Wie viele Proben müssen beide Labore zusammen noch bearbeiten, nachdem Labor 2 Labor 1 eingeholt hat?

(A) 26 Proben

(B) 38 Proben

(C) 52 Proben

(D) 64 Proben

(E) 72 Proben

23. Bei einem elektrischen Schwingkreis handelt es sich um eine elektrische Schaltung, die aus einer Spule und einem Kondensator besteht. Da sich das magnetische Feld der Spule und das elektrische Feld des Kondensators unterschiedlich verhalten, kommt es zu einem periodenweisen Austausch von Energie innerhalb des Schwingkreises, weshalb abwechselnd eine hohe Stromstärke und eine hohe Spannung auftritt. Für die Frequenz, mit der sich die verschiedenen Phasen wiederholen, gilt die Formel:

$$f_0 = \frac{1}{2\pi \sqrt{L * C}}$$

L bezeichnet die Induktivität der Spule, C bezeichnet die Kapazität des Kondensators.

Wie groß ist L in Abhängigkeit der anderen Größen?

(A) $L = C * \dfrac{1}{2\pi f_0}$

(B) $L = C * \left(\dfrac{1}{2\pi f_0}\right)^2$

(C) $L = \sqrt{C} * \left(\dfrac{1}{2\pi f_0}\right)^2$

(D) $L = \left(\dfrac{2\pi f_0}{C}\right)^2$

(E) $L = \dfrac{1}{C} * \left(\dfrac{1}{2\pi f_0}\right)^2$

24. Das Wachstum zweier Bakterienkulturen wird im Labor näher untersucht. Dazu wird der ersten Bakterienkultur, deren Größe 500 000 Bakterien beträgt, in gleichen Abständen eine Nährlösung verabreicht und die Umgebungstemperatur um einige Grad erhöht. Das Wachstum der zweiten Bakterienkultur, deren Größe zunächst unbekannt ist, verläuft ohne Hilfsmittel.

Wie groß ist die zweite Bakterienkultur zu Beginn des Experiments, wenn die erste Bakterienkultur mit 20% pro Zeiteinheit, die zweite Bakterienkultur mit 10% pro Zeiteinheit wächst und beide Bakterienkulturen nach drei Zeiteinheiten dieselbe Größe besitzen?

(A) 480 223 Bakterien

(B) 649 135 Bakterien

(C) 702 012 Bakterien

(D) 753 247 Bakterien

(E) 832 791 Bakterien

3. SIMULATION 3

Die nun folgenden **24 Aufgaben** prüfen Deine Fähigkeit im Rahmen medizinischer und naturwissenschaftlicher Fragestellungen mit Zahlen, Größen, Einheiten und Formeln korrekt umzugehen. Zur Bearbeitung stehen Dir **60 Minuten** zur Verfügung.

Nach Ablauf der 60 Minuten vergleichst Du Deine Ergebnisse mit den Lösungen. Im Anschluss daran bearbeitest Du die falsch gelösten und noch nicht bearbeiteten Aufgaben nach.

1. Bei einer HIV-Abklärung wird neben dem ELISA-Suchtest häufig noch ein Western Blot Bestätigungstest durchgeführt. Beide zusammen kosten 60 €, wobei der Western Blot dreifach teurer ist als der ELISA.

   Wie viel kostet der ELISA-Test?
   (A) 14 €
   (B) 15 €
   (C) 16 €
   (D) 17 €
   (E) 18 €

2. Bienenwaben haben näherungsweise die Form eines regelmäßigen Sechsecks. Die Größe der Öffnung (A) einer Bienenwabe berechnet sich in Abhängigkeit der Kantenlänge a über die Formel:

   $A = \frac{3}{2} a^2 \sqrt{3}$

   Um wie viel Prozent steigt die Größe der Öffnung, wenn die Bienen beim Wabenbau eine um 10% größere Kantenlänge wählen?
   (A) 10 Prozent
   (B) 12 Prozent
   (C) 16 Prozent
   (D) 20 Prozent
   (E) 21 Prozent

3. In einer zylinderförmigen Infusionsflasche steht die Flüssigkeit zu Beginn der Infusion 21 cm hoch. Nach 17 Minuten steht die Flüssigkeit nur noch 18 cm hoch.

   Wie lange dauert es hiernach bis die restliche Infusion aufgebraucht ist?
   (A) 102 Minuten
   (B) 106 Minuten
   (C) 112 Minuten
   (D) 119 Minuten
   (E) 124 Minuten

4. Die Kapazität eines Kondensators lässt sich mithilfe folgender Formel berechnen.

$$C = \varepsilon_0 * \varepsilon_r * \frac{A}{d}$$

ε_0 = elektrische Feldkonstante; ε_r = Dielektrizitätszahl (dimensionslos)

$$[C] = F = \frac{A * s}{V} ; \quad [A] = m^2; \quad [d] = m$$

Welche Dimension hat die elektrische Feldkonstante ε_0?

(A) $\dfrac{A * s}{V * m}$

(B) $\dfrac{V * m}{A * s}$

(C) $\dfrac{A * V}{s * m^2}$

(D) $\dfrac{A * s}{V * m^{-1}}$

(E) $\dfrac{A * s}{(V * m)^2}$

5. Eine Folge besitzt die Folgenglieder $a_1 = \dfrac{1}{2};$ $a_2 = \dfrac{2}{7};$ $a_3 = \dfrac{7}{22};$ $a_4 = \dfrac{32}{67}.$

   Wie lautet das Folgenglied a_5?

(A) $\dfrac{232}{461}$

(B) $\dfrac{35}{71}$

(C) $\dfrac{37}{88}$

(D) $\dfrac{45}{96}$

(E) $\dfrac{157}{202}$

6. Der Benzinverbrauch beim Autofahren nimmt mit Erhöhung der Geschwindigkeit näherungsweise proportional zu.

   Mit welchem Anstieg des Benzinverbrauchs ist zu rechnen, wenn das Auto bei einer Geschwindigkeit von 120 km/h genau acht Liter pro einhundert Kilometer verbraucht, die Geschwindigkeit von 120 km/h auf 150 km/h erhöht wird und jeweils 600 Kilometer Wegstrecke zurückgelegt werden?

(A) 8 Liter
(B) 10 Liter
(C) 12 Liter
(D) 15 Liter
(E) 20 Liter

7. Uran 235 hat eine Halbwertszeit von 700 Millionen Jahren.

Wie viele Atomkerne sind nach der Hälfte der Zeit (nach 350 Millionen Jahren) zerfallen?
(A) genau 50 Prozent
(B) weniger als 25 Prozent
(C) mehr als 25 Prozent
(D) genau 25 Prozent
(E) genau 75 Prozent

8. Zwei Krankenwagen starten zeitgleich in München und Leipzig und fahren einander mit konstanter Geschwindigkeit entgegen. Krankenwagen 1 startet in München und fährt im Schnitt 140 km/h, Krankenwagen 2 startet in Leipzig und fährt im Schnitt 80 km/h. Die Entfernung zwischen Leipzig und München beträgt 660 km.

Wie weit ist der Treffpunkt der Krankenwagen von Leipzig entfernt?
(A) 180 Kilometer
(B) 220 Kilometer
(C) 240 Kilometer
(D) 260 Kilometer
(E) 280 Kilometer

9. Das folgende Netzwerk beschreibt den Ablauf eines Projektes. Für das Projekt sind verschiedene Arbeitsschritte (1-9) notwendig, für deren Durchführung selbst keine Zeit benötigt wird. Die Pfeile zwischen den Arbeitsschritten beschreiben die Mindestdauer, die nach dem Abschluss des jeweiligen Vorgänger-Arbeitsschrittes vergehen muss, bevor der Nachfolger-Arbeitsschritt beginnen kann. Besitzt ein Arbeitsschritt mehrere direkte Vorgänger, so kann dieser Arbeitsschritt erst begonnen werden, wenn alle direkten Vorgänger-Arbeitsschritte abgeschlossen wurden und die jeweilige Wartezeit berücksichtigt wurde.

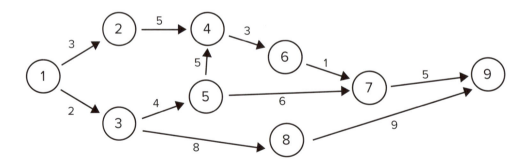

Nach wie vielen Zeiteinheiten kann frühestens mit Arbeitsschritt 9 begonnen werden, wenn Arbeitsschritt 1 sofort beginnen kann?
(A) 17 Zeiteinheiten
(B) 19 Zeiteinheiten
(C) 18 Zeiteinheiten
(D) 20 Zeiteinheiten
(E) 21 Zeiteinheiten

10. Eine radiologische Praxis legt ihren Gewinn in Höhe von 256.000 € in zwei unterschiedlichen Immobilienfonds an. Im Fond 1 werden jährlich 8% Zinsen ausgezahlt. Im Fond 2 erhält man nur 5% Zinsen, dafür aber einen jährlich ausgezahlten Fixbetrag von 6.800 €, unabhängig von der eingezahlten Geldmenge.

Wie viel Geld hat die radiologische Praxis in Fond 1 angelegt, wenn der ursprüngliche Gewinn nach Zinsauszahlung nach einem Jahr auf 281.000 € angestiegen ist.

(A) 156.000 €
(B) 164.000 €
(C) 172.000 €
(D) 180.000 €
(E) 184.000 €

11. Auf einer 21 cm breiten Agarplatte werden 7 Gelelektrophoresespuren (Breite 1 cm) in gleichen Abständen voneinander angelegt, sodass die komplette Breite der Agarplatte genutzt wird und ein freier Rand von 1 cm auf jeder Seite bleibt.

Wie viele Gelelektrophoresespuren passen höchstens auf dieselbe Agarplatte, wenn der Abstand zwischen den Spuren halbiert wird und die 1 cm breiten Ränder auf beiden Seiten erhalten bleiben?

(A) 9 Gelelektrophoresespuren
(B) 10 Gelelektrophoresespuren
(C) 11 Gelelektrophoresespuren
(D) 12 Gelelektrophoresespuren
(E) 13 Gelelektrophoresespuren

12. Bei der Parallelschaltung von n Widerständen lässt sich der Ersatzwiderstand bei einer konstanten Spannung durch $\frac{1}{R_{ges}} = \frac{1}{R_1} + \frac{1}{R_2} + \ldots + \frac{1}{R_n}$ berechnen.

Es gilt:
$$R_1 = R_2 = \ldots = R_{n-1} = \frac{1}{n+1} R_n$$

Wie groß ist der Ersatzwiderstand der Schaltung?

(A) $R_{ges} = 1$

(B) $R_{ges} = (n-1) R_1$

(C) $R_{ges} = R_1$

(D) $R_{ges} = \frac{n+1}{n^2} R_1$

(E) $R_{ges} = \frac{1}{n-1} R_1$

13. Auf der Notfallaufnahme wird eine Verletzung des Sprunggelenks entweder durch Anlage eines Zinkleimgipses oder durch eine Aircast-Schiene versorgt. Dabei erhält das Krankenhaus bei Anlage eines Gipses 45 € mehr je Patient verglichen mit der Aircast-Schiene.

Wie viele Aircast-Schienen wurden verwendet, wenn binnen einer Woche 6.250 € mit 80 Patienten eingenommen wurden und das Krankenhaus je Aircast-Schiene 50 € erhält?

(A) 25 Aircast-Schienen

(B) 30 Aircast-Schienen

(C) 36 Aircast-Schienen

(D) 40 Aircast-Schienen

(E) 44 Aircast-Schienen

14. Ein Holzspielauto fährt mit der konstanten Geschwindigkeit v_0 = 0,75 m/s auf einer ebenen Fläche. Nach kurzer Zeit trifft es auf einen rauen Untergrund, der das Auto mit der gleichmäßigen Beschleunigung 0,12 m/s^2 abbremst.

Es gilt:
$$v_e = v_0 - a * t$$

Welche Zeit vergeht, bis das Auto auf die Geschwindigkeit v_e = 0,39 m/s abgebremst hat?

(A) t = 1,5 Sekunden

(B) t = 2 Sekunden

(C) t = 2,5 Sekunden

(D) t = 3 Sekunden

(E) t = 4 Sekunden

15. Drei Lösungen, die eine unterschiedliche Konzentration eines bestimmten Wirkstoffs besitzen, werden zusammengemischt. Die erste Lösung enthält 34 ml Wirkstoff je 100 ml Flüssigkeit, die zweite Lösung 12 ml je 100 ml Flüssigkeit und die dritte Lösung 8 ml je 50 ml Flüssigkeit.

Welche Konzentration erhält man, wenn 150 ml der ersten Lösung mit 250 ml der zweiten Lösung und 100 ml der dritten Lösung vermengt werden?

(A) 19,4 Prozent

(B) 20,1 Prozent

(C) 22 Prozent

(D) 22,9 Prozent

(E) 23,1 Prozent

16. An der Wasseroberfläche beträgt der atmosphärische Druck 1,013 bar. Unter Wasser nimmt der Druck pro Tiefenmeter um etwa 0,1 bar zu. Insgesamt lastet auf dem Taucher der Umgebungsdruck, der sich aus der Summe des Wasserdrucks und des Luftdrucks zusammensetzt.

Welchem Umgebungsdruck ist der Taucher in 12 Metern Wassertiefe ausgesetzt?

(A) 1,025 bar

(B) 1,2 bar

(C) 2,213 bar

(D) 2,412 bar

(E) 0,71 bar

17. Die elektrische Leistung P wird bei Gleichstrom durch das Produkt von Stromstärke I und Spannung U berechnet.

Um wie viel Prozent liegt die elektrische Leistung höher, wenn bei der dreifachen Spannung die Hälfte des Stroms fließt?

(A) 25 Prozent

(B) 36 Prozent

(C) 50 Prozent

(D) 75 Prozent

(E) 150 Prozent

18. Beim senkrechten Wurf nach oben unter Vernachlässigung der Luftreibung lässt sich die Höhe in Abhängigkeit der Zeit angeben.

Es gilt:

$h(t) = h_0 + v_0 * t - \frac{1}{2} * g * t^2$

h_0 = Abwurfhöhe, $[h_0] = m$; v_0 = Anfangsgeschwindigkeit des Wurfgeschosses,

$[v_0] = \frac{m}{s}$;   g = Erdbeschleunigung, $[g] = \frac{m}{s^2}$;   T = Wurfzeit, $[t] = s$

Nach welcher Zeit t* trifft das Wurfgeschoss auf der Erdoberfläche auf, wenn die Anfangsgeschwindigkeit v_0 = 0 m/s beträgt?

(A) $t^* = \sqrt{h_0^2 + 2h_0 * g}$

(B) $t^* = 0$

(C) $t^* = \sqrt{\dfrac{2g}{h_0}}$

(D) $t^* = \sqrt{\dfrac{2h_0}{g}}$

(E) $t^* = \sqrt{h_0^2 - 2h_0 * g}$

19. Um alle Infusionen auf der Patientenstation vorzubereiten und anzuhängen, braucht ein unerfahrener Student eine Stunde. Ein bereits geübter Student braucht hierfür nur 20 Minuten.

Wie lange brauchen beide zusammen für dieselbe Arbeit, wenn man davon ausgeht, dass sich beide optimal ergänzen?

(A) 12,5 Minuten
(B) 15 Minuten
(C) 17 Minuten
(D) 19 Minuten
(E) 21 Minuten

20. In der Elektrotechnik lassen sich in einem Netzwerk mithilfe der Knotenregel Teilströme berechnen. Dabei gilt der einfache Grundsatz, dass die Summe aller zufließenden Ströme an einem Knoten gleich der Summe aller abfließenden Ströme ist. Es ist folgender Teilausschnitt eines einfachen Netzwerkes gegeben.

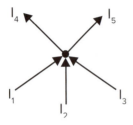

I_1, I_2, I_3, I_4, I_5: Teilströme

Welche der folgenden Gleichungen ist korrekt?

(A) $I_1 + I_2 + I_3 - I_4 - I_5 = 0$

(B) $I_1 + I_2 + I_3 = I_4 - I_5$

(C) $I_1 + I_2 + I_3 + I_4 + I_5 = 0$

(D) $I_1 + I_2 + I_3 = -I_4 + I_5$

(E) $I_1 - I_2 - I_3 = I_4 - I_5$

21. Im Labor wird untersucht, wie stark eine Bakterienkultur wächst, wenn sie keinen natür-lichen Feinden ausgesetzt ist. Die Population P entwickelt sich nach dem Wachstums-gesetz $P(t) = P(0) * q^t$.

Um wie viel Prozent wächst die Population je Zeiteinheit, wenn die Population zum Zeitpunkt t = 0 genau 90 000 Bakterien beträgt und zum Zeitpunkt t = 2 auf 160 000 Bakterien angewachsen ist?

(A) 133,34 Prozent

(B) 33,34 Prozent

(C) 50 Prozent

(D) 66,67 Prozent

(E) 75 Prozent

22. Ein Krankenhaus arbeitet mit zwei Blutanalysezentren zusammen, die zusammen täg-lich 1800 Blutanalysen (je Zentrum 900 Analysen) durchführen. Zentrum 1 führt 90 Ana-lysen pro Stunde durch und beginnt die Arbeit um 08:00 Uhr. Zentrum 2 hingegen führt 108 Analysen pro Stunde durch, beginnt die Arbeit jedoch erst um 09:00 Uhr.

Welches Zentrum hat die Blutanalysen wann zuerst durchgeführt?

(A) Zentrum 2 um 16:00 Uhr

(B) Zentrum 2 um 16:40 Uhr

(C) Zentrum 2 um 17:00 Uhr

(D) Zentrum 1 um 17:15 Uhr

(E) Zentrum 2 um 17:20 Uhr

23. Eine Praxis veranschlagt für die Anschaffung neuer Geräte einen Kapitalbedarf von 500.000 €. Zur Aufbringung der Summe soll die Hälfte des Geldes durch Eigenkapital gestemmt werden, die andere Hälfte wird durch einen Bankkredit gedeckt.

Welche Eigenkapitalsumme benötigt die Praxis zum heutigen Zeitpunkt mindestens, damit die Geräte in 3 Jahren angeschafft werden können (Zinssatz 5%)?

(A) 215.960 €

(B) 229.223 €

(C) 238.721 €

(D) 257.819 €

(E) 264.010 €

24. Ein Körper befindet sich im statischen Gleichgewicht, wenn die Summe aller angreifenden Kräfte und die Summe der Drehmomente gleich null ist. In einem dreidimensionalen Raum lässt sich jede Kraft F in die Komponenten F_x, F_y und F_z zerlegen. Für ein statisches Gleichgewicht müssen also folgende Bedingungen gelten:

$$\sum_{i}^{n} F_{x_i} = 0$$

$$\sum_{i}^{n} F_{y_i} = 0$$

$$\sum_{i}^{n} F_{z_i} = 0$$

Angenommen es sind die Kräfte $F_{x1} = 120\,N$; $F_{x2} = -75\,N$; $F_{x3} = 28\,N$; $F_{y1} = 270\,N$;

$F_{y2} = -235\,N$; $F_{z1} = 155\,N$; $F_{z2} = 110\,N$ gegeben und für die Drehmomente gilt:

$$\sum_{i}^{n} M_i = 0$$

Welche weiteren Kräfte und Momente müssen am Körper angreifen, damit dieser sich im Gleichgewicht befindet?

(A) $F_{x4} = -73\,N$; $F_{y3} = 135\,N$; $F_{z3} = 225\,N$

(B) $F_{x4} = -73\,N$; $F_{y3} = -35\,N$; $F_{z3} = -265\,N$; $M_1 = 140\,Nm$

(C) $F_{x4} = -75\,N$; $F_{y3} = -85\,N$; $F_{z3} = -265\,N$

(D) $F_{x4} = 45\,N$; $F_{y3} = -35\,N$; $F_{z3} = -165\,N$

(E) $F_{x4} = -73\,N$; $F_{y3} = -35\,N$; $F_{z3} = -265\,N$

4. SIMULATION 4

Die nun folgenden **24 Aufgaben** prüfen Deine Fähigkeit im Rahmen medizinischer und naturwissenschaftlicher Fragestellungen mit Zahlen, Größen, Einheiten und Formeln korrekt umzugehen. Zur Bearbeitung stehen Dir **60 Minuten** zur Verfügung.

Nach Ablauf der 60 Minuten vergleichst Du Deine Ergebnisse mit den Lösungen. Im Anschluss daran bearbeitest Du die falsch gelösten und noch nicht bearbeiteten Aufgaben nach.

---

1. Betrachtet man die Erde und den Mond als Massepunkte, so kann man mit dem Gravitationsgesetz auf einfache Art und Weise die Anziehungskraft der beiden Himmelskörper aufeinander berechnen. Es gelten die Beziehungen:

   $m_{Erde} = 5{,}974 * 10^{24} \, kg;$ $\quad m_{Mond} = 7{,}349 * 10^{22} \, kg;$ $\quad d_{Erde/Mond} = 384\,400 \, km$

   Gravitationskonstante: $\quad \gamma = 6{,}67384 * 10^{-11} \dfrac{m^3}{kg * s^2}$

   Gravitationskraft: $\quad F = \gamma \dfrac{m_1 * m_2}{r^2};$ $\quad 1N = 1 \dfrac{kg * m}{s^2}$

   Mit welcher Kraft F ziehen sich Erde und Mond an?
   - (A) $1{,}72 * 10^{12}$ Newton
   - (B) $3{,}15 * 10^{26}$ Newton
   - (C) $7{,}28 * 10^{37}$ Newton
   - (D) $4{,}05 * 10^{42}$ Newton
   - (E) $1{,}9829 * 10^{20}$ Newton

2. Um wie viel Prozent erhöht sich das Volumen eines Würfels mit Kantenlänge a, wenn die Raumdiagonale r um 10% zunimmt?

   Es gilt:
   $r = a \sqrt{3};$ $\quad V = a^3$

   Welche der folgenden Antworten stellt die korrekte Lösung im Sinne der Fragestellung dar?
   - (A) 11,5 Prozent
   - (B) 25 Prozent
   - (C) 28,75 Prozent
   - (D) 33,1 Prozent
   - (E) 40 Prozent

3. Für die Herstellung eines technischen Produkts E ist der folgende Gozintograph gegeben. Er gibt an, dass zur Herstellung eines Produktes E insgesamt 20 Einheiten des Zwischenproduktes Z1, 30 Einheiten des Zwischenproduktes Z2 und 300 Einheiten des Rohstoffs R4 notwendig sind. Analog werden für die Herstellung der Zwischenprodukte verschiedene Rohstoffe benötigt.

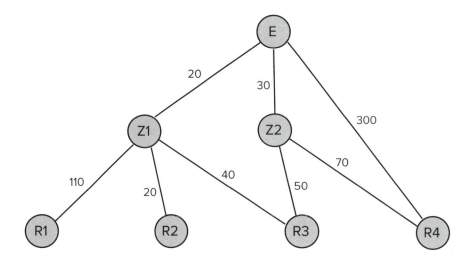

Wie viele Einheiten der Rohstoffe R3 und R4 werden benötigt, wenn 50 Einheiten des technischen Produkts E hergestellt werden sollen?
- (A) 400 000 Einheiten R3 und 220 000 Einheiten R4
- (B) 40 000 Einheiten R3 und 75 000 Einheiten R4
- (C) 270 000 Einheiten R3 und 120 000 Einheiten R4
- (D) 115 000 Einheiten R3 und 130 000 Einheiten R4
- (E) 115 000 Einheiten R3 und 120 000 Einheiten R4

4. Mit welcher Lösung müssen 50 ml einer Ethanol-Wasser-Lösung, die ein Verdünnungsverhältnis von 1:5 aufweist, gemischt werden, um 200 ml einer 1:10 verdünnten Ethanol-Wasser-Lösung zu erhalten?

Welche der folgenden Antworten stellt die korrekte Lösung im Sinne der Fragestellung dar?
- (A) 1:10
- (B) 1:12
- (C) 1:14
- (D) 1:15
- (E) 1:16

5. Bei Geschwindigkeiten nahe der Lichtgeschwindigkeit hängt die Masse eines Körpers von seiner Geschwindigkeit ab.

Es gilt der Zusammenhang:

$$m = \frac{m_0}{\sqrt{1 - \frac{v^2}{c^2}}}$$

m = Masse des Körpers [kg]; m_0 = Ruhemasse des Körpers [kg];

v = Geschwindigkeit des Körpers [$\frac{km}{s}$];

c = konstant = Lichtgeschwindigkeit = $300\,000\ \frac{km}{s}$

Wie groß ist v in Abhängigkeit der anderen Größen?

(A) $v = c * \sqrt{1 - \frac{m_0^2}{m^2}}$

(B) $v = c^2 * \sqrt{1 - \frac{m_0^2}{m^2}}$

(C) $v = c * \sqrt{1 - \frac{m^2}{m_0^2}}$

(D) $v = c * \sqrt{1 + \frac{m_0^2}{m^2}}$

(E) $v = c * \sqrt{1 + \frac{m^2}{m_0^2}}$

6. Ein Schwingkreis bezeichnet einen geschlossenen Stromkreis, der aus einer Induktivität (Spule) und einer Kapazität (Kondensator) besteht.

Für die Periodendauer T gilt:

$T = 2\pi\sqrt{LC}$;   T = Periodendauer;   L = Induktivität;   C = Kapazität

Wie groß ist die Frequenz $f = \frac{1}{T}$?

(A) $f = 2\pi\sqrt{LC}$

(B) $f = \frac{1}{2\pi}\sqrt{LC}$

(C) $f = \sqrt{\frac{LC}{2\pi}}$

(D) $f = \frac{1}{2\pi}\sqrt{\frac{1}{LC}}$

(E) $f = 2\pi\frac{1}{\sqrt{LC}}$

7. Eine Ameisenkolonie wächst in einer Umgebung, in der sie keinen natürlichen Feinden ausgesetzt ist, näherungsweise nach dem Wachstumsgesetz B(t) = B(0) * q^t.

   Wie groß ist der Wachstumsfaktor q der Population, wenn die Population zum Zeitpunkt t = 0 genau 20 000 Ameisen beträgt und zum Zeitpunkt t = 2 auf 28 800 Ameisen gewachsen ist?
   (A) q = 1,2
   (B) q = 1,22
   (C) q = 1,25
   (D) q = 1,28
   (E) q = 1,3

8. In einem Vergnügungspark soll auf dem Boden ein Mosaik (siehe Bild) entstehen, für das nur flächengleiche, gleichschenklige und rechtwinklige Dreiecke mit der Schenkellänge a verwendet werden sollen.

   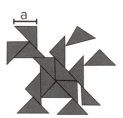

   Wie groß muss die Schenkellänge a gewählt werden, wenn die Gesamtfläche des Mosaiks 288 dm² betragen soll?
   (A) 4 dm
   (B) 6 dm
   (C) 7,5 dm
   (D) 8 dm
   (E) 8,25 dm

9. Eine hartnäckige Grippewelle versetzt die Ärzte der Station A seit Wochen in höchste Alarmbereitschaft. In der ersten Woche waren 12% der Patienten erkrankt. In der zweiten Woche waren insgesamt 14 Betten der Station A mehr belegt und die Zahl der Infizierten stieg auf 25%. In der dritten Woche waren weitere 16 Betten der Station belegt und die Zahl der Erkrankten wuchs mit 30% auf den maximalen Wert.

   Wie viele Patienten waren in der ersten Woche erkrankt, wenn es in der dritten Woche genau 54 Patienten waren?
   (A) 12 Patienten
   (B) 18 Patienten
   (C) 22 Patienten
   (D) 24 Patienten
   (E) 26 Patienten

10. Zwei Widerstände R_1 und R_2 werden in einer elektrischen Schaltung parallel geschaltet.

Es gilt die Beziehung:

$$R_{ges} = \frac{R_1 * R_2}{R_1 + R_2}$$

Wie groß ist R_1, wenn der Ersatzwiderstand R_{ges} der Schaltung gerade 1 Ω ist?

(A) $R_1 = \dfrac{(R_2 - 1)}{R_2}$

(B) $R_1 = \dfrac{R_2}{(R_2 - 1)}$

(C) $R_1 = \dfrac{R_2 + 1}{R_2 - 1}$

(D) $R_1 = R_2$

(E) $R_1 = \dfrac{R_2}{(1 - R_2)}$

11. Nach welcher Zeit trifft eine Messingkugel auf dem Boden auf, wenn sie senkrecht von einer 31,25 Meter hohen Brücke fallen gelassen wird?

Für die Fallstrecke s gilt die Formel:

$s = \dfrac{1}{2}\, gt^2$ mit $g \approx 10\dfrac{m}{s^2}$

Welche der folgenden Antworten stellt die korrekte Lösung im Sinne der Fragestellung dar?

(A) t = 1,75 Sekunden
(B) t = 2,0 Sekunden
(C) t = 2,25 Sekunden
(D) t = 2,5 Sekunden
(E) t = 2,75 Sekunden

12. Um wie viel Prozent vergrößert sich die Oberfläche (O) eines Quaders mit den Kantenlängen a, b, c und den Beziehungen zwischen den Kantenlängen mit a = 2b = 4c, wenn für die neue Kantenlänge c_{neu} = ³⁄₂c gilt und die anderen Kantenlängen so angepasst werden, dass die Verhältnisse zwischen den Kantenlängen gleich bleiben?

Es gilt für die Oberfläche O eines Quaders:
O = 2ab + 2ac + 2bc

Welche der folgenden Antworten stellt die korrekte Lösung im Sinne der Fragestellung dar?

(A) 100 Prozent
(B) 125 Prozent
(C) 62,5 Prozent
(D) 110 Prozent
(E) 75 Prozent

13. Zwei Supermarktketten A und B überlegen, ob sie in einem rasant wachsenden Stadtteil eine Filiale eröffnen sollen. Jeder Konkurrent wählt zwischen den beiden Strategien „Filiale eröffnen" und „keine Filiale eröffnen". Da die Gewerbeflächen sehr begehrt sind und schnell vergriffen sein werden, müssen beide Konkurrenten gleichzeitig und ohne Kenntnis der Entscheidung des Konkurrenten ihre Strategie wählen und können diese nicht mehr revidieren. Absprachen zwischen den Unternehmen sind nicht möglich. Die folgende Matrix gibt an, welchen Nutzen die Unternehmen aus der Eröffnung bzw. Nicht-Eröffnung ziehen.

	B: FILIALE ERÖFFNEN	B: KEINE FILIALE ERÖFFNEN
A: FILIALE ERÖFFNEN	(+2, +2)	(+5, −1)
A: KEINE FILIALE ERÖFFNEN	(−1, +5)	(+3, +3)

Anleitung:
Es gibt insgesamt vier Fälle, die auftreten können. Entweder eröffnen beide Konkurrenten eine Filiale in dem Stadtteil (+2, +2), keiner von beiden (+3, +3) oder nur einer der beiden Supermarktketten (+5, −1 oder −1, +5). Die erste Zahl gibt immer an, welchen Nutzen die Supermarktkette A aus dem Ergebnis zieht, die zweite Zahl gibt an, welchen Nutzen die Supermarktkette B aus der Entscheidung zieht.

Wie werden sich die beiden Supermärkte entscheiden?
(A) Keine Supermarktkette eröffnet eine Filiale.
(B) A eröffnet eine Filiale, B nicht.
(C) B eröffnet eine Filiale, A nicht.
(D) Beide eröffnen eine Filiale.
(E) Es ist keine eindeutige Aussage möglich.

14. Drei unterschiedlich stark verdünnte Lösungen des gleichen Lösungsmittels werden vermischt.

Welches Verdünnungsverhältnis besitzt die neue Lösung, wenn 100 ml einer Lösung im Verhältnis 1:4 mit 150 ml einer Lösung im Verhältnis 1:3 und 250 ml im Verhältnis 1:5 gemischt werden?
(A) 1:3
(B) 1:4
(C) 1:2
(D) 2:5
(E) 3:5

15. Elektromagnetische Wellen üben einen mechanischen Druck auf andere Körper aus, der als Strahlungsdruck bezeichnet wird.

Für den Strahlungsdruck p gilt:

$$p = \frac{W}{c}(1 + \sigma)$$

W = Strahlungsenergie;   c = Lichtgeschwindigkeit; σ = Reflexionskoeffizient

Wie groß ist der Reflexionskoeffizient σ ?

(A) $\sigma = \dfrac{pW}{c} - 1$

(B) $\sigma = \dfrac{pc}{W} - 1$

(C) $\sigma = \dfrac{pW}{c} + 1$

(D) $\sigma = 1 - \dfrac{pc}{W}$

(E) $\sigma = \sqrt{\dfrac{pc}{W} - 1}$

16. Eine Bakterienkolonie wächst im Brutkasten alle 4 Minuten um 20%.

Wie lange dauert es, bis sich die Größe der Kolonie verdoppelt hat?
(A) etwa 10 Minuten
(B) etwa 12 Minuten
(C) etwa 15 Minuten
(D) etwa 18 Minuten
(E) etwa 20 Minuten

17. Ein Facharzt will für seine Praxis neue Geräte anschaffen. Die Finanzierung hierfür möchte er zu 100% aus eigenen Mitteln bestreiten. Hierfür legt er am Ende jeden Monats 2.000 € zur Seite (Rentenzahlung = R), für die er monatliche Zinserträge in Höhe von 10% erhält. Er spart insgesamt drei Monate.

Es gilt für den Rentenendwert REW (Gesamtwert am Ende der Laufzeit):

$$REW = R * \frac{q^n - 1}{q - 1} \; * \text{mit } q > 1 \, ;$$

n = Laufzeitzyklen der Rente ;   i = Zinssatz ;   q = i + 1: Aufzinsungsfaktor

Wie teuer dürfen seine neuen Geräte höchstens sein?
(A) 6.620 €
(B) 6.750 €
(C) 6.960 €
(D) 7.180 €
(E) 7.320 €

18. Zwei ferngesteuerte Spielzeugautos, die mit den konstanten Geschwindigkeiten von 8 km/h und 10 km/h fahren, werden auf einem 15 Meter langen Rundkurs gestartet.

Wie viele Runden fahren sie zusammen in zwei Minuten?

(A) 36 Runden
(B) 33,33 Runden
(C) 25 Runden
(D) 30 Runden
(E) 40 Runden

19. Um wie viel Prozent ist das Volumen einer Pyramide mit quadratischer Grundfläche (G) im Vergleich zu einem Kegel gleicher Höhe (h) größer, wenn der Grundkreis (G) des Kegels der quadratischen Grundfläche der Pyramide genau einbeschrieben ist?

Es gilt:

$$V_{Pyramide} = \frac{1}{3} G * h = \frac{1}{3} a^2 h$$

$$V_{Kegel} = \frac{1}{3} G * h = \frac{1}{3} \pi r^2 * h$$

a = Kantenlänge der quadratischen Pyramidengrundfläche

$\pi = 3{,}14$

Welche der folgenden Antworten stellt die korrekte Lösung im Sinne der Fragestellung dar?

(A) 42,5 Prozent
(B) 35 Prozent
(C) 20 Prozent
(D) 12,5 Prozent
(E) 27 Prozent

20. Die nachfolgende Grafik zeigt einen Ablaufplan vom ersten Spatenstich bis zum Einzug in ein neu gebautes Haus. Jeder Vorgang besitzt eine bestimmte Dauer, so dauert es beispielsweise vier Zeiteinheiten, um das Fundament auszuheben und zwei Zeiteinheiten, um die Fenster einzusetzen. Die Nachfolgervorgänge können erst begonnen werden, wenn alle Vorgängervorgänge abgeschlossen sind. Der Hausbau ist erst nach Abschluss aller acht geplanten Vorgänge beendet.

VORGANGSNUMMER	VORGANG	VORGÄNGER	NACHFOLGER	DAUER
1	Fundament bauen		2	4
2	Rohbau erstellen	1	3, 4, 5	6
3	Fenster einsetzen	2	5, 8	2
4	Dach decken	2	7	3
5	Wände streichen	2, 3	6	2
6	Küche einbauen	5	8	2
7	Garten anlegen	4	8	5
8	Einzug	3, 6, 7		1

Wie lange dauert der Hausbau im Idealfall?

(A) 17 Zeiteinheiten

(B) 19 Zeiteinheiten

(C) 18 Zeiteinheiten

(D) 21 Zeiteinheiten

(E) 20 Zeiteinheiten

21. Ein Allgemeinmediziner behandelt durchschnittlich 1120 Patienten in 4 Monaten.

Wie viele Ärzte müsste eine Praxis beschäftigen, die monatlich 1960 Patienten versorgen muss?

(A) 4 Ärzte

(B) 5 Ärzte

(C) 6 Ärzte

(D) 7 Ärzte

(E) 8 Ärzte

22. Bei der Reihenschaltung von Kondensatoren berechnet sich die Gesamtkapazität als Kehrwert der Summe der Kehrwerte der Einzelkapazitäten.

Für n Kondensatoren gilt die Beziehung:

$$C_{ges} = \frac{1}{\sum_{i=1}^{n} \frac{1}{C_i}} = \frac{1}{\frac{1}{C_1} + \frac{1}{C_2} + \dots + \frac{1}{C_n}}$$

Wie groß ist die Einzelkapazität des Kondensators C_3 in einer Reihenschaltung mit den drei Kondensatoren C_1, C_2 und C_3, wenn $C_1 = 0{,}25\,\mu F$, $C_2 = 0{,}125\,\mu F$ und $C_{ges} = 0{,}0625\,\mu F$ beträgt?

(A) $C_3 = 0{,}125\,\mu F$

(B) $C_3 = 0{,}25\,\mu F$

(C) $C_3 = 0{,}0625\,\mu F$

(D) $C_3 = 0{,}01\,\mu F$

(E) $C_3 = 1\,\mu F$

23. Der Energiebedarf nimmt jährlich weltweit um 10% zu.

Um wie viel Prozent ist der Energiebedarf in 5 Jahren im Vergleich zu heute höher?

(A) um etwa 50 Prozent

(B) um etwa 53 Prozent

(C) um etwa 56 Prozent

(D) um etwa 61 Prozent

(E) um etwa 67 Prozent

24. Ein von außen auf ein Gas oder eine Flüssigkeit einwirkender Druck wird nach dem Pascal'schen Gesetz im Inneren des Mediums gleichmäßig in alle Richtungen weitergeleitet. Eine Gas- oder eine Flüssigkeitssäule, die sich in einem homogenen Schwerefeld befindet, erzeugt demzufolge einen Druck entsprechend dem Gewicht der Säule. Nimmt man an, dass das Gas bzw. die Flüssigkeit nicht komprimierbar ist, so gilt für den Druck, den die Säule ausübt:

$p = \sigma * g * h$;

σ = Dichte des Gases bzw. der Flüssigkeit $[\frac{kg}{m^3}]$;

g = Erdbeschleunigung $[\frac{m}{s^2}]$;

h = Höhe der Säule $[m]$.

Es gilt:

$$1N = 1\frac{kg * m}{s^2}$$

Welche Dimension besitzt der Druck p?

(A) $[p] = \frac{N}{m}$

(B) $[p] = Nm^3$

(C) $[p] = \frac{N}{m^2}$

(D) $[p] = \frac{m}{N^2}$

(E) $[p] = \frac{N}{m^3}$

5. SIMULATION 5

Die nun folgenden **24 Aufgaben** prüfen Deine Fähigkeit im Rahmen medizinischer und naturwissenschaftlicher Fragestellungen mit Zahlen, Größen, Einheiten und Formeln korrekt umzugehen. Zur Bearbeitung stehen Dir **60 Minuten** zur Verfügung.

Nach Ablauf der 60 Minuten vergleichst Du Deine Ergebnisse mit den Lösungen. Im Anschluss daran bearbeitest Du die falsch gelösten und noch nicht bearbeiteten Aufgaben nach.

1. Eine Lokomotive der Masse 500 t fährt nach einem Stopp aus einem Bahnhof los und wird auf einer Strecke von 1,8 km gleichmäßig auf 108 km/h beschleunigt.

   Es gelten die Beziehungen:

   $$s = \frac{1}{2}\,at^2\,; \qquad v = a * t\,; \qquad F = m * a\,; \qquad 1\,N = 1\,\frac{kg * m}{s^2}$$

   Wie groß ist die konstante Kraft, mit der die Lokomotive beschleunigt?
   - (A) F = 110 kN
   - (B) F = 125 N
   - (C) F = 150 kN
   - (D) F = 140 000 N
   - (E) F = 125 000 N

2. Um wie viel Prozent vergrößert sich ein Wert, wenn 120 % des Werts mit 105 % des Werts multipliziert wird?

   Welche der folgenden Antworten stellt die korrekte Lösung im Sinne der Fragestellung dar?
   - (A) 26 Prozent
   - (B) 24 Prozent
   - (C) 27 Prozent
   - (D) 28 Prozent
   - (E) 25 Prozent

3. Eine Tischplatte mit den Maßen 64 x 40 cm soll schachbrettförmig bemalt werden, d. h. weiße und schwarze Flächen der Größe 4 x 4 cm wechseln sich immer ab.

   Wie viele weiße Flächen besitzt die Tischplatte?
   - (A) 80 weiße Flächen
   - (B) 32 weiße Flächen
   - (C) 96 weiße Flächen
   - (D) 64 weiße Flächen
   - (E) 160 weiße Flächen

4. Hochwertige Whiskys haben häufig einen Alkoholgehalt zwischen 50% und 65%. Damit diese edlen Tropfen genießbar werden, wird unmittelbar vor dem Trinken eine kleine Menge Wasser hinzugegeben.

Wie viel Wasser muss einem 2 cl Glas Whisky mit einem Alkoholgehalt von 55% hinzugegeben werden, damit man einen 40% starken Whisky erhält?

(A) 0,25 cl

(B) 0,5 cl

(C) 0,75 cl

(D) 0,6 cl

(E) 0,125 cl

5. Das spezifische Volumen v entspricht dem Kehrwert der Dichte ρ.

Es gelten die Beziehungen:

$$v = \frac{1}{\rho} \; ; \qquad \rho = \frac{m}{V} \; ; \qquad m = \text{Masse, } [m] = \text{kg} \; ; \qquad V = \text{Volumen, } [V] = m^3$$

Welche Einheit besitzt das spezifische Volumen?

(A) $[v] = \dfrac{kg}{m^3}$

(B) $[v] = \dfrac{m^3}{kg}$

(C) $[v] = \dfrac{kg}{m^2}$

(D) $[v] = \dfrac{kg}{m}$

(E) $[v] = \dfrac{m}{kg}$

6. Welche Einheit besitzt die mechanische Arbeit W?

Es gelten die folgenden Beziehungen:

$$[W] = J \; ; \qquad F = \text{Kraft, } [F] = N = \frac{kg * m}{s^2} \; ; \qquad s = \text{Weg, } [s] = m \; ; \qquad \frac{1}{s} = \frac{F}{W}$$

(A) $[W] = \dfrac{kg}{m^3}$

(B) $[W] = \dfrac{m^3}{kg * s^2}$

(C) $[W] = \dfrac{kg * m^2}{s^2}$

(D) $[W] = \dfrac{kg * s^2}{m^2}$

(E) $[W] = \dfrac{1}{J}$

7. Ein Geldbetrag in Höhe von 25.000 € wird am 1. Januar eines Jahres fest angelegt und fortan jährlich mit 4% verzinst.

In welchem Jahr sind die Zinserträge erstmalig größer als 1.050 €?
- (A) Im ersten Jahr
- (B) Im zweiten Jahr
- (C) Im dritten Jahr
- (D) Im vierten Jahr
- (E) Im fünften Jahr

8. Ein Kind belegt die Felder eines Schachbretts der Reihe nach mit Reiskörnern. Dabei geht es nach dem immer gleichen System vor. In das erste Feld legt es ein Reiskorn. In die nachfolgenden Felder legt es immer die dreifache Menge an Reiskörnern des vorigen Feldes abzüglich einem Reiskorn.

Wie viele Reiskörner muss das Kind auf das sechste Feld legen?
- (A) 92 Reiskörner
- (B) 41 Reiskörner
- (C) 122 Reiskörner
- (D) 107 Reiskörner
- (E) 83 Reiskörner

9. Das Gestein eines Steinbruchs kann von vier Baggern innerhalb von 75 Stunden abgetragen werden.

Wie lange benötigen fünf Bagger, wenn diese nur mit einer Effizienz von 95% arbeiten können?
- (A) 60 Stunden
- (B) 61 Stunden
- (C) 62 Stunden
- (D) 63 Stunden
- (E) 64 Stunden

10. Nach der Kirchhoff'schen Knotenregel gilt der Zusammenhang, dass an einem beliebigen Knotenpunkt in einem Netzwerk die Summe aller zufließenden Ströme gleich der Summe aller abfließenden Ströme ist.

In der nachfolgenden Zeichnung gilt:
$I_4 = I_1 + I_2 + I_3$

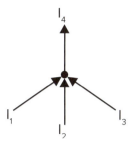

Wie groß ist I_4, wenn die Zusammenhänge $I_1 = \frac{3}{2} I_2$ und $I_2 = \frac{2}{3} I_3$ gegeben sind und $I_1 = 0{,}6$ A ist?
- (A) 1,3 Ampere
- (B) 1,4 Ampere
- (C) 1,5 Ampere
- (D) 1,6 Ampere
- (E) 1,7 Ampere

11. In einem Fußballstadion soll ein neuer Rollrasen verlegt werden. Dazu werden 20 aufgerollte Rasenstücke mit einer Breite von fünf Metern gekauft. Die Rollen haben einen Radius von vier Metern. Dabei sind die Rasenstücke so auf die Rolle aufgerollt, dass sie die Rolle genau ein einziges Mal umschließen.

Hinweis:
Kreisumfang = $U = 2\pi r$

Welche Fläche hat demzufolge das Fußballfeld?
- (A) circa 1780 m²
- (B) circa 2260 m²
- (C) circa 2510 m²
- (D) circa 2740 m²
- (E) circa 2030 m²

12. Eine Fertigungsstraße produziert in einer 8-Stunden-Schicht 180 Fahrzeuge der Modellreihe A und 120 Fahrzeuge der Modellreihe B. Im Durchschnitt dauern die Arbeitsschritte der Modellreihe B 10% länger als die Arbeitsschritte der Modellreihe A.

Wie viele Fahrzeuge können in der Schicht maximal produziert werden, wenn die Bearbeitungszeit eines Fahrzeugs der Modellreihe A auf 1,2 Minuten sinkt, die Bearbeitungszeit der Modellreihe B gleich bleibt und weiterhin mindestens 120 Fahrzeuge der Modellreihe B produziert werden sollen?

(A) 320 Fahrzeuge

(B) 350 Fahrzeuge

(C) 370 Fahrzeuge

(D) 390 Fahrzeuge

(E) 410 Fahrzeuge

13. Ein defektes Abwasserrohr, das 15 cm lang ist, einen Durchmesser von 12 cm besitzt und eine Wandstärke von 2 cm hat, muss ausgetauscht werden. Da Material eingespart werden muss, soll die Wandstärke des neuen Rohrs auf 1 cm sinken, wobei der Innendurchmesser des Rohres gleich bleiben soll.

Wie viel Prozent beträgt die Materialeinsparung, wenn die anderen Maße gleich bleiben? Das Volumen eines Zylinders berechnet sich durch: $V = \pi r^2 * h$

(A) 40 Prozent

(B) 42 Prozent

(C) 45 Prozent

(D) 50 Prozent

(E) 55 Prozent

14. Ein besonders aggressiver und bisher völlig unbekannter Grippevirus macht den Bewohnern einer Kleinstadt zu schaffen. Täglich steigt die Zahl der Erkrankten um 20%.

Am wievielten Tag sind erstmals über 200 Personen erkrankt, wenn die Zahl der Erkrankten zu Beginn 100 betrug?

(A) am zweiten Tag

(B) am dritten Tag

(C) am vierten Tag

(D) am fünften Tag

(E) am sechsten Tag

15. Die Periodendauer T einer mechanischen Schwingung berechnet sich mit folgender Formel:

$$T = 2\pi \sqrt{\frac{m}{D}}$$

Es gelten die folgenden Beziehungen:

D = Federkonstante ;   T = Periodendauer, [T] = s ;

m = Masse, [m] = kg ; $1N = 1\dfrac{kg*m}{s^2}$

Welche Einheit besitzt die Federkonstante D?

(A) $[D] = \dfrac{kg}{s}$

(B) $[D] = \dfrac{s^2}{kg}$

(C) $[D] = \dfrac{N}{s^2}$

(D) $[D] = N$

(E) $[D] = \dfrac{N}{m}$

16. Die nachfolgende Grafik zeigt den Lagerbestand eines Fertigungsbetriebes.

ZEITPUNKT	t = 0	t = 1	t = 2	t = 3
BESTAND	500	750	1000	1250

Um welche Art von Wachstum handelt es sich bei der Entwicklung des Bestandes?

(A) lineares Wachstum
(B) exponentielles Wachstum
(C) quadratisches Wachstum
(D) kubisches Wachstum
(E) logistisches Wachstum

17. Bei einer kleinen Gemeindelotterie werden hintereinander zufällig drei Kugeln aus zwölf Kugeln ohne zurücklegen gezogen.

Wie hoch ist die Wahrscheinlichkeit von den drei angekreuzten Zahlen eines Lottoscheines keine Zahl richtig zu haben?

(A) circa 72 Prozent
(B) circa 67 Prozent
(C) circa 25 Prozent
(D) circa 50 Prozent
(E) circa 38 Prozent

18. Ein Arbeitnehmer, der laut Arbeitsvertrag eine 40-Stunden-Woche (Montag bis Freitag) arbeitet, hat täglich im Durchschnitt 5% länger gearbeitet.

Wie viele Überstunden hat er nach sechs Wochen angesammelt?
- (A) 8 Überstunden
- (B) 10 Überstunden
- (C) 11 Überstunden
- (D) 15 Überstunden
- (E) 12 Überstunden

19. Am Ortsausgang beschleunigt ein Auto, das sich vorschriftsmäßig an die innerörtliche Geschwindigkeitsbegrenzung gehalten hat und genau 50 km/h gefahren ist, mit der konstanten Beschleunigung von 3 m/s².

Hinweis:
Für eine gleichmäßig beschleunigte Bewegung gilt: $v = a * t$

Wie lange dauert es, bis das Auto die auf der Landstraße zugelassene Höchstgeschwindigkeit von 100 km/h erreicht hat?
- (A) zwischen 2 und 3 Sekunden
- (B) zwischen 4 und 5 Sekunden
- (C) zwischen 9 und 10 Sekunden
- (D) zwischen 16 und 17 Sekunden
- (E) zwischen 33 und 34 Sekunden

20. Mit welcher Geschwindigkeit fährt ein Auto der Masse 1200 kg, wenn es eine kinetische Energie von 540 kJ besitzt?

Es gilt:

kinetische Energie = $W_{kin} = \frac{1}{2} mv^2$

$1 J = 1 \frac{kg * m^2}{s^2}$

Welche der folgenden Antworten stellt die korrekte Lösung im Sinne der Fragestellung dar?
- (A) 30 km/h
- (B) 76 km/h
- (C) 91 km/h
- (D) 108 km/h
- (E) 120 km/h

21. Ein Bienenvolk, das sich in der Nähe einer Kirschbaumplantage niedergelassen hat, wächst in einem Monat um durchschnittlich 20%. Nach einem Monat werden durch den Einsatz von Pestiziden bei der Besprühung der Bäume 40% der Bienen des Bienenvolks getötet. Einen Monat später zieht ein Sturm über die Kirschbaumplantage hinweg und tötet 500 Bienen des Volkes.

Wie viele Bienen besitzt das Bienenvolk am Ende des zweiten Monats, wenn es am Anfang 5000 Bienen zählte?

(A) 3765 Bienen

(B) 3820 Bienen

(C) 3965 Bienen

(D) 4130 Bienen

(E) 4240 Bienen

22. Bei einem Gemeindelotto 3 aus 12 werden hintereinander zufällig 3 Kugeln ohne zurücklegen aus 12 Kugeln gezogen. Im Anschluss an die Ziehung wird die Superzahl gezogen, die eine Zahl zwischen 0 und 9 ist.

Wie hoch ist die Wahrscheinlichkeit, den Hauptgewinn (3 richtige plus Superzahl) zu gewinnen?

(A) 1:1500

(B) 1:2200

(C) 1:2800

(D) 1:3600

(E) 1:4800

23. Das radioaktive Schwermetall ^{236}Pu (Plutonium) hat eine Halbwertszeit von 2858 Jahren.

Wie viele Atomkerne sind im statistischen Mittel nach 5716 Jahren zerfallen?

(A) 75% der Ausgangsmenge

(B) 100% der Ausgangsmenge

(C) mehr als 75% der Ausgangsmenge

(D) weniger als 75% der Ausgangsmenge

(E) 50% der Ausgangsmenge

24. Das Gesetz von Coulomb beschreibt die Kraft zwischen zwei Punktladungen.

Es gilt:

$$F_C = \frac{1}{4\pi\varepsilon_0} \frac{Q_1 * Q_2}{r^2}$$

F_C	=	Coulomb-Kraft
ε_0	=	elektrische Feldkonstante
r	=	Abstand der zwei Punktladungen
Q_1	=	Ladung der ersten Punktladung
Q_2	=	Ladung der zweiten Punktladung

Welche Gleichung ist demzufolge korrekt?

(A) $\dfrac{1}{F_C} = 4\pi\varepsilon_0 \dfrac{Q_1 * Q_2}{r^2}$

(B) $r = \sqrt{\dfrac{F_C * Q_1 * Q_2}{4\pi\varepsilon_0}}$

(C) $Q_1 = \dfrac{4\pi\varepsilon_0 * F_C * Q_2}{r^2}$

(D) $Q_2 = \dfrac{4\pi\varepsilon_0 * F_C * r^2}{Q_1}$

(E) $Q_1 = \dfrac{1}{r^2} Q_2$

6. SIMULATION 6

Die nun folgenden **24 Aufgaben** prüfen Deine Fähigkeit im Rahmen medizinischer und naturwissenschaftlicher Fragestellungen mit Zahlen, Größen, Einheiten und Formeln korrekt umzugehen. Zur Bearbeitung stehen Dir **60 Minuten** zur Verfügung.

Nach Ablauf der 60 Minuten vergleichst Du Deine Ergebnisse mit den Lösungen. Im Anschluss daran bearbeitest Du die falsch gelösten und noch nicht bearbeiteten Aufgaben nach.

1. Ein Schnellzug, der mit einer Geschwindigkeit v_0 von 252 km/h fährt, wird bei der Einfahrt in einen Bahnhof mit einer Beschleunigung von 5 m/s² gleichmäßig abgebremst.

   Es gilt:

   $$s = v_0 * t - \frac{1}{2}at^2; \qquad v_{neu} = v_0 - a * t$$

   Wann muss der Lokführer den Bremsvorgang spätestens beginnen, damit der Zug im Bahnhof stehen bleibt?
   (A) 490 Meter vor dem Bahnhof
   (B) 625 Meter vor dem Bahnhof
   (C) Circa 70 Meter vor dem Bahnhof
   (D) Circa 560 Meter vor dem Bahnhof
   (E) 420 Meter vor dem Bahnhof

2. Die Druckkapazität pro Farbpatrone eines Laserdruckers wird durch zwei Systemupdates erhöht. Zunächst wird durch die Implementierung eines automatischen Reinigungsprogramms die Leistung des Druckers um 20% erhöht. Anschließend werden eine neue Software und neue Treiber aufgespielt, die die Druckkapazität um weitere 10% erhöhen.

   Wie viele Seiten können mit dem aufgerüsteten Laserdrucker gedruckt werden, wenn die Basisvariante 450 Seiten Papier pro Druckpatrone geschafft hat?
   (A) 556 Seiten
   (B) 572 Seiten
   (C) 584 Seiten
   (D) 594 Seiten
   (E) 600 Seiten

3. Ein gewöhnlicher 3x3-Zauberwürfel besitzt sechs Seitenflächen. Jede Seitenfläche ist in neun gleichgroße Flächen unterteilt, von denen jede Fläche (außer der Mittelfläche), je nach Drehung des Würfels, jede der sechs verschiedene Farben (gelb, grün, rot, blau, weiß und schwarz) annehmen kann. Die mittlere Fläche ist jeweils fest vorgegeben und kann durch Drehung des Würfels nicht geändert werden.

Hinweis:
Für die Lösung der Aufgabe ist nur die Vorderseite des Würfels zu betrachten!

Wie viele verschiedene Möglichkeiten bzw. Muster für die Ausgestaltung der Vorderfläche durch Drehungen besitzt der Würfel?

(A) 6^6

(B) 9^6

(C) 6^9

(D) 6^8

(E) 8^6

4. Ein Waschmittel zur Reinigung von Autos wird im Mischverhältnis 1:124 mit Wasser gemischt. Ein Fahrzeughalter, der das Mittel regelmäßig benutzt, sieht im Fachhandel eine gleich teure Alternative, bei der das Reinigungsmittel nur im Mischverhältnis 1:159 beigemischt werden muss. Bisher hat er pro Waschgang seines Wagens etwa 10 Liter der Waschmittel-Wasser-Mischung benötigt.

Wie viel Milliliter Reinigungsmittel spart er pro Waschgang ein, wenn er fortan das neu entdeckte Waschmittel verwendet und weiterhin mit 10 Litern Flüssigkeit bei jeder Autowäsche auskommt?

(A) 26 ml

(B) 8,5 ml

(C) 20 ml

(D) 13 ml

(E) 17,5 ml

5. Die nachfolgende Gleichung wird auch die allgemeine Gasgleichung genannt:

$$\frac{V_1 * p_1}{T_1} = \frac{V_2 * p_2}{T_2}$$

V = Volumen im Zustand 1 bzw. im Zustand 2
p = Druck im Zustand 1 bzw. im Zustand 2
T = Temperatur im Zustand 1 bzw. im Zustand 2

Welcher Zusammenhang ist richtig, wenn $V_1 * p_2 = V_2 * p_1$ gilt?

(A) $p_1^2 * T_2 = p_2^2 * T_1$

(B) $\dfrac{T_2}{T_1} = \dfrac{p_2}{p_1}$

(C) $T_2 = T_1$

(D) $\dfrac{T_1}{T_2} = \dfrac{p_2^2}{p_1^2}$

(E) $\dfrac{T_1}{T_2} = \dfrac{p_2}{p_1}$

6. Das Gesetz von Amontons besagt, dass der Druck idealer Gase bei einer isochoren Zustandsänderung (gleichbleibendes Volumen) und konstanter Stoffmenge direkt proportional zur Temperatur ist. Wird das Gas erwärmt, erhöht sich der Druck, wird es hingegen abgekühlt, sinkt der Druck.

Welche Gleichung spiegelt diese Aussage wieder?

(A) $T \sim \dfrac{1}{p}$

(B) $V \sim T$

(C) $\dfrac{V_1}{V_2} = \dfrac{T_1}{T_2}$

(D) $\dfrac{T_1}{T_2} = \dfrac{p_2}{p_1}$

(E) $\dfrac{p}{T}$ = konstant

7. Eine Bakterienkultur von 2 Millionen Bakterien, die den Hals- und Rachenraum eines Patienten befallen hat, wird mit Antibiotika bekämpft. Da es sich um eine besonders hartnäckige und resistente Bakterienkolonie handelt, gestaltet sich die Eindämmung der Bakterien besonders langwierig. Trotz Einsatzes des Antibiotikums sind die Wachstumsraten zunächst noch positiv, nehmen allerdings täglich um 10 Prozentpunkte ab.

Wie groß ist die maximale Bakterienanzahl im Hals- und Rachenbereich des Patienten während der Behandlung, wenn die Bakterien sich am ersten Tag noch um 30% vermehren?

(A) circa 2,2 Millionen
(B) circa 2,5 Millionen
(C) circa 3,4 Millionen
(D) circa 3,9 Millionen
(E) über 4,2 Millionen

8. Eine Urne enthält insgesamt fünf gleich große Kugeln. Zwei davon sind weiß und drei davon sind rot. Nun wird vier Mal hintereinander verdeckt gezogen, die Farbe der Kugel notiert und die Kugel anschließend wieder in die Urne zurückgelegt.

Wie groß ist die Wahrscheinlichkeit, dass genau zwei weiße und zwei rote Kugeln gezogen werden?

(A) 34,56 Prozent
(B) 12,34 Prozent
(C) 23,45 Prozent
(D) 45,67 Prozent
(E) 5,76 Prozent

9. Ein deutscher Spargelbauer hat in den vergangenen Jahren ausschließlich einheimische Arbeitskräfte zum Spargelstechen eingestellt. Da diese aber immer schwieriger zu finden sind, außerdem langsamer arbeiten und mehr Geld verlangen, möchte er in diesem Jahr Hilfsarbeiter aus Polen einstellen. Bisher benötigten 20 einheimische Arbeitskräfte 12 Tage für die gesamte Spargelernte.

Wie lange benötigen seine Arbeitskräfte in diesem Jahr, wenn er weiterhin 20 Arbeiter einsetzt, dieses Mal aber 16 der 20 Feldarbeiter Polen sind, die im Durchschnitt 25% schneller arbeiten?

(A) 9 Tage
(B) 9,5 Tage
(C) 10 Tage
(D) 11,5 Tage
(E) 11 Tage

10. In einem Zylinder, dessen Kolben fix an den Seitenwänden des Zylinders angebracht ist (siehe Bild), ist ein Gas eingeschlossen, das unter keinen Umständen entweichen kann. Der Zylinder wird für eine unbekannte Zeit in kochendes Wasser getaucht, sodass sich die Temperatur im Innenraum verdoppelt.

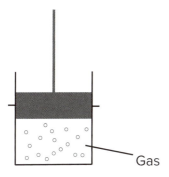
Gas

Was lässt sich unter diesen Umständen über die Entwicklung des Drucks im Innenraum sagen, wenn davon ausgegangen wird, dass sich bei isochoren (gleichbleibendes Volumen) Zustandsänderungen Druck und Temperatur direkt proportional zueinander verhalten?

(A) Der Druck halbiert sich.
(B) Der Druck bleibt gleich.
(C) Das Produkt aus Druck und Temperatur bleibt konstant.
(D) Der Druck sinkt auf ein Viertel des Ausgangswertes ab.
(E) Der Quotient aus Druck und Temperatur bleibt konstant.

11. Ein Körper befindet sich im statischen Gleichgewicht, wenn die Summe aller angreifenden Kräfte gleich null ist. An einem Körper greifen folgende Kräfte an:

$F_1 = (230\,N, -170\,N, 80\,N)$
$F_2 = (225\,N, 100\,N, -65\,N)$
$F_3 = (-375\,N, 25\,N, 220\,N)$

Welche Kraft F_4 muss am Körper angreifen, damit dieser sich gerade im statischen Gleichgewicht befindet?

(A) $F_4 = (-80\,N, 45\,N, 235\,N)$
(B) $F_4 = (-100\,N, 45\,N, 215\,N)$
(C) $F_4 = (-80\,N, 45\,N, -235\,N)$
(D) $F_4 = (-120\,N, 65\,N, 225\,N)$
(E) $F_4 = (-80\,N, 75\,N, -235\,N)$

12. Eine chemische Lösung besteht zu 72% aus Wasser, 26% aus Ethanol und 2% aus Schwefelsäure.

Wie viel Milliliter der Lösung werden benötigt, wenn die Mischung genau 130 ml Ethanol enthalten soll?

(A) 500 ml

(B) 412 ml

(C) 725 ml

(D) 380 ml

(E) 617 ml

13. Vor über 3 000 Jahren beauftragte ein ägyptischer Pharao seinen intelligentesten Bauherren mit dem Bau einer kleinen Pyramide. Der Herrscher gab seinem Architekten folgende Vorschriften zum Bau der Pyramide:

∗ Für die Pyramide sollen ausschließlich quaderförmig beschlagene Steine mit den Abmaßen 1,5 m ∗ 1 m ∗ 0,8 m als Länge, Breite und Höhe verwendet werden.

∗ Diese Steine werden alle auf die gleiche Weise übereinander gestapelt.

∗ Die Pyramide soll aus mehreren Ebenen bestehen. Die Ebenen sind von oben nach unten durchnummeriert.

∗ Die Anzahl der Steine der n-ten Ebene soll sich durch n^2 berechnen. Die Spitze der Pyramide (1. Ebene) hat also genau $1^2 = 1$ Stein.

Wie viele Ebenen besitzt die Pyramide, wenn sie ein Volumen von 168 m³ haben soll?

(A) 4 Ebenen

(B) 5 Ebenen

(C) 6 Ebenen

(D) 7 Ebenen

(E) 8 Ebenen

14. Zwei Lösungen, die die Substanz Y enthalten und unterschiedlich stark mit Wasser verdünnt sind, werden vermengt. Es werden 1 Liter der ersten Lösung, die eine Konzentration von 1:4 besitzt, mit einer unbekannten Menge der zweiten Lösung (Konzentration 1:5) vermischt.

Welche Menge der zweiten Lösung wurde beigemischt, wenn nach dem Mischungsvorgang ein Verdünnungsverhältnis von 1:3,5 vorliegt?

(A) 1000 ml

(B) 1250 ml

(C) 1350 ml

(D) 1500 ml

(E) 1750 ml

15. Die Spannarbeit einer Feder berechnet sich durch: $\quad W_{Spann} = \frac{1}{2} D * s^2$

D = Federkonstante ;   s = Auslenkung der Feder ;   W = Spannarbeit der Feder

Wie groß ist demzufolge s?

(A) $\quad s = \sqrt{\dfrac{2 * W_{Spann}}{D}}$

(B) $\quad s = \sqrt{\dfrac{D}{2 * W_{Spann}}}$

(C) $\quad s = \dfrac{1}{2} D * W_{Spann}^2$

(D) $\quad s = 2 * \dfrac{W_{Spann}}{D}$

(E) $\quad s = 2 * \sqrt{\dfrac{W_{Spann}}{2 * D}}$

16. Ein Hobbygärtner, der sich auf den Anbau von Salatköpfen spezialisiert hat und diese auf dem heimischen Markt verkauft, tätigt folgende Aussage: „Für 100 aus dem Beet gesammelte Schnecken sind am nächsten Tag durchschnittlich 120 andere Schnecken im Beet". Schätzungsweise befinden sich zu Beginn seiner Aufzeichnung insgesamt 5000 Schnecken in seinem Garten. An den ersten drei Tagen hat er abends 200, 240 und 150 Schnecken gesammelt.

Am vierten Tag macht er eine Pause. Wie viele Schnecken befinden sich nach seiner Rechnung am Ende des vierten Tages in seinem Garten?

(A) 5 320 Schnecken
(B) 4 938 Schnecken
(C) 4 800 Schnecken
(D) 5 047 Schnecken
(E) 5 118 Schnecken

17. Bei der Erprobung eines neuen Medikaments gegen Übelkeit wurde festgestellt, dass der enthaltene Wirkstoff innerhalb einer Stunde vom Körper zu 20% abgebaut wird.

Nach wie vielen Stunden ist der Wirkstoff folglich zu 60% abgebaut?

(A) Nach etwa 2 Stunden
(B) Nach etwa 3 Stunden
(C) Nach etwa 4 Stunden
(D) Nach etwa 5 Stunden
(E) Nach etwa 6 Stunden

18. Ein in die Jahre gekommener Bagger weist nur noch 85% seiner ursprünglichen Leistungsfähigkeit auf. Daher entschließt sich das Baustellenmanagement einen neuen Schaufelbagger anzuschaffen, der 140% der Leistungsfähigkeit des alten Baggers besitzt.

Um wie viel Prozent ist dieser neue Bagger leistungsfähiger als ein neuer Bagger des alten Modells?

(A) 18 Prozent
(B) 19 Prozent
(C) 22 Prozent
(D) 24 Prozent
(E) 25 Prozent

19. Eine zylinderförmige Regentonne ist 80 cm hoch und besitzt einen Innendurchmesser von 60 cm.

Es gilt:
$V_{Zylinder} = \pi * r^2 * h$;   1 Liter entspricht $1\,dm^3$; $\pi = 3{,}14$

Welches Fassungsvermögen besitzt die Regentonne?

(A) ca. 226 Liter
(B) ca. 180 Liter
(C) ca. 155 Liter
(D) ca. 205 Liter
(E) ca. 247 Liter

20. Ein DIN-A4-Blatt (30 cm lang und 21 cm breit) wird vier Mal in der Mitte der jeweils längeren Seite gefaltet.

Wie groß ist das entstandene Papierstück?

(A) 3,75 cm x 10,5 cm
(B) 3,75 cm x 5,25 cm
(C) 15 cm x 10,5 cm
(D) 7,5 cm x 10,5 cm
(E) 7,5 cm x 5,25 cm

21. Ein Medizinstudent schätzt den Arbeitsaufwand zur Klausurvorbereitung in Anatomie auf 112 Arbeitsstunden ein. Da er nebenher jedoch mehreren Minijobs nachgeht, merkt er nach 40% der abgeschlossenen Klausurvorbereitung, dass er nur noch 25% der benötigten Restzeit aufbringen kann.

Wie viel Prozent der ursprünglichen 112 Arbeitsstunden kann der Student insgesamt folglich vorbereiten?

(A) 55 Prozent
(B) 50 Prozent
(C) 65 Prozent
(D) 60 Prozent
(E) 45 Prozent

22. In den in der Zeichnung gegebenen Thaleskreis ist ein rechtwinkliges Dreieck einbeschrieben.

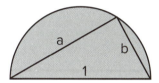

Hinweis:
Zwischen den beiden Seiten a und b liegt aus Symmetriegründen immer ein rechter Winkel, unabhängig davon wie a und b gewählt werden. Der Satz des Pythagoras für rechtwinklige Dreiecke lautet: $a^2 + b^2 = c^2$

Wie groß ist a, wenn b = 0,6 ist?

(A) 0,4
(B) 0,8
(C) $\sqrt{0,32}$
(D) 0,9
(E) $\sqrt{0,48}$

23. Ein 56% starker Whisky wird mit 1,6 cl Wasser verdünnt. Danach hat der Whisky noch eine Stärke von genau 40%.

Welche Menge Whisky wurde verdünnt?

(A) 2 cl
(B) 4 cl
(C) 3,5 cl
(D) 2,75 cl
(E) 4,5 cl

24. Das Gesetz von Gay-Lussac besagt, dass das Volumen idealer Gase bei einer isobaren Zustandsänderung und konstanter Stoffmenge direkt proportional zur Temperatur ist. Bei einer Abkühlung zieht das Gas sich zusammen, während es sich bei einer Erwärmung ausdehnt.

Welche Gleichung spiegelt diese Aussagen wider?

(A) $V \sim p$

(B) $p \sim T$

(C) $\dfrac{V_1}{V_2} = \dfrac{T_1}{T_2}$

(D) $\dfrac{T_1}{T_2} = \dfrac{V_2}{V_1}$

(E) $\dfrac{T_1}{p_2} = \dfrac{V_2}{p_1}$

7. SIMULATION 7

Die nun folgenden **24 Aufgaben** prüfen Deine Fähigkeit im Rahmen medizinischer und naturwissenschaftlicher Fragestellungen mit Zahlen, Größen, Einheiten und Formeln korrekt umzugehen. Zur Bearbeitung stehen Dir **60 Minuten** zur Verfügung.

Nach Ablauf der 60 Minuten vergleichst Du Deine Ergebnisse mit den Lösungen. Im Anschluss daran bearbeitest Du die falsch gelösten und noch nicht bearbeiteten Aufgaben nach.

1. Bei einer Versuchsanordnung zeigt sich, dass sich die Geschwindigkeit mit der sich ein inkompressibles Fluid durch ein Rohr bewegt, in Abhängigkeit zum Durchmesser des Rohres steht. Die folgende Tabelle zeigt die jeweils zugehörigen Wertepaare Durchflussgeschwindigkeit v [m/s] und Rohrdurchmesser d [cm]. ($\sim$ ist das Zeichen für eine Proportionalität; x $\sim$ y entspricht folglich x ist proportional zu y)

v [m/s]	3	1,5	1	0,75	0,6
d [c/m]	0,1	0,2	0,3	0,4	0,5

Welche der folgenden Beziehungen beschreibt das Verhältnis von Durchflussgeschwindigkeit und Rohrdurchmesser am ehesten?

(A) $v \sim d$

(B) $v \sim \sqrt{d}$

(C) $v \sim \dfrac{1}{d}$

(D) $v \sim \dfrac{1}{d^2}$

(E) Es ist kein eindeutiger Zusammenhang erkennbar.

2. Nüsse bestehen zu 46% aus Fett, zu 35% aus Kohlenhydraten und zu 20% aus Proteinen. Ein herkömmliches Brot hingegen besteht zu 22% aus Fett, zu 12,5% aus Proteinen und zu 65% aus Kohlenhydraten.

Wie viel Nüsse und Brot muss man zu sich nehmen, um eine ausgewogene Ernährungsbalance zu erreichen, wenn davon ausgegangen wird, dass eine ausgewogene Ernährung zu 55% aus Kohlenhydraten, zu 30% aus Fett und zu 15% aus Proteinen besteht?

(A) 1:1,5 (Nüsse:Brot)
(B) 75% Brot; 25% Nüsse
(C) 1:2 (Nüsse:Brot)
(D) 80% Brot; 20% Nüsse
(E) 1:3 (Nüsse:Brot)

3. Die Mutationsrate für bakterielle Gene beträgt 10^{-8}. Das bedeutet, dass in einer Bakterienpopulation von 10^8 Bakterien ein Bakterium mit einer Genmutation vorkommt. Eine bakterielle Escheria Coli Kolonie verdoppelt ihren Bestand binnen 20 Minuten.

Wie lange dauert es höchstens bis ein Bakterium mit einer Genmutation vorkommt, wenn zum Zeitpunkt Null 3 250 000 Bakterien bestehen?

(A) 40 Minuten
(B) 60 Minuten
(C) 80 Minuten
(D) 90 Minuten
(E) 100 Minuten

4. Die Faraday'schen Gesetze besagen, dass zum einen die Stoffmenge, die bei der Elektrolyse eines Elektrolytes entsteht, proportional zur Stromstärke ist, die durch das Elektrolyt fließt. Zum anderen besagen sie, dass die Stoffmasse proportional zur Atommasse des entstandenen Elements der Stoffmenge ist. Ebenfalls direkt proportional zur entstandenen Stoffmenge ist die Dauer des Stromflusses der Elektrolyse. Bei einer Cadmiumchlorid-Elektrolyse wird beispielsweise innerhalb von 30 Minuten 21g Cadmium synthetisiert. Hierbei liegt eine Stromstärke von 20 Ampere an.

Welche Stromstärke ist folglich nötig, um in 20 Minuten die doppelte Menge Cadmium zu synthetisieren?

(A) 30 Ampere
(B) 40 Ampere
(C) 50 Ampere
(D) 60 Ampere
(E) 65 Ampere

5. Eine Bakterienkolonie A des Stammes Escheria Coli verdoppelt ihre Koloniegröße aufgrund niedriger Temperaturen lediglich alle 80 Minuten. Nach 480 Minuten werden 5% der Bakterienkolonie A entnommen und in einen Inkubator mit optimalen Lebensbedingungen gestellt (Bakterienkolonie B), woraufhin sich die entnommene Bakterienkolonie B alle 20 Minuten verdoppelt.

Wie viele Bakterien befinden sich nach weiteren 100 Minuten im Inkubator in der Bakterienkolonie B, wenn Bakterienkolonie A zum Zeitpunkt Null aus 15 Bakterien bestand?

(A) 3072 Bakterien
(B) 1536 Bakterien
(C) 768 Bakterien
(D) 384 Bakterien
(E) 192 Bakterien

6. In einem Kubikdezimeter Blut befinden sich im Normalfall bis zu $5{,}6 * 10^{12}$ Erythrozyten (Rote Blutkörperchen). In einem µl (Mikroliter = 10^{-6} Liter) befinden sich 140 000 Thrombozyten.

Auf wie viele Erythrozyten kommt ein Thrombozyt, wenn davon ausgegangen wird, dass ein Kubikdezimeter Blut einem Liter Blut entspricht?

(A) Auf 4 Erythrozyten kommt ein Thrombozyt.
(B) Auf 16 Erythrozyten kommt ein Thrombozyt.
(C) Auf 40 Erythrozyten kommt ein Thrombozyt.
(D) Auf 160 Erythrozyten kommt ein Thrombozyt.
(E) Auf 400 Erythrozyten kommt ein Thrombozyt.

7. Gleitet ein Albatros bei schlechter Thermik, so sinkt er im Durchschnitt mit einem 5%igen Gefälle. Ein Flügelschlag führt dazu, dass er durchschnittlich an drei Metern Flughöhe gewinnt.

Wie viele Flügelschläge hat der Albatros bei schlechter Thermik gemacht, wenn er sich nach einer Flugstrecke von 270 Metern auf 1058,5 Metern befindet und er seinen Flug auf einer Flughöhe von genau 1000 Metern begonnen hat?

(A) 16 Flügelschläge
(B) 20 Flügelschläge
(C) 24 Flügelschläge
(D) 28 Flügelschläge
(E) 32 Flügelschläge

8. In einer quaderförmigen Wanne mit einem Fassungsvermögen von 7,5 Litern befinden sich 5 Liter Wasser. Nun werden zwei gleichgroße Zylinder mit dem Radius (r) von 10 cm und der Höhe (h) von 15 cm gleichzeitig eben zur Wasseroberfläche ins Wasser getaucht (siehe Bild).

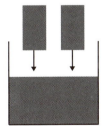

Es gilt:
$V_{Zylinder} = \pi r^2 * h$; $\pi = 3{,}14$

Wie tief im Wasser befinden sich die Zylinder, wenn das Wasser gerade überschwappt?

(A) etwa 4 cm
(B) etwa 5 cm
(C) etwa 6 cm
(D) etwa 7 cm
(E) etwa 8 cm

9. Der Start eines 100-Meter-Laufs wird mithilfe einer Pistole durchgeführt. Der Starter mit der Stoppuhr und der Pistole steht genau am 100 Meter entfernten Zielstrich.

Nach welcher Zeit hört der Läufer den vom Starter abgegebenen Startschuss, wenn es windstill ist und eine Schallgeschwindigkeit von 343 m/s angenommen wird.

(A) 0,292 Millisekunden

(B) 292 Millisekunden

(C) 0,343 Sekunden

(D) 34,3 Millisekunden

(E) 560 Millisekunden

10. Ein Organ wird zwecks Konservierung in eine Pikrinsäure-Lösung gegeben. Hierdurch verliert das Organ mit der Zeit an Masse.

Es gilt:

m   =   (1 – 0,0125 * t) * 100

[m] =   %

[t] =   Monate

Welche Aussage ist demzufolge richtig?

(A) Nach einem Jahr sind noch 98,75% der Masse des Organs vorhanden.

(B) Nach 6 Jahren beträgt die Masse des Organs Null.

(C) Es handelt sich hierbei um einen exponentiellen Zerfall.

(D) Nach 8 Jahren hat sich die Masse des Organs um 10% verringert.

(E) Nach 3 Jahren und 4 Monaten hat sich die Masse des Organs halbiert.

11. Das Wachstum einer Bakterienkultur in Abhängigkeit der Umgebungstemperatur wird im Brutkasten näher untersucht. Zunächst wird die Bakterienkultur einer Temperatur nahe des Gefrierpunkts ausgesetzt. Innerhalb von fünf Stunden wächst die Bakterienpopulation dabei lediglich um 20% innerhalb der ersten drei Stunden und um weitere 10% innerhalb der folgenden zwei Stunden an. In den darauffolgenden zwei Stunden wird die Temperatur auf 62 Grad Celsius erhöht. Pro Stunde wächst die Population nun um 20%.

Wie groß ist die Bakterienpopulation am Ende des Versuches, wenn man ihre Größe auf die Größe der Ausgangspopulation der Bakterienkultur bezieht?

(A) 200,12 Prozent

(B) 160,40 Prozent

(C) 170,00 Prozent

(D) 180,45 Prozent

(E) 190,08 Prozent

12. Ein, sich in einem geschlossenen Zylinder befindliches, Gas wird von außen erhitzt (iso-chore Zustandsänderung).

Um wie viel Prozent steigt der Druck im Inneren des Zylinders, wenn die Temperatur des Gases von 27 K auf 81 K steigt und gilt: $\frac{T_2}{T_1} = \frac{p_2}{p_1}$

(A) 300 Prozent
(B) 150 Prozent
(C) 100 Prozent
(D) 200 Prozent
(E) 250 Prozent

13. Ein etwa 80 Kilogramm schwerer Mensch gibt bei einer leichten Anstrengung pro Tag etwa 3 kWh Wärme ab. Die Wärmeabgabe teilt sich etwa in 45% Strahlung, 35% Konvektion, 18% Schwitzen und 2% Atmung auf.

Es gilt:
1 J = 1 Ws

Welche Aussage ist richtig?
(A) 1250 Wh der abgegebenen Wärme entfallen auf Strahlung.
(B) 0,47 kWh der abgegebenen Wärme entfallen auf Schwitzen.
(C) 0,006 kWh der abgegebenen Wärme entfallen auf die Atmung.
(D) 3780 kJ der abgegebenen Wärme entfallen auf Konvektion.
(E) 3 kWh entsprechen 10,8 GJ.

14. Welche Menge einer 10%igen Schwefelsäure müssen 8 kg einer 80%igen Schwefel-säure beigemischt werden, um den Säuregehalt der entstehenden Mischlösung auf 50 Prozent zu senken?

Welche der folgenden Antworten stellt die korrekte Lösung im Sinne der Fragestellung dar?
(A) 6,00 kg
(B) 6,25 kg
(C) 5,75 kg
(D) 7,00 kg
(E) 4,80 kg

15. Um eine Aussage treffen zu können, ob ein neues Medikament eine Wirksamkeit aufweist, werden 100 Probanden, die sich an einer Studie beteiligen, in zwei Gruppen aufgeteilt. 50 Patienten wird ein wirkungsloses Placebo injiziert. Den restlichen 50 Probanden wird das neue Medikament verabreicht. Insgesamt ging es 76 Patienten nach der Medikamenteneinnahme deutlich besser.

Wie vielen Patienten aus der Placebo-Gruppe darf es nach der Medikamentenverabreichung höchstens besser gegangen sein, um mit Sicherheit sagen zu können, dass es mindestens 96% der Personen aus der Medikamentengruppe nach der Behandlung tatsächlich besser ging?

(A) 24 Patienten

(B) 26 Patienten

(C) 28 Patienten

(D) 29 Patienten

(E) 30 Patienten

16. Die Schwingungsdauer beim Federpendel (harmonischen Schwingung) ist durch $T = 2\pi\sqrt{\frac{m}{D}}$ gegeben.

Welcher Zusammenhang gilt für die Federkonstante D?

(A) $D = 2\pi\sqrt{\frac{m}{T}}$

(B) $D = 2\pi\sqrt{\frac{T}{m}}$

(C) $D = 4\pi^2\frac{T^2}{m}$

(D) $D = \frac{8\pi^2 m}{2T^2}$

(E) $D = 4\pi\frac{m}{T^2}$

17. Welche Dimension besitzt die Gravitationskonstante G?

Es gilt:

$$F_G = G\frac{m_1 m_2}{r^2}; \qquad [m] = kg; \qquad [r] = m; \qquad [F_G] = 1N = 1\frac{kg * m}{s^2}$$

(A) $[G] = \frac{m^2}{kg * s^3}$

(B) $[G] = \frac{m^{-1}}{kg * s^2}$

(C) $[G] = \frac{kg}{m^3 * s^2}$

(D) $[G] = \frac{m}{kg * s^2}$

(E) $[G] = \frac{m^3}{kg * s^2}$

18. Das zweite Kepler'sche Gesetz besagt, dass ein von der Sonne zur Erde gezogener Fahrstrahl in gleichen Zeiten die gleiche Fläche überstreicht. In der Zeichnung sind verschiedene Paare von Fahrstrahlen aufgetragen, die diese Bedingung erfüllen.

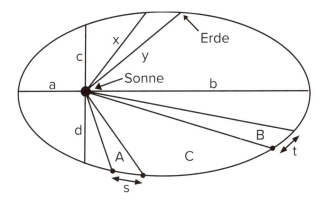

Welche Aussage in Bezug auf die Zeichnung ist in diesem Fall korrekt?

(A) $\dfrac{b}{c+d} = \dfrac{a}{c} = \dfrac{a}{d}$

(B) A = B

(C) s = t

(D) x = y

(E) A + B = C

19. In der Natur produziert jedes Bienenvolk nur eine Königin, die durch die Arbeiterinnen mit dem besonders hochwertigen Gelée Royale gefüttert wird. Ein Imker hat herausgefunden, dass er die Arbeiterbienen seines Bienenvolks durch den Einsatz eines Lockstoffs hinters Licht führen kann und ihnen vorgaukeln kann, dass sich mehrere Königinnen im Volk befinden, die alle mit Gelée Royale zu füttern sind.

Wie viel Gramm Gelée Royale kann er in einer Saison mit sechs Königinnen ernten, wenn die Produktion bei einer Königin in der Saison bei 16 g liegt und der zusätzliche Ertrag für jede weitere Königin schrittweise um 1,5 g sinkt?

(A) 80,5 g
(B) 65,5 g
(C) 73,5 g
(D) 88,5 g
(E) 62,5 g

20. Eine Bakterienkolonie A, die zum Zeitpunkt Null aus 25 Bakterien besteht, verdoppelt ihre Koloniegröße aufgrund niedriger Temperaturen lediglich alle 80 Minuten. Nach 640 Minuten werden 1,25‰ der Bakterienkolonie A entnommen und in einen Inkubator mit optimalen Lebensbedingungen gestellt (Bakterienkolonie B), woraufhin sich die entnommene Bakterienkolonie B alle 20 Minuten verdoppelt.

Wie lange nach der Gründung von Bakterienkolonie B befinden sich erstmals doppelt so viele Bakterien in Bakterienkolonie B, wie zum Zeitpunkt Null in Bakterienkolonie A?

(A) nach spätestens 40 Minuten

(B) nach spätestens 60 Minuten

(C) nach spätestens 660 Minuten

(D) nach spätestens 680 Minuten

(E) nach spätestens 700 Minuten

21. Im Rahmen einer Routineuntersuchung wird im Durchschnitt bei jedem 125. Patient eine Autoimmunerkrankung festgestellt.

Wie viele Routineuntersuchungen wurden in einer Großklinik in einem Jahr durchgeführt, wenn 24 Fälle bekannt wurden?

(A) 2500 Untersuchungen

(B) 1750 Untersuchungen

(C) 2750 Untersuchungen

(D) 3000 Untersuchungen

(E) 3500 Untersuchungen

22. Das sich in Afrika rasant ausbreitende Ebola-Virus hat viele deutsche Kliniken dazu veranlasst, geeignete Präventionsmaßnahmen im Falle einer Epidemie einzuleiten. In Klinik A wurde unter anderem die Kapazität der Quarantänestation um 75% erweitert. Durch Spenden aus der Bevölkerung war es der Klinik darüber hinaus möglich, zusätzlich 8 weitere Pflegebetten einzurichten.

Wie viele Patienten können nach dem Umbau maximal aufgenommen werden, wenn die Maximalkapazität zuvor 16 Betten betrug?

(A) 36 Betten

(B) 32 Betten

(C) 38 Betten

(D) 40 Betten

(E) 28 Betten

23. Ein Allgemeinmediziner behandelt im Durchschnitt 750 Patienten pro Quartal.

Wie viele Ärzte müsste eine Praxis beschäftigen, die monatlich 1500 Patienten versorgen soll?

(A) 4 Ärzte
(B) 6 Ärzte
(C) 2 Ärzte
(D) 3 Ärzte
(E) 5 Ärzte

24. Ein Arzt fasst die Informationen zu den von ihm behandelten Patienten nochmals für das Protokoll zusammen. Er kann sich nicht mehr an alle Details zu den Patientenerkrankungen erinnern, er weiß aber, dass die Details, an die er sich noch erinnern kann, auf jeden Fall zutreffend sind.

Einige der Patienten, die er am Vormittag behandelte, hatten eine Grippe und einige der Patienten, die er am Vormittag behandelte, hatten eine Mandelentzündung. Am Nachmittag hatten alle Patienten mit Fieber auch eine Grippe, doch von den Patienten, die Grippe hatten, klagte kein Patient über Husten. Einige der Patienten, die sich fiebrig fühlten, hatten ebenfalls Kopfschmerzen. Außerdem behandelte er mehrere Personen mit Rheumabeschwerden am Nachmittag. Von den Rheumapatienten hatten alle Rückenschmerzen, jedoch keiner Kopfschmerzen.

Welche Aussage ist in jedem Fall richtig?

(A) Am Vormittag gab es Grippepatienten ohne Mandelentzündung.
(B) Am Vormittag gab es Patienten, die keine Grippe hatten.
(C) Am Nachmittag gab es keine Patienten, die eine Grippe aber kein Fieber hatten.
(D) Es gab Patienten am Nachmittag, die Grippe und Kopfschmerzen hatten.
(E) Es gab Rheumapatienten, die Rückenschmerzen und Kopfschmerzen hatten.

8. SIMULATION 8

Die nun folgenden **24 Aufgaben** prüfen Deine Fähigkeit im Rahmen medizinischer und naturwissenschaftlicher Fragestellungen mit Zahlen, Größen, Einheiten und Formeln korrekt umzugehen. Zur Bearbeitung stehen Dir **60 Minuten** zur Verfügung.

Nach Ablauf der 60 Minuten vergleichst Du Deine Ergebnisse mit den Lösungen. Im Anschluss daran bearbeitest Du die falsch gelösten und noch nicht bearbeiteten Aufgaben nach.

1. Von einem Liter einer Ethanol-Wasser-Mischung, die ein Mischungsverhältnis von 1:4 besitzt, werden 100 ml abgeschöpft. Von zwei Litern einer zweiten Ethanol-Wasser-Mischung mit einem Mischungsverhältnis von 3:5 werden 400 ml abgeschöpft und mit der entnommenen ersten Lösung vermischt.

   Welches Mischungsverhältnis (Ethanol zu Wasser) besitzt die Mischlösung?
   (A) 5:9
   (B) 4:9
   (C) 4:11
   (D) 7:18
   (E) 17:33

2. Einem Patienten werden um 08:00 Uhr 512 mg eines Medikaments verabreicht. Da er einige Zeit nach der Einnahme starke Nebenwirkungen zeigt, wird ihm ein Gegengift gespritzt, das die Halbwertszeit des Medikaments verkürzt und sofort 50% des Medikaments eliminiert. Beim Labortest um 20:00 Uhr können noch 8 mg Medikamentenrückstände nachgewiesen werden.

   Wann wurde das Gegengift gespritzt, wenn die Halbwertszeit des Medikaments vor der Spritze vier Stunden und nach der Spritze zwei Stunden betrug?
   (A) 08:00 Uhr
   (B) 10:00 Uhr
   (C) 12:00 Uhr
   (D) 14:00 Uhr
   (E) 16:00 Uhr

3. Ein Kondensator besitzt die Fähigkeit in einem Gleichstromkreis elektrische Ladung in einem elektrischen Feld zu speichern. Sehr häufig anzutreffen ist der Plattenkondensator, bei dem die Elektroden parallel und nur durch das als Isolator wirkende Dielektrikum voneinander getrennt angeordnet sind. Deutlich seltener sind die Kugelkondensatoren, bei denen die Anordnung von Elektroden und Dielektrikum kugelförmig ist. Die Kapazität C eines Kugelkondensators berechnet sich durch:

$$C = 4\pi\varepsilon_0\varepsilon_r \left(\frac{1}{R_1} - \frac{1}{R_2} \right)^{-1}$$

C = Kapazität ;   Einheit: $\frac{A^2\,s^4}{kg * m^2}$

ε_0 = elektrische Feldkonstante

ε_r = relative Permittivität (dimensionslos)

R_1, R_2 = Radien ;   Einheit: m

Hinweis:

Spannung $1V = 1\,\frac{kg * m^2}{A * s^3}$

Welche Einheit besitzt die elektrische Feldkonstante ε_0?

(A) $\frac{Vm}{As^2}$

(B) $\frac{As}{Vm}$

(C) $\frac{1}{Vm}$

(D) keine Dimension

(E) $\frac{Vs}{m^2}$

4. Ein Kondensator besitzt die Fähigkeit in einem Gleichstromkreis elektrische Ladung statisch in einem elektrischen Feld zu speichern. Mithilfe einer Reihenschaltung ist es möglich mehrere Kondensatoren hintereinander zu schalten. Bei drei Kondensatoren C_1, C_2, C_3 berechnet sich die Ersatzkapazität folglich durch:

$$\frac{1}{C_{ges}} = \frac{1}{C_1} + \frac{1}{C_2} + \frac{1}{C_3}$$

Wie groß ist die Ersatzkapazität, wenn gilt: $C_2 = \frac{1}{2}\,C_1 = \frac{2}{3}\,C_3$?

(A) $\frac{3}{13}\,C_1$

(B) $\frac{6}{13C_2}$

(C) $\frac{13}{2}\,C_3$

(D) $\frac{4}{13}\,C_2$

(E) $\frac{13}{3}\,C_1$

5. Die folgende Tabelle gibt die Ergebnisse einer Versuchsreihe eines physikalischen Experiments wider. Dabei bezeichnen p_1 und p_2 jeweils den Druck im Zustand 1 bzw. 2, V_1 und V_2 das Volumen im Zustand 1 bzw. 2. Aufgrund technischer Defekte an der Messapparatur konnten einige Werte nicht bestimmt werden.

	P₁ (BAR)	P₂ (BAR)	V₁ (M³)	V₂ (M³)
MESSUNG 1	0,25	1	1	
MESSUNG 2		1,5	2	0,67
MESSUNG 3	1		3	1

Welche Werte ergeben sich für die fehlenden Messungen, wenn bekannt ist, dass das Experiment bei gleichbleibender Temperatur und konstanter Stoffmenge durchgeführt wurde und das Ergebnis des Experiments ergibt, dass sich Druck und Volumen umgekehrt proportional zueinander verhalten?

(A) Messung 1: $0{,}25\,m^3$;   Messung 2: $0{,}67\,bar$;   Messung 3: $0{,}33\,bar$
(B) Messung 1: $0{,}25\,m^3$;   Messung 2: $0{,}50\,bar$;   Messung 3: $0{,}33\,bar$
(C) Messung 1: $0{,}25\,m^3$;   Messung 2: $0{,}50\,bar$;   Messung 3: $3{,}00\,bar$
(D) Messung 1: $0{,}33\,m^3$;   Messung 2: $0{,}67\,bar$;   Messung 3: $0{,}25\,bar$
(E) Messung 1: $0{,}25\,m^3$;   Messung 2: $0{,}67\,bar$;   Messung 3: $0{,}67\,bar$

6. Die Kapazität C eines Zylinderkondensators berechnet sich nach der Formel

$$C = 2\pi\, \varepsilon_0\, \varepsilon_r\, \frac{1}{\ln\left(\frac{R_2}{R_1}\right)}$$

C = Kapazität ;
ε_0 = elektrische Feldkonstante ;
ε_r = relative Permittivität des
    Dielektrikums ;

l = Länge des Zylinders ;
R_1 = Radius Innenzylinder ;
R_2 = Radius Außenzylinder

Hinweise:

* Die Logarithmusfunktion ist eine streng monoton wachsende Funktion.
* R_2 ist stets größer R_1.

**Wie ändert sich die Kapazität eines Zylinderkondensators,
wenn ausschließlich der Radius des Außenzylinders zunimmt?**

(A) Die Kapazität hängt dann ausschließlich von R_1 ab.
(B) Die Kapazität nimmt zu.
(C) Die Kapazität nimmt ab.
(D) Die Kapazität bleibt unverändert.
(E) Es ist keine Aussage möglich, da auch ε_0 und ε_r berücksichtigt werden müssen.

7. Eine Kraft ist ein Vektor, dessen Betrag sich mithilfe des Satzes von Pythagoras bestimmen lässt. Im dreidimensionalen Raum hat eine Kraft die drei Richtungskomponenten F_x, F_y und F_z. Der Betrag der Kraft berechnet sich durch:

$$|\vec{F}| = \sqrt{F_x{}^2 + F_y{}^2 + F_z{}^2}$$

Zunächst wird für die Kraftkomponenten $F_x = 3\,N$, $F_y = 5\,N$, und $F_z = 4\,N$ angenommen.

Wie ändert sich der Betrag der Kraft, wenn F_z um 300% zunimmt?

(A) Der Betrag der Kraft nimmt um mehr als 600% zu.
(B) Der Betrag der Kraft nimmt um etwa 243% zu.
(C) Der Betrag der Kraft nimmt um etwa 600% zu.
(D) Der Betrag der Kraft nimmt um etwa 143% zu.
(E) Der Betrag der Kraft nimmt um etwa 343% zu.

8. In der klassischen Physik berechnet sich der Impuls eines bewegten Objektes gemäß der Formel p = m * v . Wie allgemein bekannt ist, handelt es sich um eine Näherungsformel, die für Geschwindigkeiten, wie sie im Alltag auftreten, gültig ist. Bei Geschwindigkeiten nahe der Lichtgeschwindigkeit muss gemäß der Speziellen Relativitätstheorie der Lorentzfaktor γ berücksichtigt werden. Der relativistische Impuls berechnet sich nach der Formel:

$$\vec{p} = \frac{m * \vec{v}}{\sqrt{1 - \frac{v^2}{c^2}}}$$

v = Geschwindigkeit des Objekts

c = Lichtgeschwindigkeit

$$\gamma = \frac{1}{\sqrt{1 - \frac{v^2}{c^2}}} = \text{Lorentzfaktor}$$

Welche Aussage ist demnach korrekt?

(A) Bei Geschwindigkeiten nahe Lichtgeschwindigkeit wird der Lorentzfaktor kleiner.

(B) Für Geschwindigkeiten nahe der Lichtgeschwindigkeit ist die Näherung p = m * v für den Impuls ausreichend präzise.

(C) Für den Lorentzfaktor gilt: $0 \leq \gamma \leq 1$

(D) Der relativistische Impuls eines Objekts geht für wachsende Geschwindigkeiten gegen unendlich.

(E) Für v = c wird der Lorentzfaktor gerade 0.

9. In der geometrischen Optik berechnet sich der Kehrwert der Brennweite einer Linse aus der Summe der Kehrwerte der Brennweiten dreier hintereinander liegender Linsen gemäß der folgenden Formel:

$$\frac{1}{f} = \frac{1}{f_1} + \frac{1}{f_2} + \frac{1}{f_3}$$

f = Brennweiten der Linsen.

Welche Abschätzung ist korrekt, wenn außerdem $f_3 > f_2 > f_1$ gilt?

(A) $\frac{1}{f} > \frac{3}{f_3}$

(B) $\frac{1}{f} < \frac{3}{f_3}$

(C) $\frac{1}{f} > \frac{3}{f_2}$

(D) $\frac{1}{f} < \frac{3}{f_2}$

(E) $\frac{1}{f} > \frac{3}{f_1}$

10. Zwei Methanol-Wasser-Mischungen mit den Mischungsverhältnissen 1:4 (Lösung 1) und 1:8 (Lösung 2) (Methanol zu Wasser) sollen vermengt werden, sodass eine neue Mischung im Verhältnis 1:10 entsteht.

Welche Mengen der ersten bzw. zweiten Lösung werden benötigt, wenn zusätzlich 400 ml reinen Wassers hinzugegeben werden sollen?

(A) 250 ml Lösung 1   360 ml Lösung 2

(B) 350 ml Lösung 1   360 ml Lösung 2

(C) 450 ml Lösung 1   270 ml Lösung 2

(D) 400 ml Lösung 1   210 ml Lösung 2

(E) 250 ml Lösung 1   450 ml Lösung 2

11. Unter der elektrischen Leistung versteht man die Leistung, die im Ohmschen Widerstand eines Bauelements umgesetzt wird. Sie entspricht dem Produkt aus Spannung und Stromstärke. Außerdem gilt das Ohmsche Gesetz, das besagt, dass der durch einen Leiter fließende Strom proportional zur angelegten Spannung ist. Der Quotient aus Spannung und Stromstärke entspricht dem Widerstand und ist konstant.

P = elektrische Leistung

U = elektrische Spannung

I = Stromstärke

R = Widerstand

Welche Formel drückt diesen Zusammenhang aus?

(A) $P = I^2 * R$

(B) $P = U^2 * R$

(C) $P = \dfrac{U^2}{R^2}$

(D) $P = \dfrac{U}{R}$

(E) $P = I * R$

12. Für inkompressible Flüssigkeiten, die ein Rohr durchfließen, gilt das Kontinuitätsgesetz, das besagt, dass das Produkt aus Fließgeschwindigkeit v und Rohrquerschnitt A konstant ist, da der Volumenstrom beim Durchfluss durch das Rohr unverändert bleibt.

Welche Aussage ist vor diesem Hintergrund richtig?

(A) In Rohrpassagen mit größerem Rohrquerschnitt fließt die Flüssigkeit schneller.

(B) In dünneren Rohrpassagen fließt die Flüssigkeit langsamer.

(C) Die Fließgeschwindigkeit ist proportional zum Rohrquerschnitt.

(D) $v_1 / v_2 = A_2 / A_1$

(E) $v_1 * A_1 > v_2 * A_2$, wenn gilt $A_1 > A_2$

13. Das Coulombsche Gesetz beschreibt die Wechselwirkungen zwischen zwei kugelsymmetrisch verteilten elektrischen Ladungen q_1 und q_2, die sich in einem Abstand r voneinander befinden. Auf die beiden Ladungen wirkt die Coulomb-Kraft F gemäß:

$$F = \frac{1}{4\pi\varepsilon_0} * \frac{q_1 * q_2}{r^2}$$

q_1, q_2 =	kugelsymmetrisch verteilte Ladungsmengen ;	Einheit: $[C] = As$
r =	Abstand der Mittelpunkte der Ladungen ;	Einheit: m
ε_0 =	elektrische Feldkonstante ;	Einheit: $\dfrac{A^2 s^4}{kg * m^3} = \dfrac{C^2}{Nm^2}$

Welche Einheit besitzt die Coulomb-Kraft?

(A) Nm

(B) $\dfrac{N}{m^2}$

(C) $\dfrac{N}{m}$

(D) $\dfrac{kg * m}{s^2}$

(E) $\dfrac{kg * s^2}{m}$

14. In einem physikalischen Versuch zur Coulomb-Kraft soll das Gesetz durch experimentelle Variation der Parameter q_1, q_2 und r bestätigt werden. Die Coulomb-Kraft berechnet sich nach:

$$F = \frac{1}{4\pi\varepsilon_0} * \frac{q_1 * q_2}{r^2}$$

q_1, q_2 = Ladungsmengen zweier Punktladungen

r   = Abstand der Mittelpunkte der Ladungen

ε_0 = elektrische Feldkonstante

Für den Versuch wird eine Tabelle angelegt und ausgehend von einer Ausgangslösung (q_1, q_2, r) werden immer zwei der drei Parameter vorgegeben. Gesucht ist für jede Versuchsanordnung der noch fehlende Parameter (siehe nachfolgende Tabelle).

	q_1	q_2	r
VERSUCHSANORDNUNG 1	*4		*$\frac{1}{2}$
VERSUCHSANORDNUNG 2	*$\frac{1}{4}$	*$\frac{1}{16}$	
VERSUCHSANORDNUNG 3		*4	*2

Hinweis:

*4 bedeutet, dass der Ausgangswert mit dem Faktor 4 multipliziert wurde, der neue Wert also viermal so groß ist wie der alte.

Wie müssen die fehlenden Parameter in den Versuchsanordnungen gewählt werden, damit die gleiche Coulomb-Kraft wie in der Ausgangslösung gemessen wird?

(A) q_2: *1   r: *$\frac{1}{8}$ q_1: *1

(B) q_2: *8   r: *$\frac{1}{64}$ q_1: *$\frac{1}{2}$

(C) q_2: *$\frac{1}{16}$ r: *$\frac{1}{64}$ q_1: *1

(D) q_2: *$\frac{1}{16}$ r: *$\frac{1}{8}$ q_1: *$\frac{1}{2}$

(E) q_2: *$\frac{1}{16}$ r: *$\frac{1}{8}$ q_1: *1

15. Die Van-der-Waals-Gleichung wurde von Johannes Diderik van der Waals im 19. Jahrhundert aufgestellt. Zwischen realen Gasen bestehen Wechselwirkungen, die über die im Grundmodell der idealen Gase beschriebenen Phänomene (z.B. elastische Stöße) hinausgehen und daher in der Modellwelt der idealen Gase nicht hinreichend genau beschrieben werden können. Die Van-der-Waals-Gleichung trägt diesem Umstand Rechnung und beschreibt die Zustände realer Gase näherungsweise. Sie lautet:

$$p = \frac{RT}{V_m - b} - \frac{a}{(V_m)^2}$$

T = Temperatur ; Einheit: K

a = Kohäsionsdruck

p = Druck ; Einheit: $Pa = \frac{N}{m^2}$

R = universelle Gaskonstante ; Einheit: $\frac{Nm}{mol * K}$

V_m = molares Volumen; Einheit: $\frac{m^3}{mol}$

b = Kohäsionsvolumen; Einheit: $\frac{m^3}{mol}$

Welche Einheit besitzt demnach der Kohäsionsdruck?

(A) $\frac{Pa * m^6}{mol^2}$

(B) $\frac{Pa}{m * mol}$

(C) $\frac{N}{mol^2}$

(D) $\frac{N * m^2}{mol^2}$

(E) $\frac{Pa * m^2}{mol^2}$

16. Bei einem Transformator bewirkt eine in einer Primärspule (Index 1) angelegte Wechsel-spannung U_1 nach dem Induktionsgesetz eine Veränderung des magnetischen Flusses im Kern des Transformators. Dieser wechselnde magnetische Fluss induziert eine Span-nung in der Sekundärspule (Index 2). Dieser Verstärkungs- oder Abschwächungseffekt hängt außerdem von den Wicklungszahlen (N_1, N_2) der Spulen ab.

Es gilt:

$$\frac{U_1}{U_2} = \frac{N_1}{N_2}$$

Welche Aussage ist demzufolge korrekt?

(A) Eine Verdopplung der Wicklungszahl in der Sekundärspule führt zu einer Halbierung der in der Sekundärspule induzierten Spannung.

(B) Eine Verdopplung der Wicklungszahl der Sekundärspule bei gleichzeitiger Halbierung der Wicklungszahl der Primärspule führt zu einer Vervierfachung der induzierten Spannung in der Sekundärspule.

(C) Eine Halbierung der Wicklungszahl in der Sekundärspule führt zu einer Verdopplung der in der Sekundärspule induzierten Spannung.

(D) Werden die Wicklungszahlen beider Spulen um die gleiche Wicklungszahl erhöht, ändert sich die induzierte Spannung in der Sekundärspule nicht.

(E) Die induzierte Spannung in Spule 2 kann nur durch Erhöhung der Wicklungszahl in der Sekundärspule oder Senkung der Wicklungszahl in der Primärspule erreicht werden.

17. Die ideale Gasgleichung beschreibt den Zustand eines idealen Gases in Abhängigkeit des Drucks (p), der Temperatur (T), der Stoffmenge (n) und des Volumens (V). Wird zu-sätzlich angenommen, dass sich die Stoffmenge nicht ändert, ergibt sich $p * V = R * T$.

Hierbei gilt:

p = Druck ;   V = Volumen ;   R = universelle Gaskonstante ;   T = Temperatur

Bei einer isochoren Zustandsänderung ändert sich das Volumen nicht.

Welche Aussage ist vor diesem Hintergrund richtig?

(A) $\dfrac{T_1}{T_2} = \dfrac{p_2}{p_1}$

(B) $T_1 * T_2 = \dfrac{p_2}{p_1}$

(C) $\dfrac{T_2}{T_1} > \dfrac{p_2}{p_1}$

(D) $\dfrac{T_1}{T_2} < \dfrac{p_1}{p_2}$

(E) $T_1 * p_2 = T_2 * p_1$

18. Der Wärmeübergangskoeffizient α gibt an, wie stark der Wärmeübergang an einer Grenzfläche zwischen zwei Medien erfolgt. Es handelt sich um einen Proportionalitätsfaktor, der von den Temperaturen der beiden Medien, der Größe der Kontaktfläche und dem Wärmestrom Q abhängt.

Hierbei gilt:

$Q = α * A * (T_1 - T_2)$

Q = Wärmestrom ; Einheit: $1W = 1J/s = 1 (kg * m^2) / s^3$

A = Kontaktfläche ; Einheit: m^2

T_1, T_2 = Temperaturen der Medien ; Einheit: K

Welche Einheit besitzt demzufolge der Wärmeübergangskoeffizient?

(A) $\dfrac{kg * K}{s^3}$

(B) $\dfrac{kg * m^2}{s^3}$

(C) $\dfrac{kg}{s^3 * K}$

(D) $\dfrac{kg * m^2}{s^3 * K}$

(E) $\dfrac{K}{s^3}$

19. Mit welcher Menge Wasser muss eine Mischlösung aus 250 ml einer 1:5 verdünnten Lösung (Ethanol zu Wasser) und 400 ml einer 1:4 verdünnten Lösung (Ethanol zu Wasser) vermengt werden, damit die entstandene Mischung ein Mischungsverhältnis von 1:7 aufweist?

(A) 500 ml
(B) 450 ml
(C) 750 ml
(D) 350 ml
(E) 550 ml

20. Bei einer Streptokokken-Angina können die Kardinalsymptome Kopfschmerzen, Fieber und Gliederschmerzen unabhängig voneinander auftreten. Angenommen Kopfschmerzen treten zu 90%, Fieber zu 80% und Gliederschmerzen zu 70% auf.

Wie groß ist die Mindestwahrscheinlichkeit, dass ein Patient alle drei Symptome aufweist?

(A) mindestens 40,0%
(B) mindestens 50,4%
(C) mindestens 60,8%
(D) mindestens 70,0%
(E) mindestens 75,0%

21. Induktivität ist eine Eigenschaft von elektrischen Bauelementen, insbesondere von Spulen. Ändert sich beispielsweise durch das Eintauchen eines Permanentmagneten in eine Spule die magnetische Flussdichte, entsteht dadurch ein elektrisches Feld und eine Spannung wird induziert. Je nach Ausgestaltung der Spule ergeben sich unterschiedliche Formeln zur Berechnung der Induktivität. Die Induktivität einer Ringspule berechnet sich durch:

$$L = N^2 * \frac{\mu_0 * \mu_r * A}{2\pi r}$$

$[N]$ = Anzahl der Wicklungen (dimensionslos)
$[\mu_0]$ = magnetische Feldkonstante = Vs/Am
$[\mu_r]$ = relative Permeabilität (dimensionslos)
$[A]$ = Fläche = m^2
$[r]$ = Radius = m

Welche Einheit hat die Induktivität L ?

(A) $\dfrac{V}{A^2}$

(B) $\dfrac{Vs}{A}$

(C) $\dfrac{V}{As}$

(D) $\dfrac{As}{V}$

(E) $\dfrac{Vm}{As}$

22. Aus drei Mischungen mit den Mischungsverhältnissen 1:2, 3:5 und 4:7 (Methanol zu Wasser) sollen durch Mischung verschiedene Lösungen hergestellt werden.

Hinweis:
Die Lösungen sind in der Form (Menge Lösung 1, Menge Lösung 2, Menge Lösung 3, Mischungsverhältnis der Mischlösung) angegeben.

Welche Lösung lässt sich durch die angegebene Mischung nicht herstellen?

(A)	300 ml	800 ml	1100 ml	Mischungsverhältnis 4:7
(B)	900 ml	320 ml	440 ml	Mischungsverhältnis 29:54
(C)	75 ml	1600 ml	275 ml	Mischungsverhältnis 29:49
(D)	300 ml	160 ml	330 ml	Mischungsverhältnis 26:51
(E)	150 ml	40 ml	275 ml	Mischungsverhältnis 11:20

23. Einem Patienten werden um 12:00 Uhr 256 mg eines Medikaments verabreicht. Unglücklicherweise reagiert er einige Zeit nach der Einnahme allergisch auf das Medikament, sodass ihm ein Antidot verabreicht werden muss. Das Antidot bindet das Medikament im Blut und eliminiert sofort 50% des Medikaments. Bei der abendlichen Laborkontrolle um 21:00 Uhr werden noch 2 mg Medikamentenrückstände nachgewiesen.

Wann wurde das Antidot verabreicht, wenn die Halbwertszeit des Medikaments vor und nach Gabe des Antidots 1,5 Stunden betrug?

(A) 12:00 Uhr

(B) 13:30 Uhr

(C) 15:00 Uhr

(D) 16:30 Uhr

(E) Die Gabe kann zu jedem der genannten Zeitpunkte stattgefunden haben.

24. Bei der Parallelschaltung zweier Spulen berechnet sich die Gesamtinduktivität L_g nach der Gleichung:

$$\frac{1}{L_g} = \frac{1}{L_1} + \frac{1}{L_2}$$

Wie ändert sich die Gesamtinduktivität ausgehend von L_g, wenn die erste Spule ausgetauscht wird und vor dem Austausch der ersten Spule $L_1 = 2 * L_2$ gilt, nach dem Austausch hingegen $L_1 = \frac{3}{2} * L_2$?

(A) Die Gesamtinduktivität erhöht sich um circa 10%.

(B) Die Gesamtinduktivität erhöht sich um 7%.

(C) Die Gesamtinduktivität verringert sich um 7%.

(D) Die Gesamtinduktivität verringert sich um circa 10%.

(E) Die Gesamtinduktivität verringert sich um 20%.

9. SIMULATION 9

Die nun folgenden **24 Aufgaben** prüfen Deine Fähigkeit im Rahmen medizinischer und naturwissenschaftlicher Fragestellungen mit Zahlen, Größen, Einheiten und Formeln korrekt umzugehen. Zur Bearbeitung stehen Dir **60 Minuten** zur Verfügung.

Nach Ablauf der 60 Minuten vergleichst Du Deine Ergebnisse mit den Lösungen. Im Anschluss daran bearbeitest Du die falsch gelösten und noch nicht bearbeiteten Aufgaben nach.

1. Die Coulomb-Kraft beschreibt die Kraft zwischen zwei Punktladungen oder kugelsymmetrisch verteilten elektrischen Ladungen. Je nach Vorzeichen der Ladungen wirkt die Kraft anziehend oder abstoßend, die Richtung der Kraft lässt sich durch eine Verbindung der Mittelpunkte der Punktladungen bestimmen. Die elektrische Feldkonstante spielt eine wichtige Rolle bei der Beschreibung von elektrischen Feldern, im Coulomb-Gesetz tritt ihr Kehrwert als Proportionalitätsfaktor auf.

    $$4\pi * \varepsilon_0 * F * r^2 = q_1 * q_2$$

    F = Coulomb-Kraft
    ε_0 = elektrische Feldkonstante
    r^2 = Abstand zwischen den Mittelpunkten der Ladungsmengen
    q_1, q_2 = kugelsymmetrisch verteilte Ladungsmengen

    Wie verändert sich der Betrag der Coulomb-Kraft, wenn die Ladungsmenge q_1 und der Radius r verdoppelt werden?

    (A) Die Coulomb-Kraft verdoppelt sich.
    (B) Die Coulomb-Kraft vervierfacht sich.
    (C) Die Coulomb-Kraft bleibt gleich.
    (D) Die Coulomb-Kraft halbiert sich.
    (E) Es ist keine Aussage möglich, ob die Coulomb-Kraft wächst oder sinkt.

2. Mit einem Transformator lässt sich eine an einer Primärspule (Index 1) angelegte Wechselspannung nach dem Induktionsgesetz durch Veränderung des magnetischen Flusses in eine induzierte Spannung in der Sekundärspule (Index 2) „umwandeln". Je nach Wahl der Wicklungszahlen (N_1, N_2) der beiden Spulen ergibt sich ein Verstärkungs- oder Abschwächungseffekt.

$$\frac{U_1}{U_2} = \frac{N_1}{N_2}$$

Hinweis:

U_1 ist die an der Primärspule angelegte Wechselspannung, U_2 die an der Sekundärspule induzierte Spannung. N_1 die Wicklungszahl der Primärspule, N_2 die Wicklungszahl der Sekundärspule.

Es soll eine Spannung von 5 V in der Primärspule auf 100 V in der Sekundärspule transformiert werden. Mit welchen Wicklungszahlen der Spulen gelingt dies?

(A) $N_1 = 11$; $N_2 = 5$

(B) $N_1 = 25$; $N_2 = 5000$

(C) $N_2 = 10\,000$; $N_1 = 500$

(D) $N_1 = 280$; $N_2 = 14$

(E) $N_2 = 8000$; $N_1 = 40$

3. Mit einem Kondensator lässt sich die, in einem Gleichstromkreis vorhandene, elektrische Ladung statisch in einem elektrischen Feld speichern. Mithilfe einer Reihenschaltung ist es möglich, mehrere Kondensatoren hintereinander in Reihe zu schalten. Bei zwei Kondensatoren C_1 und C_2 berechnet sich die Ersatzkapazität C_{ges} durch:

$$C_{ges} = \frac{C_1 * C_2}{C_1 + C_2}$$

Wie ändert sich die Ersatzkapazität im Vergleich zum Ausgangswert, wenn C_1 vervierfacht und gleichzeitig C_2 halbiert wird?

(A) Die Ersatzkapazität halbiert sich.

(B) Die Ersatzkapazität verdoppelt sich.

(C) Die Ersatzkapazität bleibt gleich.

(D) Die Ersatzkapazität nimmt ab.

(E) Es ist keine eindeutige Aussage zur Änderung der Ersatzkapazität möglich.

4. Unter der elektrischen Leistung (P) versteht man die Leistung, die im ohmschen Widerstand (R) eines Bauelements umgesetzt wird. Sie entspricht dem Produkt aus Spannung (U) und Stromstärke (I). Außerdem gilt das ohmsche Gesetz, das besagt, dass der durch einen Leiter fließende Strom proportional zur angelegten Spannung ist. Der Quotient aus Spannung und Stromstärke entspricht hierbei dem Widerstand und ist konstant.

P = elektrische Leistung
U = Spannung
I = Stromstärke
R = ohmscher Widerstand

Es wird angenommen, dass ein Anfangswiderstand durch einen vierfach erhöhten Widerstand ausgetauscht wird.

Welche Stromstärke muss folglich angelegt werden, damit dieselbe Leistung wie zuvor umgesetzt wird?

(A) Es muss ein Viertel der Stromstärke angelegt werden.
(B) Es muss ein Drittel der Stromstärke angelegt werden.
(C) Es muss die Hälfte der Stromstärke angelegt werden.
(D) Es muss ein Achtel der Stromstärke angelegt werden.
(E) Es muss die doppelte Stromstärke angelegt werden.

5. Bei der Parallelschaltung zweier Spulen (L_1 , L_2) berechnet sich die Gesamtinduktivität L_g nach der folgenden Gleichung:

$$\frac{1}{L_g} = \frac{1}{L_1} + \frac{1}{L_2}$$

Wie ändert sich die Gesamtinduktivität, wenn sowohl L_1 als auch L_2 durch L'_1 und L'_2 ausgetauscht werden und gilt $L_1 < L'_1$ und $L_2 < L'_2$?

Es gilt:
$L_1, L'_1, L_2, L'_2, L_g > 0$

(A) Die Gesamtinduktivität erhöht sich.
(B) Die Gesamtinduktivität bleibt gleich.
(C) Die Gesamtinduktivität verringert sich.
(D) Die Gesamtinduktivität kann sinken oder steigen.
(E) Keine der genannten Antworten ist richtig.

6. Die Kantenlänge a eines quadratischen Flächenstücks soll so vergrößert werden, dass es nach der Vergrößerung die 16-fache Fläche aufweist.

   Um wie viel Prozent muss a zunehmen,
   damit die gewünschte Vergrößerung erzielt wird?

   (A) Die Kantenlänge muss um 100% zunehmen.
   (B) Die Kantenlänge muss um 200% zunehmen.
   (C) Die Kantenlänge muss um 250% zunehmen.
   (D) Die Kantenlänge muss um 300% zunehmen.
   (E) Die Kantenlänge muss um 400% zunehmen.

7. Ein Kondensator kann in einem Gleichstromkreis elektrische Ladung in einem elektrischen Feld speichern. Eine gängige Bauform ist der Plattenkondensator, bei dem die Elektroden parallel und nur durch das, als Isolator wirkende, Dielektrikum voneinander getrennt angeordnet sind. Seltener anzutreffen sind Kugelkondensatoren, bei denen die Anordnung von Elektroden und Dielektrikum kugelförmig ist.

   Die Kapazität C eines Kugelkondensators berechnet sich durch:

   $$C \ = \ 4\pi\varepsilon_0\varepsilon_r \left(\frac{1}{r_1} - \frac{1}{r_2} \right)^{-1}$$

   C = Kapazität
   ε_0 = elektrische Feldkonstante
   ε_r = relative Permittivität
   r_1, r_2 = Radien ($r_1, r_2 > 0$)

   Wie ändert sich die Kapazität eines Kugelkondensators, wenn sich
   r_2 erhöht, alle anderen Variablen unverändert bleiben und $r_2 > r_1$ gilt?

   (A) Die Kapazität bleibt unverändert.
   (B) Die Kapazität nimmt zu.
   (C) Die Kapazität nimmt ab.
   (D) Die Kapazität kann zunehmen und abnehmen.
   (E) Alle angegebenen Antwortmöglichkeiten sind nicht zutreffend.

8. In der geometrischen Optik berechnet sich der Kehrwert der Brennweite (f) eines optischen Systems, das aus zwei Linsen besteht, aus der Summe der Kehrwerte der Brennweiten der beiden hintereinander liegender Linsen (f_1 und f_2).

   Angenommen die beiden Linsen des optischen Systems werden ausgetauscht und durch Linsen ersetzt für die gilt: $f'_1 = 2 * f_1$ und $f'_2 = 2 * f_2$.

   Wie ändert sich die Brennweite f des optischen Systems
   im Vergleich zum Ausgangswert?

   (A) Die Brennweite halbiert sich.
   (B) Die Brennweite verdoppelt sich.
   (C) Die Brennweite vervierfacht sich.
   (D) Die Brennweite entspricht einem Viertel der Brennweite vor dem Austausch.
   (E) Die Brennweite bleibt unverändert.

9. Das Gesetz von Boyle-Mariotte besagt, dass der Druck (p) idealer Gase bei gleichbleibender Temperatur umgekehrt proportional zum Volumen (V) ist (Annahme: Stoffmenge bleibt gleich).

Es gilt:

$$\frac{p_1}{p_2} = \frac{V_2}{V_1}$$

Hinweis:

Die Indizes 1 und 2 beschreiben die Zustände 1 und 2, p_1 folglich den Druck vor der Zustandsänderung, p_2 den Druck danach. Gleiches gilt für das Volumen. In einem Versuch werden ausgehend vom Druckniveau p_1 drei verschiedene Zustandsänderungen herbeigeführt und folgende Druckwerte erreicht: $p_2 = (2p_1, p_1, \frac{p_1}{8})$

Wie lauten die drei zugehörigen Volumina V_2, wenn das Gesetz von Boyle-Mariotte erfüllt sein soll?

(A) $V_2 = (2v_1 ; V_1 ; \frac{V_1}{8})$

(B) $V_2 = (\frac{1}{2}V_1 ; 2V_1 ; 8V_1)$

(C) $V_2 = (\frac{1}{2}V_1 ; V_1 ; \frac{V_1}{8})$

(D) $V_2 = (2V_1 ; 8V_1 ; V_1)$

(E) $V_2 = (\frac{1}{2}V_1 ; V_1 ; 8V_1)$

10. Die ideale Gasgleichung beschreibt den Zustand eines idealen Gases in Abhängigkeit des Drucks, der Temperatur und des Volumens, wenn zusätzlich angenommen wird, dass sich die Stoffmenge nicht ändert.

Es gilt:
$$p * V = R * T$$

p = Druck
V = Volumen
R = universelle Gaskonstante
T = Temperatur

Bei einer isobaren Zustandsänderung ändert sich der Druck nicht. Es wird nun angenommen, dass die Temperatur während einer isobaren Zustandsänderung auf das Vierfache des Ausgangswertes ansteigt.

Wie muss sich das Volumen ändern, damit die ideale Gasgleichung erfüllt ist?

(A) Das Volumen muss sich vervierfachen.
(B) Das Volumen muss sich halbieren.
(C) Ohne Angabe der Gaskonstante ist eine Aussage nicht möglich.
(D) Das Volumen muss auf ein Viertel des Ausgangswertes sinken.
(E) Das Volumen muss sich verdoppeln.

11. Bei einem Kondensator ist die aufgenommene Ladung proportional zur Kapazität und zur angelegten Spannung. Außerdem kann er umso mehr Energie speichern, je größer die Kapazität und die Spannung sind.

Die folgenden Gleichungen spiegeln diese Zusammenhänge wider:
$$U = Q * C^{-1}; \qquad U^2 = (2 * W) * C^{-1}$$

Q = Ladung
C = Kapazität
U = Spannung
W = Energie

Wie wirkt sich eine halb so starke Spannung auf die Ladung bzw. die Energie des Kondensators aus, sofern sich dessen Kapazität nicht ändert?

(A) Die Ladung verdoppelt sich. Die Energie halbiert sich.

(B) Die Ladung halbiert sich. Die Energie verdoppelt sich.

(C) Die Ladung halbiert sich. Die Energie vervierfacht sich.

(D) Die Ladung verdoppelt sich. Die Energie verdoppelt sich.

(E) Die Ladung halbiert sich. Die Energie reduziert sich auf ein Viertel.

12. Wie ändert sich der Rauminhalt eines Würfels, wenn sich seine Raumdiagonale verdoppelt?

Es gilt:
$$V = a^3$$
$$d = a * \sqrt{3}$$

V = Volumen des Würfels
a = Kantenlänge des Würfels
d = Raumdiagonale des Würfels

Welche der folgenden Antworten stellt die korrekte Lösung im Sinne der Fragestellung dar?

(A) Das Volumen verdoppelt sich.

(B) Das Volumen vervierfacht sich.

(C) Das Volumen verachtfacht sich.

(D) Das Volumen verdreifacht sich.

(E) Das Volumen versechsfacht sich.

13. Induktivität ist eine Eigenschaft von elektrischen Bauelementen, insbesondere von Spulen. Ändert sich durch Eintauchen eines Permanentmagneten in eine Spule die magnetische Flussdichte, entsteht dadurch ein elektrisches Feld und eine Spannung wird induziert. Eine Ringspule ist eine besondere Bauform einer Spule, bei der die Drähte ringförmig angeordnet sind. Ihre Induktivität berechnet sich näherungsweise durch:

$$\frac{L}{N^2} = \frac{\mu_0 * \mu_r * A}{2\pi r}$$

L = Induktivität
N = Anzahl der Wicklungen
μ_0 = magnetische Feldkonstante
μ_r = relative Permeabilität
A = Fläche
r = Radius

Eine ringförmige Spule soll durch eine neue ringförmige Spule ersetzt werden, die die vierfache Fläche A einnimmt.

Welche Anzahl an Wicklungen muss die neue Spule aufweisen, damit die Induktivität unverändert bleibt?

(A) Die neue Spule muss die doppelte Wicklungszahl aufweisen.
(B) Die neue Spule muss die halbe Wicklungszahl aufweisen.
(C) Die neue Spule muss die vierfache Wicklungszahl aufweisen.
(D) Die neue Spule muss die gleiche Wicklungszahl aufweisen.
(E) Die neue Spule muss die achtfache Wicklungszahl aufweisen.

14. 200 Milliliter einer Wasser-Ethanol-Mischung mit dem Mischungsverhältnis 3:1 soll mit einer zweiten Wasser-Ethanol-Mischung mit dem Mischungsverhältnis 5:1 so gemischt werden, dass die entstehende Wasser-Ethanol-Mischung in einem Mischungsverhältnis von 4:1 vorliegt.

Welche Menge der zweiten Lösung muss demzufolge nachgeschüttet werden?

(A) Es müssen 250 ml der zweiten Lösung nachgeschüttet werden.
(B) Es müssen 200 ml der zweiten Lösung nachgeschüttet werden.
(C) Es müssen 150 ml der zweiten Lösung nachgeschüttet werden.
(D) Es müssen 100 ml der zweiten Lösung nachgeschüttet werden.
(E) Es müssen 300 ml der zweiten Lösung nachgeschüttet werden.

15. Die Konzentration eines Liters einer Methanol-Wasser-Verdünnung (Verdünnungsverhältnis 1:10) soll in drei Schritten verändert werden. Zunächst wird der Lösung 100 ml entnommen, danach werden 90 ml reines Wasser nachgeschüttet. Im zweiten Schritt werden 110 ml der Lösung entnommen und 80 ml reines Wasser nachgeschüttet. Im dritten Schritt werden schließlich 120 ml der Lösung entnommen und 70 ml reines Wasser nachgeschüttet.

Welche Konzentration hat die entstandene Lösung?

(A) 1 : 10
(B) 1 : 13
(C) 1 : 8
(D) 1 : 12
(E) 1 : 15

16. Ein Chemie-Laborant an der medizinischen Fakultät hat drei Wasser-Ethanol-Lösungen unterschiedlicher Mengen und Konzentrationen vor sich stehen und mischt diese miteinander. Unglücklicherweise hat er am Ende seiner Arbeit vergessen, welche Mischvorgänge er durchgeführt hat. Zum Glück hat er alles sauber dokumentiert und kann daraus die entstandene Konzentration der finalen Lösung bestimmen. Auszug aus seinen Aufzeichnungen:

Lösungen (jeweils Ethanol zu Wasser):

A: 500 ml der Konzentration 1:5
B: 500 ml der Konzentration 2:5
C: 600 ml der Konzentration 1:6

Mischvorgang 1:
Mische die Lösungen A, B und C

Mischvorgang 2:
Entnehme 400 ml der entstandenen Lösung und entsorge diese 400 ml

Mischvorgang 3:
Fülle 900 ml Wasser zu der verbliebenen Lösung

Welche Konzentration hat die finale Lösung?

(A) Die Lösung hat die Konzentration 1:3.
(B) Die Lösung hat die Konzentration 1:5.
(C) Die Lösung hat die Konzentration 1:6.
(D) Die Lösung hat die Konzentration 1:7.
(E) Die Lösung hat die Konzentration 1:8.

17. Eine einzelne Pumpe benötigt zwölf Stunden, um ein leeres Schwimmbecken vollständig zu füllen. Dem Besitzer dauert dies zu lange, sodass er überlegt, die einzelne Pumpe durch vier andere leistungsgleiche Pumpen auszutauschen. Er hat ausgerechnet, dass die vier Pumpen das leere Schwimmbecken innerhalb von vier Stunden und 10 Minuten vollständig füllen könnten. Folglich ersetzt er die einzelne Pumpe durch die vier leistungsgleichen Pumpen und startet die Füllung des Beckens. Durch einen technischen Defekt geht nach zwei Stunden eine der vier Pumpen kaputt, sodass ihre Förderleistung auf null sinkt. Nach einer weiteren Stunde geht eine zweite Pumpe kaputt.

Wie viel Prozent des Beckens sind nach drei Stunden gefüllt?

(A) Es sind 56 Prozent des Beckens gefüllt.
(B) Es sind 66 Prozent des Beckens gefüllt.
(C) Es sind 72 Prozent des Beckens gefüllt.
(D) Es sind 75 Prozent des Beckens gefüllt.
(E) Es sind 80 Prozent des Beckens gefüllt.

18. Ein Schwimmbecken soll mithilfe von drei Pumpen mit Wasser gefüllt. Pumpe 1 (P_1) kann das Becken innerhalb von 2000 Minuten füllen, Pumpe 2 (P_2) füllt das Becken innerhalb von 1000 Minuten und Pumpe 3 (P_3) innerhalb von 3000 Minuten.

Um wie viel Prozent brauchen die Pumpen P_1 und P_3 gemeinsam länger als die einzelne Pumpe P_2?

(A) P_1 und P_3 benötigen 10 Prozent länger als P_2.
(B) P_1 und P_3 benötigen 20 Prozent länger als P_2.
(C) P_1 und P_3 benötigen 25 Prozent länger als P_2.
(D) P_1 und P_3 benötigen 30 Prozent länger als P_2.
(E) P_1 und P_3 benötigen 40 Prozent länger als P_2.

19. Das von Newton postulierte Gravitationsgesetz beschreibt, dass jeder Massepunkt auf jeden anderen Massepunkt mit einer anziehenden Gravitationskraft wirkt, deren Stärke sich umgekehrt proportional zum Quadrat des Abstandes und proportional zum Produkt der beiden Massen verhält.

Es gilt demnach:

$(r^2 * F) * m_1^{-1} = G * m_2$

m_1, m_2 = Massen der beiden Massepunkte ; Einheit: kg
r = Abstand der Mittelpunkte der Ladungen ; Einheit: m
G = Gravitationskonstante
F = Gravitationskraft; Einheit: $(kg * m) * s^{-2}$

Welche Einheit besitzt die Gravitationskonstante?

(A) $kg * m^3 * s^2$
(B) $(kg * m^3) * s^{-2}$
(C) $(kg * s^3) * m^{-1}$
(D) $m^3 * (kg * s^2)^{-1}$
(E) $(kg * s^2) * m^{-3}$

20. Die thermische Zustandsgleichung beschreibt den Zusammenhang zwischen den thermischen Zustandsgrößen Temperatur, Volumen, Druck, Stoffmenge und der universellen Gaskonstante. Sie lautet:

$$p * V = n * R_m * T$$

p = Druck ;   Einheit: $(N * m^{-2})$

V = Volumen ;   Einheit: m^3

n = Stoffmenge ;   Einheit: mol

R_m = universelle Gaskonstante

T = Temperatur ;   Einheit: K

Hinweise:

$$1\,J = 1\,\frac{kg * m^2}{s^2}; \qquad 1\,N = 1\,\frac{kg * m}{s^2}$$

Welche Einheit besitzt die universelle Gaskonstante?

(A) $\dfrac{Nm^2}{mol * K}$

(B) $\dfrac{J}{mol * K}$

(C) $\dfrac{J * K}{mol}$

(D) $\dfrac{m^3}{J * mol}$

(E) $\dfrac{N * mol}{m^3 * K}$

21. In einem elektrischen Feld wirkt die Coulomb-Kraft auf elektrische Ladungen. Streng genommen handelt es sich um ein Vektorfeld der elektrischen Feldstärke, bei dem jedem Punkt des Feldes ein Betrag und eine Richtung der elektrischen Feldstärke zugeordnet werden kann. In einem Plattenkondensator ist die elektrische Feldstärke annähernd homogen.

Es gilt:

$$\frac{E}{Q} * \varepsilon_0 = \frac{1}{\varepsilon_r * A}$$

E = elektrische Feldstärke
Q = Betrag der Ladung auf einer Platte ;   Einheit: [C] = As
ε_0 = elektrische Feldkonstante ;   Einheit: (As) / (Vm)
ε_r = Dielektrizitätszahl ;   Einheit: dimensionslos
A = Fläche ;   Einheit: m²

Welche Einheit besitzt die elektrische Feldstärke?

(A) $\frac{V}{m}$

(B) $\frac{V}{m^2}$

(C) $\frac{m}{V}$

(D) $\frac{m^3}{V}$

(E) $\frac{C}{V}$

22. Um einen stromdurchflossenen Leiter entsteht ein magnetisches Feld, dessen Stärke durch die magnetische Flussdichte beschrieben werden kann. Befindet sich der stromdurchflossene Leiter senkrecht zu den Feldlinien eines magnetisches Feldes, gilt der folgende Zusammenhang:

$$B * L = F * I^{-1}$$

B = magnetische Flussdichte
L = Länge des Leiters ; Einheit: m
F = wirkende Kraft ; Einheit: N
I = Stromstärke ; Einheit: A

Hinweis:

$$1\,N = \frac{kg * m}{s^2} = 1\,\frac{J}{m} = 1\,\frac{V * A * s}{m}$$

Welche Einheit besitzt die magnetische Flussdichte?

(A) $\dfrac{Nm}{A}$

(B) $\dfrac{Jm^2}{A}$

(C) $\dfrac{J * A}{sm^2}$

(D) $\dfrac{Vm^2}{s}$

(E) $\dfrac{kg}{As^2}$

23. Zwischen realen Gasen bestehen Wechselwirkungen, die über die im Grundmodell deridealen Gase beschriebenen Phänomene hinausgehen und deswegen in der Modellwelt der idealen Gase nicht hinreichend genau beschrieben werden können. Die Van-der-Waals-Gleichung beschreibt die Zustände realer Gase näherungsweise. Sie lautet:

$$p = \frac{RT}{V_m - b} - \frac{a}{(V_m)^2}$$

p = Druck ;   Einheit: $Pa = \dfrac{N}{m^2} = \dfrac{kg}{m * s^2}$

R = universelle Gaskonstante

T = Temperatur ;   Einheit: K

V_m = molares Volumen ;   Einheit: $\dfrac{m^3}{mol}$

a = Kohäsionsdruck ;   Einheit: $\dfrac{Pa * m^6}{mol^2}$

b = Kohäsionsvolumen ;   Einheit: $\dfrac{m^3}{mol}$

Welche Einheit besitzt die universelle Gaskonstante R?

(A) $\dfrac{Pa * m^3}{mol}$

(B) $\dfrac{Pa}{m * mol}$

(C) $\dfrac{N * m}{mol * K}$

(D) $\dfrac{kg * s^2}{m^2 * mol}$

(E) $\dfrac{kg * m^2}{K * mol^2}$

24. Zwischen der magnetischen und der elektrischen Feldkonstante besteht ein Zusammenhang, der mithilfe der Lichtgeschwindigkeit ausgedrückt werden kann.

Es gilt:

$\mu_0 * \varepsilon_0 * c^2 = 1$

μ_0 = magnetische Feldkonstante

ε_0 = elektrische Feldkonstante ;   Einheit: (As) / (Vm)

c = Lichtgeschwindigkeit ;   Einheit: $m * s^{-1}$

Hinweis:

$$1N = \frac{1\,kg * m}{s^2} = \frac{1\,V * A * s}{m}$$

Welche Einheit besitzt die magnetische Feldkonstante?

(A) $\dfrac{Nm}{A^2}$

(B) $\dfrac{N}{s^2 * A}$

(C) $\dfrac{N * A}{s^2 * m^2}$

(D) $\dfrac{kg * m}{s^2 * A^2}$

(E) $\dfrac{kg}{m * V * s^2}$

LÖSUNGEN

1. MUSTERLÖSUNGEN
   – SIMULATION 1 186

2. MUSTERLÖSUNGEN
   – SIMULATION 2 192

3. MUSTERLÖSUNGEN
   – SIMULATION 3 197

4. MUSTERLÖSUNGEN
   – SIMULATION 4 203

5. MUSTERLÖSUNGEN
   – SIMULATION 5 209

6. MUSTERLÖSUNGEN
   – SIMULATION 6 214

7. MUSTERLÖSUNGEN
   – SIMULATION 7 218

8. MUSTERLÖSUNGEN
   – SIMULATION 8 222

9. MUSTERLÖSUNGEN
   – SIMULATION 9 227

LÖSUNGEN

1. MUSTERLÖSUNGEN – SIMULATION 1

1. **Antwort C ist korrekt.**
    Aussage A ist falsch, da, wenn fpos kleiner wird, ppW größer wird und umgekehrt.
    Aussage B ist falsch, da die Aussagekraft (ppW) sinkt je größer fpos ist.
    Aussage C ist richtig, da, wenn fpos kleiner wird, ppW größer wird.
    Aussage D ist falsch, da sich bei einer Änderung von fpos im allgemeinen Fall auch der positive Vorhersagewert ändert.
    Aussage E ist falsch, da rpos als Parameter der Gleichung natürlich einen Einfluss auf den positiven Vorhersagewert hat.

2. **Antwort E ist korrekt.**
    Als erstes muss man sich überlegen wie viele OH-Ionen in der ersten Lauge sind. Das sind $2,5 * 10^{-8}$ OH-Ionen in einem Liter, da 400 ml $1 * 10^{-8}$ Ionen enthalten. Als nächstes rechnet man aus wie viele Ionen in der Mischlösung sind. Das sind $2,5 * 10^{-8} + 40 * 10^{-11} = 2,54 * 10^{-8}$ in 41 Liter Lösung. Nun sieht man, dass die Ionen-anzahl quasi unverändert ist, die Lösung aber in etwa auf ¼₀ verdünnt wurde (1 Liter → 41 Liter). Da ¼₀ 2,5% entsprechen, kann man die Aufgabe bereits hier lösen, da alle anderen Antworten deutlich zu hoch angesetzt sind.

3. **Antwort B ist korrekt.**
    Hierbei muss man eine Formel zur Berechnung der benötigten NaCl Menge aufstellen. Die Verteilungsmenge im Körper entspricht 42 Litern.
    Die Formel lautet: 114 mmol/l * 42 Liter + x Liter * 154 mmol/l = (42 Liter + x Liter) * 130 mmol/l.
    Löst man diese Gleichung nun nach x auf erhält man x = 28 Liter.

4. **Antwort D ist korrekt.**
    Bei dieser Aufgabe ist es außerordentlich wichtig sinnvoll zu runden und zu kürzen bevor man rechnet.

    Da es sich um ein proportionales Verhältnis handelt, kann man einfach in die Gleichung einsetzen und erhält: $\frac{9,99}{3,18} = \frac{x}{4,77} = 3,18 + 1,59$;

    Nun muss man unbedingt runden und nach x auflösen.

    Es ergibt sich: $x = \frac{10 * 4,8}{3,2} = \frac{48}{3,2} = \frac{48 * 10}{32} = \frac{30}{2} = 15$ cm, also in etwa 1,498 dm.

5. Antwort A ist korrekt.

Wenn im Körper 5 g Eisen sind, dann entspricht das in etwa $\frac{1}{11}$ mol. Das heißt man muss $\frac{1}{11} * 6,022 * 10^{23}$ rechnen. Das sind in etwa $0,54 * 10^{23}$. Damit kommt als Lösung nur noch $53,916 * 10^{21}$ infrage.

6. Antwort D ist korrekt.

$D = \frac{1}{f}$;   zudem gilt $D = \frac{1}{g} + \frac{1}{b}$;   also kann man sagen $\frac{1}{f} = \frac{1}{g} + \frac{1}{b}$;

Nun muss man einsetzen:

$$\frac{1}{f} = \frac{1}{50\,cm} + \frac{1}{4\,cm} = \frac{2}{100\,cm} + \frac{25}{100\,cm} = \frac{27}{100\,cm}; \qquad f = \frac{100}{27\,cm} \approx 3,7\,cm$$

7. Antwort A ist korrekt.

Ein Gramm Kohlenhydrat enthält $\frac{200}{12} = 16\frac{2}{3}$ kJ

1 kcal entspricht $\frac{7650}{1800} = 4,25\,kJ$ ➜ $\dfrac{16\frac{2}{3}}{4\frac{1}{4}} = \dfrac{\frac{50}{3}}{\frac{17}{4}} = \frac{200}{51} \approx 3,9\,kcal$ je Gramm KH

8. Antwort B ist korrekt.

Die Gesamtmasse des Moleküls entspricht: $\frac{4}{4} + \frac{4}{4} + \frac{3}{4} = \frac{11}{4}$

Der Anteil des Sauerstoffs ist daher: $\frac{4}{4} + \frac{4}{4} = \frac{8}{4}$

Also ist der relative Anteil: $\dfrac{\frac{8}{4}}{\frac{11}{4}} = \frac{8}{11} \approx 0,72$

9. Antwort D ist korrekt.

Die Menge an Inulin nach 30 Minuten beträgt 210 mg − 14% ($\approx \frac{1}{7} = 30\,mg$) = 180 mg.

Da die Konzentration von Inulin im EZR bekannt ist, lässt sich folgern:

$x * 0,012\,mg/ml = 180\,mg$ ➜ $x = \frac{180}{0,012} = \frac{180 * 1000}{12} = 15\,000\,ml$

10. Antwort C ist korrekt.

Bei dieser Aufgabe muss man für jede Formel mehrere Wertepaare einsetzen, um zu sehen ob die Gleichung die Ergebnisse erklärt. Am einfachsten ist die Rechnung natürlich mit den Einserwerten, weswegen man diese immer verwenden sollte.

11. Antwort B ist korrekt.

Hier bleibt einem nichts anderes übrig, als eine Möglichkeit nach der anderen auszuprobieren. B ist die einzige Antwort, bei der sich alle Einheiten kürzen und daher richtig.

12. **Antwort E ist korrekt.**

    Da es sich hier um ein indirekt proportionales Verhältnis handelt, muss man nur in die entsprechende Gleichung einsetzten und erhält:

    100% * 5,8 cm/s = 20% * x   → $x = \frac{100\% * 5{,}8\,cm/s}{20\%} = 29\,cm/s = 0{,}29\,m/s$

13. **Antwort B ist korrekt.**

    In der ersten Lösung befinden sich $1{,}2 * 10^{-8}$ Na-Ionen. In der zweiten Lösung befinden sich $0{,}6 * 0{,}06 * 10^{-5} = 0{,}036 * 10^{-5} = 36 * 10^{-8}$ Na-Ionen. Insgesamt befinden sich in 1,8 Liter Lösung also $37{,}2 * 10^{-8}$ Na-Ionen.

    ▽ **VORSICHT**

    > Es handelt sich hierbei um eine Falle in der Fragestellung, da nach der Konzentration pro Liter gefragt ist.

    Das Volumen von 300 ml ist demzufolge irrelevant, da sich die Konzentration pro Liter nicht ändert. Man muss folglich nur die Konzentration pro Liter berechnen, indem man die Gesamtmenge an Na-Ionen in 1,8 Litern ($37{,}2 * 10^{-8}$ Na-Ionen) durch 1,8 dividiert bzw. mit dem Kehrwert multipliziert:

    $\frac{10}{18} * 37{,}2 * 10^{-8} = 20\frac{2}{3} * 10^{-8}$ Na-Ionen

14. **Antwort A ist korrekt.**

    Es ist der Fall gemeint, in dem sich die beiden Wahrscheinlichkeiten minimal überschneiden

    Die Schnittmenge beträgt demnach mindestens 50%.

    ▽ **VORSICHT**

    > Hier ist die Rede von **mindestens**. Wenn **höchstens** gefragt wäre, wäre 70% richtig.

15. **Antwort C ist korrekt.**

Da der Patient zum Zeitpunkt der ersten Einnahme bereits 60 mg Methadon im Blut hat, hat er zu Beginn der Therapie 180 mg Methadon im Blut. Nun muss man die einzelnen Halbwerts-Schritte rechnen. Nach 6 Stunden (h) 90 mg, nach 12 h 45 mg, nach 24 h 22,5 mg, dann erneut 120 mg, also 142,5 mg, nach 30 h 71,25 mg, nach 36 h 35,625 mg, nach 48 h 17,8125 mg.

16. **Antwort B ist korrekt.**

Die Energie die ein Erwachsener in 21 Tagen verbraucht beträgt 21 * 12 000 = 252 000 kJ. Um 2 Kilo Fett abzunehmen muss er folglich die Energie die 2 Kilo Fett enthalten weniger zu sich nehmen. Diese entspricht 37 kJ/g * 2000 g = 74 000 kJ. Also muss er noch 252 000 − 74 000 = 178 000 kJ Energie mittels Nährstoffen zuführen. Allerdings dürfen nur 12% davon Fette sein. Dies entspricht 0,12 * 178 000 = 21 360 kJ. Dividiert durch die Menge an kJ die 1 Gramm Fett enthält, ergibt sich die Masse an Fett, die ein Erwachsener maximal zuführen darf. $\frac{21360}{37} \approx 577$ Gramm. Er darf also nur circa 580 Gramm Fett zuführen.

17. **Antwort E ist korrekt.**

Da alle 4 Zugänge zusammen 36 Minuten brauchen, würde ein Zugang 144 Minuten brauchen. Nach 20 Minuten haben die 4 Zugänge davon 80 Minuten „abgearbeitet". Es bleiben also noch 64 Minuten. Nach weiteren 8 Min (2 * 8 = 16 Minuten), fällt der dritte Zugang aus. Es bleiben also noch 48 Minuten.

18. **Antwort A ist korrekt.**

Potentielle Energie = m * g (Gravitationskonstante) * h (Höhe)

Gleichsetzen mit Bewegungsenergie, dann ergibt sich: m * g * h = ½ * m * v²

Die Masse m kürzt sich heraus, nun muss man g und h (in Metern) einsetzen und nach v auflösen und erhält:

$$\sqrt{2 * g * h} \approx \sqrt{2 * 10 * 5} = \sqrt{100} = 10 \text{ m/s}$$

19. Antwort E ist korrekt.

Zu Beginn sind 400 mg im Körper die Halbwertszeit beträgt 4 Stunden und das Antidot eliminiert 75% der vorhandenen Menge im Blut.

	MG 10 UHR	MG 14 UHR	MG 18 UHR	MG 22 UHR
ANTIDOT UM 10 UHR	100	50	25	12,5
ANTIDOT UM 14 UHR	400	50	25	12,5
ANTIDOT UM 18 UHR	400	200	25	12,5
ANTIDOT UM 22 UHR	400	200	100	12,5

Das Antidot kann also zu jedem der vier Zeitpunkte verabreicht worden sein.

20. Antwort D ist korrekt.

Einsetzen von A aus Gleichung 2 in Gleichung 1.

Man erhält: $R = \rho = \dfrac{l * 4}{d^2 * \pi} = \rho * \dfrac{l * 4}{(2 * r)^2 * \pi} = \rho * \dfrac{l * 4}{4 * r^2 * \pi}$

Alle Konstanten werden nun aus der Gleichung gestrichen, da sie ihren Wert nicht ändern, es bleibt: $R = \dfrac{l}{r^2} = \dfrac{4}{16} = \dfrac{1}{4}$

21. Antwort E ist korrekt.

Hierbei handelt es sich um ein proportionales Verhältnis, da je größer der Prozentsatz, desto größer der Betrag, also nur einsetzen in die Formel und man erhält:

$\dfrac{960.000}{120\%} = \dfrac{x}{100\%}$ ➡ $\dfrac{960.000 * 100}{120\%} = 800.000\,€$

22. Antwort C ist korrekt.

Zuerst muss man den Druck auf Meereshöhe in bar ausrechnen. 1013 hPa entsprechen dabei 1,013 bar. Nun muss man die Werte in die Formel für eine Antiproportionalität einsetzen und erhält: 1013 * 100 = x * 75

Es folgt: $x = \dfrac{1,013 * 100\%}{75\%} \approx 4/3\,\text{bar}$

Nun muss man die Druckdifferenz ermitteln. Also $4/3 - 1,013 \approx 1/3 \approx 0,337$ bar. Nun noch die Druckdifferenz durch die Druckzunahme pro Meter teilen und man erhält:

$\dfrac{0,337}{0,103} \approx 3,3$ Meter

Die gesuchte Tiefe ist also in etwa 3,3 Meter.

23. Antwort C ist korrekt.

Eine sehr schwere Aufgabe, bei der man sich am besten eine kleine Skizze macht, um sich die Zahlen zu vergegenwärtigen.

ZEIT	START	4 W	8 W	12 W	16 W	20 W	24 W	28 W	29 W
EIER (E)	18 E	6 L	3 K	54 E	18 L	9 K	162 E	54 L	54 L
LARVEN (L)	20 L	10 K	180 E	60 L	30 K	540 E	180 L	90 K	90 K
KÄFER (K)	10 K	180 E	60 L	30 K	540 E	180 L	90 K	1620 E	90 K + 1620 E

Das heißt nach 29 Wochen leben 180 Käfer, da die 90 Käfer, die in Woche 28 die 1620 Eier gelegt haben noch 2 Wochen leben und die 90 Käfer aus der zweiten Gruppe gerade geschlüpft sind.

24. Antwort B ist korrekt.

(1) $U = R * I$;

(2) $W = Q * U$;

(3) $Q = I * t$;

Da nur die Einheiten von W, I und t gegeben sind, muss man R nur mit diesen Variablen ausdrücken, indem man Gleichung (3) in (2) und dann (2) in (1) einsetzt. Man erhält:

$$R = \frac{W}{I^2 * t}$$

Nun muss man die Einheiten einsetzen und erhält: $[R] = \frac{kg * m^2}{s^3 * A^2}$

2. MUSTERLÖSUNGEN – SIMULATION 2

1. **Antwort C ist korrekt.**

   Der Krankentransport braucht $^{780}/_{80}$ = 9,75 Stunden. Der Notarzt braucht $^{780}/_{120}$ = 6,5 Stunden. Daher ist der Notarzt 3,25 Stunden schneller und muss folglich erst um 11:15 Uhr in München losfahren.

2. **Antwort D ist korrekt.**

   Es handelt sich eindeutig um ein exponentielles Wachstum. Von einem logistischen Wachstum könnte man erst ausgehen, wenn die Zunahme pro Zeiteinheit wieder rückgängig wäre, sodass sich ein sigmoidförmiger Graph abzeichnen würde.

3. **Antwort A ist korrekt.**

   Hier muss man sich zuerst überlegen, wie viele Arbeitsstunden insgesamt gebraucht werden. Das sind 16 (Schwestern) * 9 Stunden = 144 Arbeitsstunden. Innerhalb von 3 Stunden arbeiten die 16 Schwestern davon 48 Stunden (3 * 16 Stunden). Es bleiben also noch 96 Arbeitsstunden für die 12 verbliebenen Schwestern, d.h. 8 Stunden je Schwester. Da Sie normalerweise nur 9 Stunden arbeiten und jetzt insgesamt 11 Stunden (8 Stunden + 3 Stunden) arbeiten, müssen sie also 2 Stunden länger arbeiten.

4. **Antwort A ist korrekt.**

   Es handelt sich hierbei um eine direkte Proportionalität. Man muss daher nur in die Formel einsetzen und erhält: $\frac{x}{48} = \frac{15}{12}$ = 60 Patienten sind erkrankt. Nun muss man dasselbe für die Gesamtzahl der Patienten durchführen: $\frac{x}{100} = \frac{60}{48}$ = 125

5. **Antwort D ist korrekt.**

   Dreisatz, indirekte Proportionalität; also nur noch in die Formel einsetzen und man erhält:
   120 km/h * 24 min = x km/h * 36 min ➜ x = 80 km/h

6. **Antwort B ist korrekt.**

   Hier muss man die Abnahmeschritte einzeln ausrechnen. Nach einer Stunde sind es noch 70%, nach zwei Stunden noch 49%, nach drei Stunden noch 34,3%, nach vier Stunden noch 24,01%. Also ist der Wirkstoff nach vier Stunden zu 76% abgebaut.

7. **Antwort B ist korrekt.**

   Schritt 1
   x = Anzahl Infusionen auf Station 2;

   Schritt 2
   6x = Anzahl Infusionen auf Station 1;

   Schritt 3
   x + 6x = 56 ➜ x = 8 ➜ 6 * 8 = 48 Infusionen auf Station 1

8. **Antwort C ist korrekt.**

Hier muss man wie bei Aufgabe 9, beim Grundaufgabentyp Mischungs- und Mengen-aufgaben, die Einzelvolumina die Einzelvolumina und Konzentrationen multiplizieren, addieren und mit der Gesamtlösung (2000 ml) gleichsetzen. Man erhält:

$$500\,ml * 20\% + 1500\,ml * 10\% = 2000\,ml * x\,\% ; \qquad x = \frac{25\,000\,ml\%}{2000\,ml} = 12{,}5\%$$

9. **Antwort E ist korrekt.**

Kosten für alle Teilnehmer = 36 * 900 € = 32.400 € ; Abzüglich des Krankenhausbudgets (25.200 €) bleiben noch 7.200 €.

$$\frac{7.200\,€}{36} = 200\,€,$$ die jeder Arzt aus eigener Tasche beisteuern muss.

10. **Antwort E ist korrekt.**

Hier muss man sich zuerst überlegen, wenn die Masse um 20% abnimmt, beträgt sie noch 80% (0,8). Die Kraft F soll konstant bleiben, beträgt also nach wie vor 100% (1,0).

Nun Einsetzen in die Formel 1,0 = 0,8 * a ; a = 1,25 ; folglich muss die Beschleunigung um 25% zunehmen.

11. **Antwort C ist korrekt.**

Hierbei handelt es sich um eine indirekte Proportionalität, also einsetzen in die Formel und man erhält: 56 * 27 = 63 * x   ➜   x = 24 Tage

12. **Antwort E ist korrekt.**

Nach 7,6 Tagen wären im statistischen Mittel 75% der Atomkerne zerfallen.

13. **Antwort B ist korrekt.**

Hierbei handelt es sich um eine indirekte Proportionalität, also einsetzen in die Formel und man erhält: 2 * 72 = 3 * x   ➜   x = 48 Stunden

14. **Antwort D ist korrekt.**

Hier muss C_1 mit $2C_2$ ersetzt werden. Man erhält: $C_{ges} = \dfrac{2C_2^2}{3c_2} = \dfrac{2}{3}\,C_2$

15. **Antwort C ist korrekt.**

Man muss die Formel nach ω auflösen und einsetzen:

$$\omega = \sqrt{\frac{F_z}{m * r}} = \sqrt{\frac{kg * m}{s^2 * kg * m}} = \sqrt{\frac{1}{s^2}} = \frac{1}{s}$$

16. Antwort C ist korrekt.

Hierbei muss man lediglich die beiden Einzelwahrscheinlichkeiten multiplizieren und erhält:

$$40\% * 85\% = \frac{40}{100} * \frac{17}{20} = \frac{34}{100} = 34\%$$

17. Antwort A ist korrekt.

Zunächst muss man die Formel auflösen nach $\frac{T_2}{T_1}$, dann die Werte für $\frac{V_1}{V_2}$ und $\frac{p_1}{p_2}$ einsetzen. Man erhält:

$$\frac{T_2}{T_1} = \frac{V_2 * p_2}{V_1 * p_1} = \frac{V_2}{V_1} * \frac{p_2}{p_1} = \frac{1}{2} * \frac{1}{2} = \frac{1}{4}$$

18. Antwort D ist korrekt.

Aufstellen der beiden Gleichungen wie im Text beschrieben:

Gleichung 1: $0{,}6\,l * L1 + 0{,}8\,l * L2 = 1{,}4\,l * 40\%$
Gleichung 2: $1{,}2\,l * L1 + 0{,}4\,l * L2 = 1{,}6\,l * 30\%$

Da man nun zwei Unbekannte hat (L1 und L2), muss man eine durch die andere ersetzen, da nach L1 gefragt ist ersetzen wir L2. Aus Gleichung 1 ergibt sich also:

Gleichung 1: $L2 = \frac{1{,}4\,l * 40\%}{0{,}8\,l} - \frac{0{,}6\,l * L1}{0{,}8\,l} = \frac{7}{4} * 40\% - \frac{3}{4}L1 = 70\% - \frac{3}{4}L1$

Nun einsetzen in Gleichung 2 und man erhält:

Gleichung 2: $1{,}2\,l * L1 + 0{,}4\,l * (70\% - \frac{3}{4}L1) = 1{,}6\,l * 30\%$

$$1{,}2 * L1 + 28\,l\% - 0{,}3\,L1 = 48\,l\%$$

$$0{,}9\,l * L1 = 20\,l\% \quad \rightarrow \quad L1 = 22{,}22\%$$

19. Antwort B ist korrekt.

$1013{,}25\,hPa = 101\,325\,Pa = 1{,}01325\,bar = 1013{,}25\,mbar$

20. Antwort D ist korrekt.

Schritt 1
x = Anlagesumme zu 9% Zinsen

Schritt 2
Zinsen aus Anlage zu 9%   =   x * 0,09
Zinsen aus Anlage zu 11,5%   =   (84.000 − x) * 0,115

Schritt 3
x * 0,09 + (84.000 − x)* 0,115 = 9.200
0,09x + 9.660 − 0,115x = 9.200   →   0,025x = 460   →   x = 18.400

21. Antwort C ist korrekt.

Da die Wahrscheinlichkeit unabhängig vom Krankenstatus der Patienten ermittelt werden soll, muss man die Einzelwahrscheinlichkeiten, dass der Arzt eine Krankheit feststellt, sowohl für kranke als auch für gesunde Patienten ermitteln, miteinander addieren und mit der Gesamtmenge an Patienten gleichsetzen.

Man erhält: $0,85 * 0,99 + 0,15 * 0,3 = 1 * x$ ➔ $0,8415 + 0,045 = 1 * x$ ➔ $x = 0,8865$

Damit ist die Wahrscheinlichkeit, dass der Arzt eine Krankheit feststellt 88,65%.

22. Antwort C ist korrekt.

Zuerst muss man berechnen wann Labor 2 Labor 1 einholt:

Schritt 1
x = Anzahl der Tage Arbeit von Labor 1

Schritt 2
Für 858 Proben braucht Labor 1 = $x * 78$
Für 858 Proben braucht Labor 2 = $(x - 2) * 96$

Schritt
Gleichsetzen um zu sehen, nach wie vielen Tagen nach Beginn von Labor 1, Labor 2 Labor 1 einholt.

➔ $78x = (x - 2) * 96$ ➔ $78x = 96x - 192$

➔ $-18x = -192$ ➔ $x = 10\frac{2}{3}$ Tage

Nach $10\frac{2}{3}$ Tagen hat Labor 1 $10\frac{2}{3} * 78 = 832$ Proben analysiert. Es fehlen also je Labor noch $858 - 832 = 26$ Proben. Insgesamt fehlen also noch 52 Proben.

23. Antwort E ist korrekt.

$$f_0 = \frac{1}{2\pi \sqrt{L * C}} = f_0 * 2\pi = \frac{1}{\sqrt{L * C}} = (f_0 * 2\pi)^2 = \frac{1}{L * C}$$

$$L = \frac{1}{C} * \left(\frac{1}{f_0 * 2\pi} \right)^2$$

24. Antwort B ist korrekt.

Zuerst rechnet man aus, wie viele Bakterien der Kultur 1 nach 3 Zeiteinheiten vorhanden sind.

Dies sind nach einer Zeiteinheit: 500 000 * 1,2 = 600 000 Bakterien

Dies sind nach zwei Zeiteinheiten: 600 000 * 1,2 = 720 000 Bakterien

Dies sind nach drei Zeiteinheiten: 720 000 * 1,2 = 864 000 Bakterien

Diesen Wert muss man nun mit dem zu erwartenden Wachstum (1,1 * 1,1 * 1,1 dies entspricht $\frac{11}{10} * \frac{11}{10} * \frac{11}{10} = \frac{1331}{1000} = 1,331 \approx \frac{4}{3}$) der Kultur 2, das mit der Ausgangsgröße x multipliziert werden muss, gleichsetzen.

Man erhält: $864 000 = x * \frac{4}{3}$

Durch Umformung ergibt sich: $\frac{864 000 * 3}{4} \approx x \approx 648 000$.

Damit muss die richtige Antwort 649 135 sein, da keine andere Antwort auch nur annähernd in der Nähe ist. Wichtig ist bei dieser Aufgabe der Schritt 1,331 zu ⁴⁄₃ zu runden, da die Rechnung ansonsten im Kopf kaum möglich ist.

3. MUSTERLÖSUNGEN – SIMULATION 3

1. **Antwort B ist korrekt.**

   Schritt 1
   x = Kosten für Elisa Test

   Schritt 2
   Kosten für Western Blot = 3x

   Schritt 3
   x + 3x = 60   ➡   x = 15

2. **Antwort E ist korrekt.**
   Das Einzige, das sich in der Formel verändert, ist a.

   Aus a = 1 wird a = 1,1   ➡ $a^2 = 1,21$.

   Damit vergrößert sich die Öffnung um 21%.

3. **Antwort A ist korrekt.**
   17 Minuten für 3 cm, also braucht es für die restlichen 18 cm 6 * 17 Minuten, also noch 102 Minuten.

4. **Antwort A ist korrekt.**
   Zuerst stellt man die Formel nach ε_0 um und erhält:

   $$\varepsilon_0 = \frac{C * d}{\varepsilon_r * A} = \frac{A * s * m}{V * m^2} = \frac{A * s}{V * m}$$

5. **Antwort E ist korrekt.**
   Betrachtet man nur die Nenner erhält man 2, 7, 22, 67. Diese Zahlenfolge ergibt sich, wenn man die Vorgängerzahl mit drei multipliziert und anschließend eins addiert. Damit muss 202 die nächste Zahl der Folge sein. Damit kann nur Antwort E richtig sein.

6. **Antwort C ist korrekt.**

   Hierbei handelt es sich um ein doppeltes proportionales Verhältnis. Zuerst berechnet man die Benzinmenge bei 120 km/h:

   $$\frac{8\,l}{100\,km} = \frac{x\,l}{600\,km} = 48\,l$$

   Nun berechnet man den Benzinverbrauch bei 150 km/h:

   $$\frac{8\,l}{120\,km/h} = \frac{x\,l}{150\,km/h} = 10\,l$$

   Nun setzt man diesen Wert in die obige Gleichung ein und erhält:

   $$\frac{10\,l}{100\,km} = \frac{x\,l}{600\,km} = 60\,l$$

   Das Auto verbraucht bei 150 km/h also 12 Liter mehr.

7. **Antwort C ist korrekt.**

   Da es sich hierbei um einen exponentiellen Zerfall handelt, dessen negative Steigung stets abnimmt, sind zu diesem Zeitpunkt bereits mehr als 25% der Atomkerne zerfallen.

8. **Antwort C ist korrekt.**

   Schritt 1
   Dauer bis zum Treffpunkt der Autos = x

   Schritt 2
   Strecke die Krankenwagen 1 zurücklegt = x * 140

   Strecke die Krankenwagen 2 zurücklegt = x * 80

   Schritt 3
   140 * x + 80 * x = 660 → x = 3 → 3 * 80 = 240 Kilometer Distanz von Leipzig

9. **Antwort D ist korrekt.**

   Man muss den zeitlich längsten Pfad zu Arbeitsschritt 9 ermitteln. Dieser führt über folgende Arbeitsschritte:

   1 → 3 → 5 → 4 → 6 → 7 → 9 ... und dauert 20 Zeiteinheiten.

10. **Antwort D ist korrekt.**

    Gewinn insgesamt: 281.000 − 256.000 = 25.000 €; hiervon muss man nun den Fixbetrag von 6.800 € abziehen, da dieser grundsätzlich ausgezahlt wird. Der Gewinn durch Zinsen ist demnach 18.200 €.

    Schritt 1
    x = Anlage in Fond 1

    Schritt 2
    Zinsen aus Fond 1 = x * 0,08

    Zinsen aus Fond 2 = (256.000 − x) * 0,05

    Schritt 3
    0,08x + (256.000 − x) * 0,05 = 18.200

    0,03x + 12.800 = 18.200

    x = 180.000

11. **Antwort B ist korrekt.**

    Bei dieser Aufgabe sollte unbedingt eine Skizze gemacht werden. Wenn man es sich anhand einer Zeichnung überlegt, dann passen genau sieben Spuren mit einer Breite von 1 cm und einem Abstand von 2 cm auf die 21 cm breite Platte, sodass je ein Rand von 1 cm außen bleibt.

Rand	1		2		3		4		5		6		7	Rand

    Wenn man den Abstand von 2 cm halbiert (1 cm), erhält man bei maximaler Ausbeute:

Rand	1	2	3	4	5	6	7	8	9	10	Rand

    Also sind es zehn Gelelektrophoresespuren.

12. **Antwort D ist korrekt.** (sehr schwer!)

    Es gilt:
    $R_1 = R_2 = ... = R_{n-1} = \frac{1}{n+1} R_n$ also ist: $R_n = (n+1)R_1$

    Nun kann man in die Formel einsetzen und erhält:

    $$\frac{1}{R_{ges}} = \frac{1}{R_1} + \frac{1}{R_2} + ... + \frac{1}{R_{n-1}} + \frac{1}{R_n} = \frac{1}{R_1} + \frac{1}{R_1} + ... + \frac{1}{R_1} + \frac{1}{(n+1)R_1}$$

    oder allgemeiner gesprochen:

    $$\frac{1}{R_{ges}} = (n-1)\frac{1}{R_1} + \frac{1}{(n+1)R_1} = \frac{(n-1)(n+1)+1}{(n+1)R_1} = \frac{n^2}{(n+1)R_1}$$

    Nun muss man noch den Kehrwert bilden und erhält: $R_{ges} = \frac{n+1}{n^2} R_1$

13. Antwort B ist korrekt.

Schritt 1

x = Anzahl der verwendeten Aircast-Schienen

Schritt 2

Verdienst mit Aircast-Schienen = 50 * x

Verdienst mit Zinkleimgips = 95 * (80 − x)

Schritt 3

50x + 95 * (80 − x) = 6250

−45x + 7600 = 6250   →   45x = 1350   →   x = 30

14. Antwort D ist korrekt.

Pro Sekunde wird die Geschwindigkeit des Autos um 0,12 m/s verringert. Nach 3 Sekunden beträgt die Geschwindigkeit folglich nur mehr 0,39 m/s.

15. Antwort A ist korrekt.

150 ml von Lösung 1 enthalten 51 ml des Wirkstoffs, 250 ml von Lösung 2 enthalten 30 ml Wirkstoff und 100 ml von Lösung 3 enthalten 16 ml Wirkstoff. Insgesamt befinden sich in den 500 ml Gesamtlösung also 97 ml Wirkstoff. Dies sind 19,4%.

16. Antwort C ist korrekt.

Hier muss man schlicht die 1,2 bar Wasserdruck mit den 1,013 bar Luftdruck addieren und erhält 2,213 bar Gesamtdruck.

17. Antwort C ist korrekt.

Für die Leistung gilt: $P = U * I$
Nun muss man die Werte einsetzen und erhält: $P = 3 * \frac{1}{2} = 1,5$,
Daher steigt die Leistung um 50% auf 150%.

18. Antwort D ist korrekt.

Auf der Erdoberfläche auftreffen bedeutet: $h(t) = 0$

Da $v_0 = 0$ m/s beträgt, ist das Produkt aus $v_0 * t = 0$.

Die Gleichung sieht dann wie folgt aus: $0 = h_0 + 0 - \frac{1}{2} * gt^2$

Nun muss man nur mehr nach t auflösen und man erhält: $t = \sqrt{\frac{2h_0}{g}}$

19. Antwort B ist korrekt.

Schritt 1

x = Gesamtmenge der zu erledigenden Infusionen

Schritt 2

Ungeübter Student schafft x Infusionen pro Stunde

Geübter Student schafft 3x Infusionen pro Stunde

Schritt 3

Beide zusammen schaffen also 4x Infusionen pro Stunde, da Sie allerdings nur 1x Infusionen anhängen müssen, sind sie nach 15 Minuten fertig.

20. Antwort A ist korrekt.

Da die Ströme I_4 und I_5 den Strömen I_1, I_2 und I_3 entgegenwirken muss die Summe aus $I_1 + I_2 + I_3$ der negative Gegenwert zu der Summe aus $I_4 + I_5$ sein.

Daraus folgt: $I_1 + I_2 + I_3 - I_4 - I_5 = 0$

21. Antwort B ist korrekt.

Wenn man die gegebenen Werte in die Gleichung einsetzt, erhält man folglich:

$$160\,000 = 90\,000 * q^2 \quad \rightarrow \quad q = \frac{4}{3}$$

Damit wächst die Kolonie um 33,34% pro Zeiteinheit.

22. Antwort E ist korrekt.

Zentrum 1 braucht für 900 Analysten 10 Stunden, da es 90 Analysen pro Stunde erledigen kann. Zentrum 2 brauch für 900 Analysen 8 Stunden 20, da es 108 Analysen pro Stunde erledigen kann. Das heißt Zentrum 1 ist um 18:00 Uhr fertig und Zentrum 2 um 17:20 Uhr.

23. Antwort A ist korrekt.

Die Firma muss in 3 Jahren ein Eigenkapital von 250.000 € haben. Da das gegenwärtige Eigenkapital E_0 in dieser zeit drei mal mit je 5% verzinst wird, kann man sagen $E_0 * 1{,}05^3 = 250.000$.

Wir berechnen $1{,}05^3 = \frac{21}{20} * \frac{21}{20} * \frac{21}{20} = \frac{9.261}{8.000}$

Wir berechnen in die Gleichung: $E_0 = \frac{250.000 * 8}{9} \approx 222.222$

Nun liegt dieses Ergebnis genau zwischen den Antworten A und B. Da man den zinssatz auf ⅑ abgerundet hat, ist der Wert 222.222 tendenziell zu groß, und daher muss 215.960 € die richtige Antwort sein.

24. Antwort E ist korrekt.

Da die Summe aller Kräfte für jede der drei Dimensionen x, y und z null sein muss, errechnet man zuerst die Summe der bereits bekannten Kräfte für jede Dimension. Für die Dimension x sind dies $120 - 75 + 28 = 73$ N. Damit bleiben nur noch die Antwortmöglichkeiten A, B und E übrig. Für die Dimension y ist die Summe 35 N. Damit fällt Antwort A weg. Da das Drehmoment oben bereits im Gleichgewicht ist (Summe = 0), fällt auch Antwort B weg. Antwort E muss also korrekt sein.

4. MUSTERLÖSUNGEN – SIMULATION 4

1. **Antwort E ist korrekt.**
   Das Hauptproblem der Aufgabe besteht darin, dass man sich bei den Größen der Einheiten leicht verrechnet. Es bietet sich eine Überschlagsrechnung an. Setzt man die gegebenen Werte in die Gleichung ein, ergibt sich:

   $$F = \gamma \frac{m_1 * m_2}{r^2} = 6{,}67384 * 10^{-11} \frac{m^3}{kg * s^2} * \frac{5{,}974 * 10^{24} kg * 7{,}349 * 10^{22} kg}{(384\,400\,000)^2} \approx$$

   $$7 * 10^{-11} \frac{m^3}{kg * s^2} * \frac{6 * 10^{24} kg * 7{,}5 * 10^{22} kg}{(4 * 10^8 m)^2} \approx 7 * 10^{-11} \frac{m^3}{kg * s^2} * 2{,}8 * 10^{30} \frac{kg^2}{m^2} \approx 20 * 10^{19} N$$

* TIPP

* **KEEP IT EASY**
  Da alle anderen Ergebnisse mehrere Zehnerpotenzen entfernt sind, muss (E) die richtige Antwort sein. Um Zeit zu sparen, könnte man auch nur mit den Zehnerpotenzen rechnen.

2. **Antwort D ist korrekt.**
   Das Volumen des Würfels berechnet sich durch: $V_0 = a^3 = \left(\frac{r}{\sqrt{3}}\right)^3$

   Setzt man nun $r_{neu} = 1{,}1r$ ein, so ergibt sich für das neue Volumen:

   $$V_{neu} = \left(\frac{1{,}1r}{\sqrt{3}}\right)^3 = 1{,}1^3 * \left(\frac{r}{\sqrt{3}}\right)^3 = 1{,}331 * \left(\frac{r}{\sqrt{3}}\right)^3 = 1{,}331 * V_0$$

   Das neue Volumen ist also um 33,1% größer.

3. **Antwort E ist korrekt.**
   Der Gozintograph wird stufenweise aufgelöst. Zunächst wird die benötigte Anzahl der Zwischenprodukte bestimmt. Es werden 20 * 50 = 1000 Einheiten Z1 benötigt und 30 * 50 = 1500 Einheiten Z2. In der nächsten Stufe werden der Bedarf von R3 und R4 bestimmt. Es werden insgesamt 1000 * 40 + 1500 * 50 = 40 000 + 75 000 = 115 000 Einheiten R3 und 300 * 50 + 1500 * 70 = 15 000 + 105 000 = 120 000 Einheiten R4 benötigt.

4. **Antwort D ist korrekt.**

50 ml der Ethanol-Wasser-Verdünnung enthalten 10 ml Ethanol und 40 ml Wasser. 200 ml einer Verdünnung im Verhältnis 1:10 enthalten 20 ml Alkohol und 180 ml Wasser. Es müssen also 10 ml Alkohol und 140 ml Wasser hinzugefügt werden, was einem Verdünnungsverhältnis von 1:15 entspricht. Alternativ könnte man die folgende Formel aufstellen und lösen:

$$\frac{1}{5} * 50\,ml + x * 150\,ml = \frac{1}{10} * 200\,ml \quad \rightarrow \quad x\,(\text{Ethanolanteil}) = \frac{1}{15}$$

Das entspricht dem Verdünnungsverhältnis 1 : 15.

5. **Antwort A ist korrekt.**

Die gewünschte Form wird durch mehrere Umformungsschritte erreicht:

$$m = \frac{m_0}{\sqrt{1 - \frac{v^2}{c^2}}} \leftrightarrow \sqrt{1 - \frac{v^2}{c^2}} = \frac{m_0}{m} \leftrightarrow \frac{v^2}{c^2} = 1 - \frac{m_0{}^2}{m^2} \leftrightarrow v^2 = c^2\left(1 - \frac{m_0{}^2}{m^2}\right) \leftrightarrow v = c * \sqrt{\left(1 - \frac{m_0{}^2}{m^2}\right)}$$

6. **Antwort D ist korrekt.**

Es gilt:

$$f = \frac{1}{T} = \frac{1}{2\pi\sqrt{LC}} = \frac{1}{2\pi}\sqrt{\frac{1}{LC}}$$

7. **Antwort A ist korrekt.**

Es gilt:

$28\,800 = 20\,000 * q^2$;   Aufgelöst nach q ergibt sich: $q = \sqrt{\dfrac{28\,800}{20\,000}} = \sqrt{1{,}44} = 1{,}2$

8. **Antwort B ist korrekt.**

Die Gesamtfläche des Mosaiks entspricht der Summe der 16 Einzeldreiecke. Da diese gleichschenklig und rechtwinklig sind, berechnet sich die Fläche durch

$$A_M\,16 * \frac{a^2}{2} = 8a^2 = 288\,dm^2$$

Für a ergibt sich also: $a = \sqrt{\dfrac{288}{8}}\,dm = \sqrt{36}\,dm = 6\,dm$

9. **Antwort B ist korrekt.**

Bei dieser Aufgabe muss man sich von Woche zu Woche und von hinten nach vorne arbeiten. Am Ende entsprechen 30% genau 54 erkrankten Patienten, d.h. es waren in der dritten Woche $54/30 * 100 = 180$ Patienten auf der Station. In der Vorwoche waren 16 Betten weniger belegt, es waren also nur insgesamt 164 Patienten vor Ort. In der ersten Woche waren weitere 14 Betten leer, das heißt es waren nur 150 Patienten auf der Station. 12% der 150 Patienten waren krank, also $0{,}12 * 150 = 18$ Patienten.

10. Antwort B ist korrekt.

Es gilt:

$$R_{ges} = \frac{R_1 * R_2}{R_1 + R_2} = 1 \quad \longleftrightarrow \quad R_1 * R_2 = R_1 + R_2 \quad \longleftrightarrow \quad R_1 * R_2 - R_1 = R_2$$

$$\longleftrightarrow \quad R_1(R_2 - 1) = R_2 \quad \longleftrightarrow \quad R_1 = \frac{R_2}{(R_2 - 1)}$$

11. Antwort D ist korrekt.

Setzt man die Wegstrecke in die gegebene Gleichung ein und löst nach der Fallzeit auf, ergibt sich:

$$s = \frac{1}{2}gt^2 \quad \longleftrightarrow \quad t = \sqrt{\frac{2s}{g}} = \sqrt{\frac{62,5\,m}{10\frac{m}{s^2}}} = \sqrt{6,25} = 2,5 \text{ Sekunden}$$

12. Antwort B ist korrekt.

Die Oberfläche des Quaders berechnet sich durch:

$$O = 2ab + 2ac + 2bc = 2 * 4c * 2c + 2 * 4c * c + 2 * 2c * c = 28c^2$$

Da die Verhältnisse zwischen den neuen Kantenlängen gleich bleiben, kann mit dieser Formel weiter gerechnet werden. Es muss lediglich die längere Kantenlänge $c_{neu} = \frac{3}{2}c$ eingesetzt werden.

$$O_{neu} = 28c_{neu}^2 = 28\left(\frac{3}{2}c\right)^2 = \frac{9}{4} * 28c^2$$

Die neue Oberfläche O_{neu} ist also um $(\frac{9}{4} - 1) * 100\% = 125\%$ größer als die alte Oberfläche.

13. Antwort D ist korrekt.

Es werden beide Supermarktketten eine Filiale eröffnen. Dies macht man sich klar, indem man die beiden Strategien einer Supermarktkette vergleicht. Da die Matrix symmetrisch ist, ergeben sich für beide Konkurrenten die gleichen Gedankengänge. Supermarktkette A entscheidet zwischen den beiden Alternativen Filiale eröffnen und keine Filiale eröffnen. Im ersten Fall ist der Nutzen von A bei +2 oder +5, je nachdem wie B sich entscheidet. Im zweiten Fall ist der Nutzen von A bei −1 oder +3, je nachdem wie sich B entscheidet. Wegen −1 < +2 und +3 < +5 ist A in jedem Fall besser gestellt, wenn er sich für die erste Strategie Filiale eröffnen entscheidet, unabhängig davon, welche Entscheidung B trifft. Gleiches gilt für B, daher ist (+2; +2) das gesuchte Ergebnis.

14. Antwort B ist korrekt.

Insgesamt haben die drei Lösungen eine Menge von 500 ml. Lösung 1 besitzt einen Anteil von 25 ml von Inhaltsstoff 1, Lösung 2 einen Anteil von 50 ml und Lösung 3 von ebenfalls 50 ml. Insgesamt ergibt sich also das Verhältnis von 125 ml Inhaltsstoff zu 500 ml Gesamtlösung, das entspricht einer Verdünnungsverhältnis von 1:4.

15. Antwort B ist korrekt.

Es gilt:

$$p = \frac{W}{c}\,(1 + \sigma) \quad\leftrightarrow\quad \frac{pc}{W} = (1 + \sigma) \quad\leftrightarrow\quad \sigma = \frac{pc}{W} - 1$$

16. Antwort C ist korrekt.

Es handelt sich offensichtlich um ein exponentielles Wachstum. Nach 4 Minuten ist die Koloniegröße folglich 120%, nach 8 Minuten 144%, nach 12 Minuten 172% und nach 16 Minuten 207%. Es müssen also knapp weniger als 16 Minuten sein. Es kommt daher nur Antwort C 15 Minuten infrage.

Ganz korrekt gerechnet gilt: $2 = 1{,}2t$,
wobei die Zeiteinheit t immer 4 Minuten entspricht.

Anwendung des Logarithmus liefert: $t = \frac{\ln 2}{\ln 1{,}16} = 3{,}80$.

Multipliziert mit 4, ergibt sich: $t = 15{,}2$;   dies entspricht 15 Minuten und 12 Sekunden.

17. Antwort A ist korrekt.

Er spart jeden Monat den gleichen Betrag, also handelt es sich um eine Rente. Da der Rentenendwert gesucht wird, kann für n = 3 (Zinsertrag monatlich) eingesetzt werden mit dem Zinssatz i = 10% = 0,1 . Damit ist q = 1,1 .

Es folgt: $REW = 2.000 * \frac{1{,}1^3 - 1}{1{,}1 - 1} = \frac{0{,}331}{0{,}1} * 2.000 = 6.620$

Die Geräte dürfen also höchstens 6.620 € kosten.

18. Antwort E ist korrekt.

Zunächst rechnet man die beiden Geschwindigkeiten zusammen. Dann rechnet man die 18 km/h in m/s um. Es sind 18 km/h = (18 * 1000 m) / 3600 s = 5 m/s. Zusammen legen die beiden Fahrzeuge also in zwei Minuten 600 Meter zurück. Da eine Runde 15 m lang ist, sind dies 600 m / 15 m = 40 Runden.

19. Antwort E ist korrekt.

Ist der Grundkreis des Kegels gerade der quadratischen Grundfläche der Pyramide einbeschrieben, so gilt a = 2r , wobei a die Seitenlänge der Grundfläche der Pyramide ist und r der Radius des Grundkreises des Kegels.

$V_P = \frac{1}{3} G * h = \frac{1}{3} a^2 * h = \frac{1}{3} 4r^2 * h$

$V_K = \frac{1}{3} G * h = \frac{1}{3} \pi r^2 * h$

Es folgt:

$\frac{V_P}{V_K} = \frac{\frac{1}{3} 4r^2 * h}{\frac{1}{3} \pi r^2 * h} = \frac{4}{\pi} \approx 1{,}27$

Das Volumen der Pyramide ist demzufolge um (1,27 − 1) * 100% = 27% größer als das des Kegels. Da $4/\pi \approx 4/3 = 1{,}33$ entspricht, kann man hier sofort erkennen, dass das Ergebnis etwas kleiner als 33% sein muss. Daher kommt nur Antwort E 27% infrage. So kann man den komplizierten Rechenweg elegant durch Runden und logisches Überlegen umgehen.

20. Antwort B ist korrekt.

Zur Lösung dieser Aufgabenstellung ist eine Skizze hilfreich, in der die Vorgänge mit ihren schnellstmöglichen Anfangszeiten aufgelistet sind.

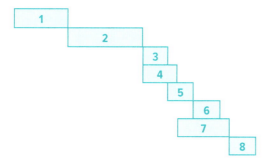

Nun kann durch Ablesen der Zeitdauern die Gesamtdauer bestimmt werden. Gesamtdauer = Dauer (V1 + V2 + V4 + V7 + V8) = 19 Zeiteinheiten.

21. Antwort D ist korrekt.

1120 Patienten in vier Monaten entsprechen durchschnittlich 280 Patienten pro Arzt im Monat. Die Praxis müsste also sieben Ärzte beschäftigen, um 1960 Patienten behandeln zu können.

22. Antwort B ist korrekt.

Es ist:

$$C_{ges} = \frac{1}{\frac{1}{C_1} + \frac{1}{C_2} + \frac{1}{C_3}} \quad \leftrightarrow \quad C_{ges}\left(\frac{1}{C_1} + \frac{1}{C_2} + \frac{1}{C_3}\right) = 1 \quad \leftrightarrow \quad \frac{C_{ges}}{C_3} = 1 - \frac{C_{ges}}{C_1} - \frac{C_{ges}}{C_2} \quad \leftrightarrow$$

$$\frac{C_{ges}}{C_3} = 1 - \frac{1}{4} - \frac{1}{2} = 0{,}25\,\mu F \quad \leftrightarrow \quad C_3 = \frac{C_{ges}}{0{,}25} = 0{,}25\,\mu F$$

23. Antwort D ist korrekt.

Der Energiebedarf ist nach einem Jahr 110%, nach 2 Jahren 121%, nach 3 Jahren 133%, nach 4 Jahren 146% und nach 5 Jahren 161%. Damit steigt der Energiebedarf um 61% an.

24. Antwort C ist korrekt.

Man setzt im ersten Schritt die Einheiten ein und kürzt soweit wie möglich:

$$[\,p\,] = \frac{kg}{m^3} * \frac{m}{s^2} * m = \frac{kg}{m * s^2}\,;$$

Nun erweitert man Zähler und Nenner mit m und kann schließlich die angegebene Beziehung einsetzen: $\quad \dfrac{kg}{m * s^2} = \dfrac{kg * m}{m^2 * s^2} = \dfrac{N}{m^2}$

5. MUSTERLÖSUNGEN – SIMULATION 5

1. **Antwort E ist korrekt.**

   Die Aufgabe ist über ein lineares Gleichungssystem mit zwei Unbekannten (a, t) und zwei Gleichungen zu lösen. Zunächst rechnet man 108 km/h in m/s um.

   (108 * 1000 m) / 3600 s = 30 m/s.

   Es gilt:

   $v = a * t$; daraus folgt: $t = v/a$ und $s = \frac{1}{2} * a * t^2$

   Setzt man die erste in die zweite Gleichung ein, ergibt sich: $s = \frac{1}{2}a \left(\frac{v}{a}\right)^2 = \frac{1}{2} \frac{v^2}{a}$

   Dies löst man nach a auf: $s = \frac{1}{2} \frac{v^2}{a} \iff a = \frac{v^2}{2s} = \frac{\left(30\frac{m}{s}\right)^2}{3600\,m} = 0{,}25 \frac{m}{s^2}$

   Es ergibt sich die Kraft: $F = m * a = 500\,t * 0{,}25\frac{m}{s^2} = 125\,kN = 125\,000\,N$

2. **Antwort A ist korrekt.**

   x sei der Grundwert, dann sind 1,2 * 1,05 * x = 1,26x.

   Der Wert vergrößert sich also um 26%.

3. **Antwort A ist korrekt.**

   Da die Tischplatte 64 cm lang ist, passen $^{64}/_4$ = 16 Flächen der Länge nach auf die Tischplatte. Analog passen $^{40}/_4$ = 10 Flächen der Breite nach auf die Tischplatte. Insgesamt sind dies 16 * 10 = 160 Flächen, wovon die Hälfte der Flächen, also 80, weiß sind.

4. **Antwort C ist korrekt.**

   55% Alkohol bei einem 2 cl Glas entsprechen 0,55 * 2 cl = 1,1 cl Alkohol. Die restlichen 0,9 cl sind Wasser. Er muss also auf 1,1 cl * $^{10}/_4$ = 2,75 cl verdünnt werden, dementsprechend müssen noch 0,75 cl Wasser hinzugegeben werden.

5. **Antwort B ist korrekt.**

   Die Dichte besitzt die Einheit kg/m³ und damit das spezifische Volumen, als Kehrwert der Dichte, die Einheit m³/kg.

6. **Antwort C ist korrekt.**

   Es gilt:

   $[W] = [F * s] = [F] * [s] = \frac{kg * m}{s^2} * m = \frac{kg * m^2}{s^2}$

7. **Antwort C ist korrekt.**

   Es ist die Zinseszinsrechnung zu beachten. Im ersten Jahr werden Zinsen in Höhe von 0,04 * 25.000 = 1.000 € erwirtschaftet. Im zweiten Jahr sind es 0,04 * 26.000 = 1.040 € Zinsen. Im dritten Jahr sind es 0,04 * 27.040 = 1.081,60 € Zinsen.

8. **Antwort C ist korrekt.**

   Die Lösung wird Schritt für Schritt bestimmt. Im ersten Feld befindet sich ein Reiskorn. Im zweiten Feld befinden sich also (1 * 3) − 1 = 2 Reiskörner. Im dritten Feld sind es schon (2 * 3) − 1 = 5 Reiskörner. Im vierten Feld (5 * 3) − 1 = 14 Reiskörner. Im fünften Feld (14 * 3) − 1 = 41 Reiskörner und im sechsten Feld schließlich (41 * 3) − 1 = 122 Reiskörner.

9. **Antwort D ist korrekt.**

   Arbeiten die fünf Bagger mit einer Effizienz von 100%, dann benötigen sie:
   75 h * 4/5 = 60 h.

   Ein Effizienzverlust von 5% entspricht einem Zeitverlust von: 60 h * 5/100 = 3 h
   Sie benötigen also insgesamt: 60 h + 3 h = 63 h

10. **Antwort D ist korrekt.**

    Aus den gegebenen Gleichungen folgt: $I_1 = I_3 = 0{,}6\,A$ und $I_2 = \frac{2}{3} * 0{,}6 = 0{,}4\,A$

    Es ergibt sich also: $I_4 = 0{,}6\,A + 0{,}4\,A + 0{,}6\,A = 1{,}6\,A$

11. **Antwort C ist korrekt.**

    Die 20 Rasenstücke bilden nach dem Abrollen jeweils ein Rechteck. Die eine Seitenlänge des Rechtecks entspricht dem Kreisumfang, den die aufgerollten Rasenstücke haben. Die andere Seitenlänge ist mit fünf Metern in der Aufgabenstellung gegeben. Die Rasenstücke werden nebeneinander verlegt, sodass die Gesamtfläche wiederum ein Rechteck ist.

    Die Fläche des Spielfelds ist also   A = 20 * 2π * 4 m * 5 m = 2513,27 m² .

12. Antwort B ist korrekt.

Bei dieser Aufgabe ist es aufgrund der krummen Werte der Teilergebnisse ratsam, eine Überschlagsrechnung durchzuführen. Zunächst ist zu prüfen, wie lange die Bearbeitungszeit eines Fahrzeugs der Modellreihe A ist. Sei x die Bearbeitungszeit eines Fahrzeuges der Modellreihe A in Minuten.

Für die 8-Stunden-Schicht gilt:

$180x + 120 * 1{,}1x = 480 \quad \leftrightarrow \quad 312x = 480 \quad \leftrightarrow \quad x = \frac{20}{13}$

Da die Bearbeitungszeit für Fahrzeuge vom Typ B mit $1{,}1 * \frac{20}{13} = \frac{22}{13}$ höher als die Bearbeitungszeit der Fahrzeuge vom Typ A ist, wird die maximale Anzahl an Fahrzeugen produziert, wenn die Zeitersparnis bei der Produktion von Fahrzeugen des Typs A dazu verwendet wird, ausschließlich weitere Fahrzeuge vom Typ A herzustellen.

Die Zeitersparnis pro Fahrzeug ist $\frac{20}{13} - 1{,}2 = \frac{22}{65}$ (Minuten).

Bei 180 Fahrzeugen stehen also $\frac{22}{65} * 180 = \frac{792}{13}$ Minuten zur Verfügung.

Dies entspricht $\frac{792}{13} / 1{,}2 \approx 50$ Fahrzeugen vom Typ A.

Insgesamt können in der Schicht also 350 Fahrzeuge produziert werden.

13. Antwort E ist korrekt.

Das Volumen des alten Rohrs beträgt: $V = \pi * 6^2 * 15 - \pi * 4^2 * 15 = 300\pi$ (cm³)

Das Volumen des neuen Rohrs beträgt: $V = \pi * 5^2 * 15 - \pi * 4^2 * 15 = 135\pi$ (cm³)

Die Einsparung beträgt also:

$$\left(1 - \frac{135\pi\,cm^3}{300\pi\,cm^3}\right) * 100\% = \left(1 - \frac{9}{20}\right) * (1 - 0{,}45) * 100\% = 0{,}55 * 100\% = 55\%$$

14. Antwort C ist korrekt.

Die Zahl der erkrankten Personen nimmt exponentiell zu. Nach einem Tag beträgt sie 120, nach zwei Tagen beträgt sie 144, nach drei Tagen ≈ 172 und nach vier Tagen ≈ 207. Die Marke von 200 Erkrankten wird folglich erstmals während des vierten Tages überschritten.

15. Antwort E ist korrekt.

Zunächst stellt man die Formel nach D um: $\quad T = 2\pi \sqrt{\frac{m}{D}} \quad \leftrightarrow \quad D = \frac{m}{\left(\frac{T}{2\pi}\right)^2}$

Die Einheit ist also: $\quad [D] = \frac{kg}{s^2}$

Berücksichtigt man den Zusammenhang $1N = 1\frac{kg * m}{s^2}$, erhält man: $\quad [D] = \frac{kg}{s^2} = \frac{N}{m}$

16. Antwort A ist korrekt.

Der Bestand wächst in gleichen Zeitintervallen um den absolut gleichen Wert. Es handelt sich daher um ein lineares Wachstum.

17. Antwort E ist korrekt.

Bei dieser Aufgabe kann man durch logisches Überlegen leicht zum korrekten Rechenweg gelangen, denn die Chance beim ersten Zug keine Kugel richtig zu haben beträgt $9/12$, beim zweiten Zug entsprechend $8/11$ und beim dritten Zug schließlich $7/10$.

Daraus ergibt sich eine gesamte Wahrscheinlichkeit von:

$$\frac{9}{12} * \frac{8}{11} * \frac{7}{10} = \frac{504}{1320} = \frac{63}{165} \approx 38\%$$

Man sieht nach dem Kürzen auf $63/165$ sofort, dass das Ergebnis etwas mehr als ein Drittel sein muss. Daher kommt nur Antwort E infrage.

18. Antwort E ist korrekt.

Bei einer 40-Stunden-Woche arbeitet er wöchentlich 5% (= 2 Stunden) länger. Nach sechs Wochen hat er damit 6 * 2 h = 12 h Überstunden angesammelt.

19. Antwort B ist korrekt.

Der Wagen muss um 50 km/h auf 100 km/h beschleunigt werden, das entspricht einem Geschwindigkeitszuwachs von $(125/9)$ m/s.

Es gilt:

$$t = \frac{v}{a} = \frac{\frac{125}{9}\frac{m}{s}}{3\frac{m}{s^2}} = \frac{125}{9}\frac{m}{s} * \frac{1}{3}\frac{s^2}{m} = \frac{125}{27}\ s$$

Es dauert folglich zwischen 4 und 5 Sekunden bis das Auto die 100 km/h erreicht hat.

20. Antwort D ist korrekt.

Es gilt:

$$W_{kin} = \frac{1}{2}mv^2 \quad \leftrightarrow \quad v = \sqrt{\frac{2\,W_{kin}}{m}} = \sqrt{\frac{1\,080\,000\,kg\,m^2}{1200\,kg\,s^2}} = 30\,\frac{m}{s} = 108\,\frac{km}{h}$$

21. Antwort B ist korrekt.

Das Bienenvolk wächst im ersten Monat um 5000 * 0,20 = 1000 Bienen, es zählt also nach einem Monat 6000 Bienen. Die Pestizide töten 0,4 * 6000 = 2400 Bienen ab, das Volk schrumpft also auf 3600 Bienen. Im zweiten Monat wächst das Volk wiederum um 20%, das heißt nach zwei Monaten sind 3600 * 1,20 = 4320 Bienen im Stock. Das Unwetter fordert das Leben von weiteren 500 Bienen, folglich sind noch 3820 Bienen am Leben.

22. Antwort B ist korrekt.

Hier kann man ebenfalls wie bei der vorherigen Aufgabe durch logisches Überlegen zum richtigen Rechenweg kommen, denn die Wahrscheinlichkeit beim ersten Zug eine richtige Kugel zu ziehen beträgt ³⁄₁₂, beim zweiten Zug eine weitere richtige Kugel zu ziehen beträgt folglich ²⁄₁₁ und beim dritten Zug ¹⁄₁₀. Da für die Superzahl zehn Zahlen zur Verfügung stehen, hat man hier eine Wahrscheinlichkeit von ¹⁄₁₀ die richtige Kugel zu ziehen.

Es ergibt sich also: $\dfrac{3}{12} * \dfrac{2}{11} * \dfrac{1}{10} * \dfrac{1}{10} = \dfrac{6}{13200} = \dfrac{1}{2200} = 1:2200$

23. Antwort A ist korrekt.

Nach 2858 Jahren sind im statistischen Mittel 50% der Atomkerne zerfallen. Von den verbleibenden 50% zerfallen in den nächsten 2858 Jahren wiederum 50% der Atomkerne. In Bezug auf die Ausgangsmenge sind dies weitere 25%. Insgesamt zerfallen in 5716 Jahren also im statistischen Mittel 75% der Atomkerne.

24. Antwort D ist korrekt.

Umstellung nach Q_2 liefert das gewünschte Ergebnis. Alle anderen Gleichungen sind falsch.

6. MUSTERLÖSUNGEN – SIMULATION 6

1. **Antwort A ist korrekt.**

$$252 \frac{km}{h} = 252 \frac{1000\,m}{3600\,s} = 70 \frac{m}{s} \; ;$$

Es gilt:

$$0 \frac{m}{s} = 70 \frac{m}{s} - 5 \frac{m}{s^2} * t \quad \leftrightarrow \quad t = \frac{70 \frac{m}{s}}{5 \frac{m}{s^2}} = 14\,s$$

Nach 14 s kommt der Zug zum Stehen. In dieser Zeit wurde folgende Strecke zurückgelegt.

$$s = v_0 * t - \frac{1}{2} at^2 = 70 \frac{m}{s} * 14\,s - \frac{1}{2} * 5 \frac{m}{s^2} * (14\,s)^2 = 980\,m - 490\,m = 490\,m$$

2. **Antwort D ist korrekt.**
   Die neue Druckkapazität beträgt 450 * 1,2 * 1,1 = 594 Seiten.

3. **Antwort D ist korrekt.**
   Die Vorderseite besitzt neun Flächen. Die mittlere Fläche ist vorgegeben, die anderen acht Flächen können sechs verschiedene Farben annehmen. Es gibt also 6^8 Möglichkeiten für die Vorderseite.

4. **Antwort E ist korrekt.**
   Bei einer 10 Liter-Mischung mit einem Mischverhältnis von 1:124 zwischen Waschmittel und Wasser sind $\frac{10\,000\,ml}{125} = 80$ ml Waschmittel enthalten. In der neuen Mischung sind lediglich $\frac{10\,000\,ml}{160} = 62,5$ ml Waschmittel enthalten, er spart also etwa 17,5 ml Waschmittel pro Waschgang ein.

5. **Antwort A ist korrekt.**

   Es ist: $\; V_1 = V_2 * \frac{p_1}{p_2}$;   Eingesetzt in die allgemeine Gasgleichung: $\frac{V_2 * p_1^2}{T_1 * p_2} = \frac{V_2 * p_2}{T_2}$

   Nun lässt sich der Term umstellen und V_2 kürzen:

   $$\frac{p_1^2 * T_2}{1} = \frac{V_2 * p_2^2 * T_1}{V_2} ; \quad p_1^2 * T_2 = p_2^2 \, T_1$$

6. **Antwort E ist korrekt.**
   Alle anderen Aussagen sind in diesem Zusammenhang falsch.

7. **Antwort C ist korrekt.**

Die Zahl der Bakterien wächst die ersten drei Tage nach dem Arztbesuch noch an (erst 30%, dann 20%, dann 10%). Die Maximalzahl an Bakterien kann also am Ende des dritten Tages mit $2\,000\,000 * 1{,}3 * 1{,}2 * 1{,}1 = 3{,}432$ Millionen berechnet werden.

8. **Antwort A ist korrekt.**

Insgesamt sind fünf Kugeln in der Urne. Da sich zwei weiße Kugeln und drei rote Kugeln in der Urne befinden, beträgt die Wahrscheinlichkeit während eines Zuges eine weiße Kugel zu ziehen $\frac{2}{5}$ bzw. $\frac{3}{5}$ eine rote Kugel zu ziehen. Nun kann eine Einzelwahrscheinlichkeit in beispielsweise der folgenden Reihenfolge berechnet werden:

„weiß, weiß, rot, rot" $= \left(\frac{2}{5}\right) * \left(\frac{2}{5}\right) * \left(\frac{3}{5}\right) * \left(\frac{3}{5}\right) = \left(\frac{36}{625}\right)$

Hiermit wird jedoch nur die Einzelwahrscheinlichkeit für die exakte Reihenfolge (w, w, r, r) berechnet. Da jedoch laut Aufgabenstellung die Reihenfolge, in der die weißen und roten Kugeln gezogen werden, irrelevant ist, muss man sich nun überlegen wie viele Möglichkeiten es gibt zwei rote und zwei weiße Kugeln zu ziehen. Insgesamt gibt es 6 Möglichkeiten. Die Wahrscheinlichkeit zwei rote und zwei weiße Kugeln zu ziehen berechnet sich wie folgt:

$6 * \left(\frac{36}{625}\right) = \frac{216}{625} = 0{,}3456 = 34{,}56\% \approx \frac{1}{3}$

9. **Antwort C ist korrekt.**

Die gesamte Arbeitszeit für die Spargelernte beträgt $20 * 12 = 240$ Tage. Nun sei x die Arbeitsmenge, die ein einheimischer Spargelstecher leistet, dann ist 1,25x die Arbeitsmenge, die ein polnischer Arbeitnehmer leistet.

Es gilt folglich:

$4x + 16 * (1{,}25x) = 240$ Tage $\quad\leftrightarrow\quad 24x = 240$ Tage $\quad\leftrightarrow\quad x = 10$ Tage

10. **Antwort E ist korrekt.**

Bei einer Verdopplung der Temperatur verdoppelt sich auch der Druck im Inneren des Zylinders. Deshalb bleibt der Quotient aus Druck und Temperatur konstant.

11. **Antwort C ist korrekt.**

Man geht alle Komponenten der Kraft F_4 durch.

$F_{4x} = -230\,N - 225\,N + 375\,N = -80\,N$
$F_{4y} = 170\,N - 100\,N - 25\,N = 45\,N$
$F_{4z} = -80\,N + 65\,N - 220\,N = -235\,N$

12. **Antwort A ist korrekt.**

Die Lösung enthält $\frac{130\,ml}{26} * 100 = 500\,ml$ Flüssigkeit.

13. Antwort D ist korrekt.

Jeder Stein besitzt ein Volumen von $V = 1,5\,m * 1\,m * 0,8\,m = 1,2\,m^3$.

Die gewünschte Pyramide besitzt also $\frac{168\,m^3}{1,2\,m^3} = 140$ Steine.

Nun muss man sich nur noch überlegen, wie vielen Ebenen 140 Steine entsprechen. Hierfür summiert man die Steine der Ebenen auf und bekommt das Ergebnis:

$1^2 + 2^2 + 3^2 + 4^2 + 5^2 + 6^2 + 7^2 = 140$

Die Pyramide besteht folglich aus 7 Ebenen.

14. Antwort B ist korrekt.

Ein Liter der ersten Lösung besitzt 250 ml Substanz Y und 750 ml Wasser. Sei x die Menge an Substanz Y der zweiten Lösung, dann ist folgende Gleichung zu lösen:

$$\frac{750\,ml + 4x}{250\,ml + x} = 3,5 \quad \leftrightarrow \quad 0,5x = 125\,ml \quad \leftrightarrow \quad x = 250\,ml$$

Bei einer Konzentration von 1:5 sind es folglich zusätzlich noch 1 Liter Wasser. Insgesamt wurden also 1250 ml der zweiten Lösung hinzugefügt.

15. Antwort A ist korrekt.

Aus: $\quad W_{Spann} = \frac{1}{2}D * s^2 \quad$ folgt: $\quad s = \sqrt{\frac{2 * W_{Spann}}{D}}$

16. Antwort E ist korrekt.

Die Lösung erhält man, indem man die einzelnen Tage durchgeht.

Ende Tag 1:	5000 − 200	=	4800 Schnecken,
Ende Tag 2:	4800 + 240 − 240	=	4800 Schnecken,
Ende Tag 3:	4800 + 288 − 150	=	4938 Schnecken
und Ende Tag 4:	4938 + 180	=	5118 Schnecken.

17. Antwort C ist korrekt.

Hier muss man die einzelnen Abnahmeschritte einzeln ausrechnen. Nach einer Stunde sind es noch 80%, nach zwei Stunden noch 64%, nach drei Stunden noch 51,2%, nach vier Stunden noch 40,96%. Also ist der Wirkstoff nach circa vier Stunden zu 60% abgebaut.

18. Antwort B ist korrekt.

Sei x die Leistungsfähigkeit des ersten Modells im Neuzustand. Dann ist die Leistungsbereitschaft des neuen Schaufelbaggers wie folgt gegeben:

$1,4 * 0,85 * x = \frac{17}{20} * \frac{14}{10} * x = \frac{119}{100} = 1,19x$

Der neue Schaufelbagger ist also 19% leistungsfähiger als ein neuer Bagger des alten Modells.

19. Antwort A ist korrekt.

Der Radius der Tonne entspricht der Hälfte des Durchmessers, also 30 cm.

Es gilt:

$V_{Zylinder} = \pi * r^2 * h = \pi * (30\,cm)^2 * 80\,cm = \pi * 72\,000\,cm^3 = \pi * 72\,dm^3 = 226{,}08$ Liter

20. Antwort E ist korrekt.

Der erste Knickvorgang halbiert die Länge, das neue Blatt Papier hat also noch die Maße 15 cm x 21 cm. Im zweiten Faltvorgang wird die Breite halbiert und das neue Blatt besitzt die Maße 15 cm x 10,5 cm. Zwei weitere Wiederholungen nach demselben Schema liefern 7,5 cm x 10,5 cm und schließlich 7,5 cm x 5,25 cm.

21. Antwort A ist korrekt.

40% der Klausurvorbereitung hat der Student schon abgeschlossen. Nun bleibt ihm noch Zeit für 25% der verbliebenen 60%, dies entspricht 15% der Klausurvorbereitung. Folglich kann er insgesamt 40% + 15% = 55% der 112 Arbeitsstunden erledigen.

22. Antwort B ist korrekt.

Da das Dreieck rechtwinklig ist, gelten die folgenden Beziehungen:

$a^2 + b^2 = 1\,; \qquad a = \sqrt{1 - b^2}$

Nun setzt man b ein und erhält: $a = \sqrt{1 - 0{,}6^2} = \sqrt{0{,}64} = 0{,}8$

23. Antwort B ist korrekt.

x sei die ursprüngliche Menge des Whiskys. Dann ist:

$\frac{0{,}56x}{x + 1{,}6} = 0{,}4 \quad \leftrightarrow \quad 0{,}16x = 0{,}64 \quad \leftrightarrow \quad x = 4\,cl$

24. Antwort C ist korrekt.

Alle anderen Aussagen sind in diesem Zusammenhang falsch.

7. MUSTERLÖSUNGEN – SIMULATION 7

1. **Antwort C ist korrekt.**

   Da sich bei Halbierung der Geschwindigkeit der Durchmesser verdoppelt, bzw. bei einem Fünftel der Geschwindigkeit der Durchmesser verfünffacht, und dies auch für alle anderen Messwerte zutrifft, kann man behaupten, dass es sich hier um eine umgekehrte Proportionalität handelt.

2. **Antwort C ist korrekt.**

   Durch Einsetzen eines Wertes, beispielsweise der Proteine, in die entsprechenden Verhältnisse erhält man beim Verhältnis Brot zu Nüsse = 2 zu 1 : 2 * 12,5 + 1 * 20 = 45. Diesen Wert muss man nun durch die Gesamtzahl der verwendeten Einheiten (3) teilen und erhält 15% Proteindurchschnitt für die Gesamtmenge aus Brot und Nüssen. Gleiches gilt für Fette und Kohlenhydrate.

3. **Antwort E ist korrekt.**

   Hier muss man sich eine schrittweise Tabelle anfertigen, um das exponentielle Wachstum der Bakterienkolonie zu berechnen: 20 Min. = 6 500 000; 40 Min. = 13 000 000; 60 Min. = 26 000 000; 80 Min. = 52 000 000; 100 Min. = 104 000 000. Da zum Zeitpunkt 100 Minuten die Marke von 10^8 Bakterien bereits durchbrochen ist, kann es also höchstens 100 Minuten dauern.

4. **Antwort D ist korrekt.**

   Da sich die Menge des synthetisierten Cadmiums verdoppeln muss, kann man folgern, dass 40 Ampere Stromstärke für 30 Minuten gebraucht werden. Da sich die Zeitkomponente allerdings auf ⅔ des Ausgangswertes verringert (20 Minuten = ⅔ von 30 Minuten), muss sich im Gegenzug die Stromstärke um ³⁄₂ erhöhen, um dies auszugleichen. Es folgt: ³⁄₂ * 40 A = 60 A .

5. **Antwort B ist korrekt.**

   Auch bei dieser Aufgabe ist es wichtig eine schrittweise Tabelle anzufertigen, um das exponentielle Wachstum der Bakterienkolonien A und B zu berechnen. Nach 480 Minuten hat Kolonie A 960 Bakterien. 5% entsprechen daher 48 Bakterien. Da sich diese nun alle 20 Minuten verdoppeln, hat Kolonie B nach 100 Minuten 1536 Bakterien.

6. **Antwort C ist korrekt.**

   Wenn sich $1,4 * 10^5$ Thrombozyten in 10^{-6} l Blut befinden, dann befinden sich in einem Liter Blut $1,4 * 10^{11}$ oder $0,14 * 10^{12}$ Thrombozyten. Dies entspricht ¹⁄₄₀ von $5,6 * 10^{12}$. Daher kommen auf 40 Erythrozyten ein Thrombozyt.

7. **Antwort C ist korrekt.**

Ein 5%iges Gefälle bedeutet, dass er auf einer Flugstrecke von 100 Metern 5 Meter Flughöhe verliert. Auf einer Flugstrecke von 270 Metern sind dies gerade 5 m * 2,7 = 13,5 m. Da er sich nach 270 Metern Flugstrecke auf 1058,5 Metern Flughöhe befindet, hat er gerade eine Höhendifferenz von 58,5 m + 13,5 m = 72 m überwunden.

Er hat also $^{72}/_3$ = 24 Flügelschläge gemacht.

8. **Antwort A ist korrekt.**

Die Wanne hat ein Restfassungsvermögen von 2,5 l = 2,5 dm³ = 2500 cm³. Da beide Zylinder identisch sind, verdrängen beide beim Eintauchen das gleiche Wasservolumen. Die Zylinder besitzen zusammen also das Volumen $2 * \pi r^2 * h_1$ mit $h_1 < h$ (h_1 entspricht der Eintauchtiefe der Zylinder in die Wanne).

Es gilt also:

$2\pi r^2 * h_1 = 2500\,cm^3$ $\quad\leftrightarrow\quad$ $h_1 = \dfrac{2500\,cm^3}{\pi * 200} = \dfrac{12,5}{\pi} = 3,98\,cm$

Beide Zylinder befinden sich demnach bis zu einer Höhe von 3,98 cm im Wasser. Die Eintauchtiefe beträgt demnach in etwa 4 cm.

9. **Antwort B ist korrekt.**

Der Schall legt in einer Sekunde eine Strecke von 343 Metern zurück. Da der Starter genau 100 Meter entfernt steht, benötigt der Schall für diese Strecke:

$\dfrac{100\,m}{343\,\frac{m}{s}} = 0,292\,s = 292$ Millisekunden

Hier ist es wichtig zu runden, um das korrekte Ergebnis zu ermitteln, da alle falschen Ergebnisse durch grobes Überschlagen im Kopf ausgeschlossen werden können.

10. **Antwort E ist korrekt.**

Nach 3 Jahren und 4 Monaten, also 40 Monaten, gilt:

m = (1 – 0,0125 * 40) * 100% = 50%

Damit hat sich die Masse halbiert. Alle anderen Aussagen sind falsch.

11. **Antwort E ist korrekt.**

Die Population zu Beginn des Versuches wird mit 100% angesetzt. Am Ende des Versuchs beträgt die Bakterienpopulation 100% * 1,2 * 1,1 * 1,2 * 1,2 = 190,08% der ursprünglichen Bakterienpopulation. Hier muss man schriftlich multiplizieren können, um zum korrekten Ergebnis zu gelangen. Das bitte nochmal üben, falls es Probleme bereitet hat.

12. Antwort D ist korrekt.

Es folgt: $\dfrac{p_2}{p_1} = \dfrac{T_2}{T_1} = \dfrac{81\,K}{27\,K} = 3$.

Der Druck im Zylinder steigt also um 200% auf 300% des Ausgangswertes an.

13. Antwort D ist korrekt.

35% von 3 kWh = 1,05 kW * 3600 s = 3780 kWs = 3780 kJ

14. Antwort A ist korrekt.

Sei x die Menge der 10%igen Schwefelsäure, die benötigt wird.

Es gilt:
x * 0,1 + 8 * 0,8 = (8 + x) * 0,5 ;   es folgt: 2,4 = 0,4x ;   also ist: x = 6 kg

15. Antwort C ist korrekt.

Hier genügt es sich auf den Grenzfall zu beschränken, dass es genau 96% (also 48 Patienten) der Medikamentengruppenpatienten besser ging. Es bleiben 28 Patienten aus der Placebo-Gruppe übrig, denen es nach der Medikamenteneinnahme höchstens besser gehen darf.

16. Antwort D ist korrekt.

Auflösen nach D:

$$T = 2\pi \sqrt{\dfrac{m}{D}} \quad \rightarrow \quad T^2 = 4\pi^2 \dfrac{m}{D} \quad \rightarrow \quad D = 4\pi^2 \dfrac{m}{T^2} \quad \rightarrow \quad D = \dfrac{8\pi^2 m}{2T^2}$$

17. Antwort E ist korrekt.

Setzt man für m_1 und m_2 die Einheit kg, für r die Einheit m und für F_G die Einheit N ein, ergibt sich:

$$\dfrac{kg * m}{s^2} = G * \dfrac{kg^2}{m^2} \quad \rightarrow \quad G = \dfrac{m^3}{kg * s^2}$$

18. Antwort B ist korrekt.

Die Ellipsenlinie ist die Umlaufbahn der Erde um die Sonne. In der Zeichnung sind demzufolge verschiedene Stellungen der Erde auf ihrer Umlaufbahn bezüglich der Sonne dargestellt. Die Linien von der Sonne zur Erde sind die Fahrstrahle. Legt die Erde in einem definierten Zeitintervall beispielsweise die Strecke t zurück, dann überstreicht der Fahrstrahl gerade die Fläche B. Legt die Erde in der gleichen Zeitspanne hingegen die Strecke s zurück, wobei s ungleich t sein kann, dann muss nach dem zweiten Kepler'schen Gesetz die Fläche A, die dabei überstrichen wird, gleich groß sein wie B.

19. **Antwort C ist korrekt.**

Die Menge an Gelée Royale lässt sich bestimmen durch:
G = 16 g + 14,5 g + 13 g + 11,5 g + 10 g + 8,5 g = 73,5 g

20. **Antwort B ist korrekt.**

Nach 640 Minuten hat Kolonie A 6400 Bakterien. 1,25 ‰ entsprechen daher 8 Bakterien. Da sich diese nun alle 20 Minuten verdoppeln, hat Kolonie B nach weiteren 60 Minuten 64 Bakterien und damit erstmals mehr als 50 Bakterien.

21. **Antwort D ist korrekt.**

Wenn im Durchschnitt alle 125 Untersuchungen ein Fall auftritt, dann wurden in der Großklinik 125 * 24 = 3000 Untersuchungen durchgeführt.

22. **Antwort A ist korrekt.**

Die neue Kapazität liegt bei 16 * 1,75 + 8 = 36 Betten.

23. **Antwort B ist korrekt.**

750 Patienten in einem Quartal sind 250 Patienten im Monat. Die Praxis müsste also 6 Ärzte beschäftigen.

24. **Antwort D ist korrekt.**

Diese Aufgabe ist durch reine logische Schlussfolgerungen zu lösen. Wichtig zu bedenken ist, dass eine Antwort nur dann richtig ist, wenn sie zwingend richtig ist.

Antwort A ist falsch, da keine Aussage darüber möglich ist, ob und wie viele der Grippepatienten eine Mandelentzündung hatten.

Antwort B ist falsch, da es möglich ist, dass auch alle Patienten mit einer Mandelentzündung eine Grippe hatten.

Antwort C ist falsch, da alle Patienten mit Fieber zwar Grippe hatten, es im Umkehrschluss aber nicht möglich ist zu sagen, dass es deshalb keinen Grippepatienten gab, der kein Fieber hatte, da es eventuell noch weitere Grippepatienten gab, abgesehen von denen die Fieber hatten.

Antwort E ist ebenfalls falsch, da alle Rheumapatienten Rückenschmerzen, allerdings keiner von ihnen Kopfschmerzen hatte.

Antwort D muss richtig sein, denn laut Text gab es einige Patienten, die Fieber und Kopfschmerzen hatten. Da jedoch alle Personen am Nachmittag, die Fieber hatten auch Grippe hatten, muss es also Personen gegeben haben, die Grippe und Kopfschmerzen hatten.

8. MUSTERLÖSUNGEN – SIMULATION 8

1. **Antwort E ist korrekt.**

   Zur Bestimmung des Mischungsverhältnisses der neuen Mischung werden die Ausgangslösungen betrachtet. Die erste Mischung besitzt ein Verhältnis von 1:4, d.h. auf einen Liter Flüssigkeit enthält die Lösung 200 ml Ethanol und 800 ml Wasser. Bei Entnahme von 100 ml sind es demnach 20 ml Ethanol und 80 ml Wasser. Die zweite Mischung enthält in 2 Litern 750 ml Ethanol und 1250 ml Wasser. Insgesamt enthält die neue Lösung 500 ml Flüssigkeit, davon sind 20 + 150 = 170 ml Ethanol und 80 + 250 = 330 ml Wasser. Dies ergibt ein Mischungsverhältnis von 17:33 (Ethanol zu Wasser)

2. **Antwort C ist korrekt.**

   Die Zerfallskette lautet:

   8 Uhr (512 mg) ;   12 Uhr vor Spritze (256 mg) ;   12 Uhr nach Spritze (128 mg) ;
   14 Uhr (64 mg) ;   16 Uhr (32 mg) ;   18 Uhr (16 mg);   20 Uhr (8 mg).

3. **Antwort B ist korrekt.**

   Die elektrische Feldkonstante ε_0 besitzt die Einheit $\frac{As}{Vm}$.

   Einsetzen der Einheiten für C und R unter Berücksichtigung der Einheit der Spannung liefert:

   $$\frac{A^2s^4}{kg * m^2} * \frac{1}{m} = \frac{A^2s^4}{kg * m^3} = \frac{As}{Vm}$$

4. **Antwort A ist korrekt.**

   Wird der angegebene Zusammenhang zwischen C_1, C_2 und C_3 genutzt und jeweils die zwei anderen Größen durch die dritte Größe ausgedrückt, erhält man den folgenden Zusammenhang für die Ersatzkapazität:

   $$\frac{1}{C_{ges}} = \frac{1}{C_1} + \frac{1}{\frac{1}{2}C_1} + \frac{1}{\frac{3}{4}C_1} = \frac{1}{C_1} + \frac{2}{C_1} + \frac{4}{3C_1} = \frac{3}{3C_1} + \frac{6}{3C_1} + \frac{4}{3C_1} = \frac{13}{3C_1} \quad \Rightarrow \quad C_{ges} = \frac{3}{13}C_1$$

   Analog lässt sich die Gesamtkapazität auch in Abhängigkeit der anderen Kapazitäten C_2 und C_3 angeben.

5. **Antwort C ist korrekt.**

   Verhalten sich bei einer isothermen Zustandsänderung (Temperatur konstant) und gleichbleibender Stoffmenge Druck und Volumen umgekehrt proportional, dann gilt:

   $$p * V = \text{konstant} \quad \text{bzw.} \quad \frac{p_1}{p_2} = \frac{V_2}{V_1} \quad \Rightarrow \quad V_2 = \frac{p_1}{p_2} * V_1 \quad \text{bzw.} \quad p_1 = p_2 * \frac{V_2}{V_1} \quad \text{und} \quad p_2 = p_1 * \frac{V_1}{V_2}$$

   Nun muss man nur noch einsetzen und erhält die fehlenden Zahlenwerte:
   $V_2 = 0,25\,m^3$ (Messung 1); $p_1 = 0,5\,bar$ (Messung 2); $p_2 = 3\,bar$ (Messung 3)

6. **Antwort C ist korrekt.**

   Hier ist zu prüfen, was mit dem angegebenen Term für die Kapazität geschieht, wenn R_2 zunimmt und alle anderen Parameter konstant bleiben. Es ändert sich in diesem Fall lediglich das Argument des natürlichen Logarithmus. Da R_2 im Zähler des Arguments des Logarithmus erscheint, wird das Argument des Logarithmus größer, wenn R_2 zunimmt. Da zudem gilt $R_2/R_1 \geq 1$ und der Logarithmus eine streng monoton wachsende Funktion ist, wächst $\ln R_2/R_1$ für einen größer werdenden Radius R_2 gegen unendlich. Da das Ergebnis des Logarithmus im Nenner der Formel zur Berechnung der Kapazität steht, muss die Kapazität folglich sinken.

7. **Antwort D ist korrekt.**

   Setzt man die Werte für die Kraftkomponenten in die Formel ein, ergibt sich:

   $$|\vec{F}| = \sqrt{(3\,N)^2 + (5\,N)^2 + (4\,N)^2} = \sqrt{50}\,N \approx 7\,N\,.$$

   Nimmt F_z um 300% zu, gilt $F_z = 16\,N$ (Achtung: 400% des Ausgangswert!)
   und damit errechnet sich der Betrag der Kraft durch:

   $$|\vec{F}| = \sqrt{(3\,N)^2 + (5\,N)^2 + (16\,N)^2} = \sqrt{290}\,N \approx 17\,N\,.$$

   Der Betrag der Kraft nimmt demnach um $\left(\frac{17}{7} - 1\right) * 100\,\% \approx 143\,\%$ zu.

8. **Antwort D ist korrekt.**

   Nähert sich die Geschwindigkeit des Objekts der Lichtgeschwindigkeit an, geht γ gegen unendlich. Dies sieht man daran, dass im Nenner für steigende Geschwindigkeiten der Bruch v^2/c^2 gegen 1 und damit das Ergebnis der Wurzel gegen 0 geht. Insgesamt geht der relativistische Impuls daher für steigende Geschwindigkeiten gegen unendlich.

9. **Antwort A ist korrekt.**

   Bildet man den Hauptnenner, erhält man $\quad \frac{1}{f} = \frac{1}{f_1} + \frac{1}{f_2} + \frac{1}{f_3} = \frac{f_2 f_3 + f_1 f_3 + f_1 f_2}{f_1 * f_2 * f_3}\quad$.

   Wegen $\quad f_3 > f_2 > f_1\quad$ gilt auch $\quad f_1 f_3 > f_1 f_2\quad$ und $\quad f_2 f_3 > f_1 f_3 > f_1 f_2$.

   Der Term kann also abgeschätzt werden: $\quad \frac{f_2 f_3 + f_1 f_3 + f_1 f_2}{f_1 * f_2 * f_3} > \frac{f_1 f_2 + f_1 f_2 + f_1 f_2}{f_1 * f_2 * f_3} = \frac{3 f_1 f_2}{f_1 * f_2 * f_3} = \frac{3}{f_3}$.

   Es ließe sich analog auch $\frac{1}{f} < \frac{3}{f_1}$ herleiten, die anderen Abschätzungen jedoch nicht.

10. **Antwort E ist korrekt.**

    250 ml der ersten Lösung enthalten 50 ml Methanol und 200 ml Wasser. 450 ml der zweiten Lösung enthalten 50 ml Methanol und 400 ml Wasser. Zuzüglich der 400 ml Wasser sind es 1000 ml Wasser und 100 ml Methanol, was einem Mischungsverhältnis von 1:10 entspricht.

11. Antwort A ist korrekt.

Es gelten die beiden Gleichungen $P = U * I$ und $R = \frac{U}{I}$ → $U = R * I$ und damit $P = I^2 * R$.

12. Antwort D ist korrekt.

Es gilt $v * A = $ konstant und damit für die zwei Zustände $v_1 * A_1 = v_2 * A_2$. Umgeformt ergibt sich $v_1 / v_2 = A_2 / A_1$. In weiteren Rohrpassagen fließt die inkompressible Flüssigkeit folglich langsamer, in engeren Rohrpassagen schneller. Die Fließgeschwindigkeit ist also umgekehrt proportional zum Rohrquerschnitt.

13. Antwort D ist korrekt.

Einsetzen und Kürzen ergibt für die Coulomb-Kraft $F = 1N = \frac{kg * m}{s^2}$.

14. Antwort E ist korrekt.

Zu analysieren ist der Term $F = \frac{1}{4\pi\varepsilon_0} * \frac{q_1 * q_2}{r^2}$. Da im vorderen Teil des Terms nur Konstanten vorkommen, hängt die Coulombkraft nur von q_1, q_2 und r ab. Damit F konstant bleibt, muss in jeder Versuchsanordnung $\frac{\Delta q_1 * \Delta q_2}{\Delta r^2} = 1$ gelten.

Versuchsanordnung 1: $\frac{4 * q_2}{1/4} = 1$ → $q_2 = \frac{1}{16}$

Versuchsanordnung 2: $\frac{1/4 * 1/16}{r^2} = \frac{1/64}{r^2} = 1$ → $r = \frac{1}{8}$

Versuchsanordnung 3: $\frac{q_1 * 4}{4} = 1$ → $q_1 = 1$

15. Antwort A ist korrekt.

Zur Überprüfung der Einheit des Kohäsionsdrucks werden die einzelnen Summanden überprüft. Da es sich um eine Gleichung handelt, muss jeder Summand der rechten Seite der Gleichung dieselbe Einheit wie die linke Seite der Gleichung besitzen.

Es haben sowohl $\frac{RT}{V_m - b}$ als auch $\frac{a}{(V_m)^2}$ die Einheit Pa bzw. $\frac{N}{m^2}$ bzw. $\frac{kg}{m * s^2}$.

Setzt man dies in den zweiten Summanden ein, ergibt sich:

$Pa = \left[\frac{a}{(V_m)^2}\right]$ → $[a] = Pa * \left(\frac{m^3}{mol}\right)^2 = \frac{Pa * m^6}{mol^2}$ bzw. $\frac{N * m^4}{mol^2}$.

16. Antwort B ist korrekt.

Zunächst ist es ratsam, die Gleichung nach U_2 umzustellen. Wird die Wicklungzahl in Spule 2 verdoppelt, verdoppelt sich folglich auch die induzierte Spannung in Spule 2. Wird hingegen die Wicklungzahl in Spule 2 verdoppelt und gleichzeitig die Wicklungzahl in Spule 1 halbiert, vervierfacht sich die induzierte Spannung. Aussage D lässt sich leicht mit einem Beispiel widerlegen: Vorher: Wicklungzahlen: 1000/2000, Spannungen: 1 V/2 V. Nachher: Erhöhung um 1000 Wicklungen je Spule: 2000/3000, Spannungen: 1 V/1,5 V, d. h. die induzierte Spannung sinkt in diesem Fall von 2 V auf 1,5 V. Die induzierte Spannung in Spule 2 kann durch drei Änderungen erhöht werden: Wicklungzahl Spule 1 senken, Wicklungzahl Spule 2 erhöhen und Spannung in Spule 1 erhöhen.

17. Antwort E ist korrekt.

Aus der allgemeinen Gasgleichung folgt $\frac{p}{T}$ = konstant .

Damit gilt:

$$\frac{p_1}{T_1} = \frac{p_2}{T_2} \quad \rightarrow \quad T_1 * p_2 = T_2 * p_1$$

18. Antwort C ist korrekt.

Auflösen und Einsetzen der Einheiten liefert:

$$a = \frac{\dot{Q}}{A * (T_1 - T_2)} \quad \rightarrow \quad [\alpha] = \left[\frac{kg * m^2}{s^3} * \frac{1}{m^2 * K} \right] = \left[\frac{kg}{s^3 * K} \right]$$

19. Antwort E ist korrekt.

250 ml der Ethanol-Wasser-Lösung 1:5 enthalten 50 ml Ethanol und 200 ml Wasser. 400 ml der Ethanol-Wasser-Lösung 1:4 enthalten 100 ml Ethanol und 300 ml Wasser. Die Mischung aus beiden Lösungen enthält daher 150 ml Ethanol und 500 ml Wasser. Da nur Wasser nachgefüllt werden soll, muss die Wassermenge auf 1050 ml steigen (Mischungsverhältnis 1:7). Es müssen folglich noch 550 ml Wasser nachgefüllt werden.

20. Antwort A ist korrekt.

Zunächst ist der minimale Schnitt der ersten beiden Mengen (90% und 80%) zu bilden. Dieser beträgt 70%. Im nächsten Schritt muss der minimale Schnitt zwischen dem minimalen Schnitt aus dem ersten Schritt (70%) und den verbliebenen 70% gebildet werden. Dieser beträgt 40%.

21. Antwort B ist korrekt.

Einsetzen der Einheiten ergibt die Einheit Vs/A für die Induktivität. Gebräuchlich ist auch H = Vs/A (Henry).

22. Antwort D ist korrekt.

Mischung (A) enthält 100 + 300 + 400 = 800 ml Methanol und 200 + 500 + 700 + = 1400 ml Wasser, diese Mischung hat ein Mischungsverhältnis von 4:7. Mischung (B) hat 300 + 120 + 160 = 580 ml Methanol und 600 + 200 + 280 = 1080 ml Wasser. Kürzen mit 20 ergibt ein Mischungsverhältnis von 29:54. Mischung (C) enthält 25 + 600 + 100 = 725 ml Methanol und 50 + 1000 + 175 = 1225 ml Wasser. Kürzen mit 25 ergibt das Mischungsverhältnis 29:49. Mischung (D) enthält 100 + 60 + 120 = 280 ml Methanol und 200 + 100 + 210 = 510 ml Wasser, also ein Mischungsverhältnis von 28:51. Mischung (E) enthält 50 + 15 + 100 = 165 ml Methanol und 100 + 25 + 175 = 300 ml Wasser. Gekürzt mit 15 ergibt sich ein Mischungsverhältnis von 11:20.

23. Antwort E ist korrekt.

Das Antidot kann zu jedem der genannten Zeitpunkte verabreicht worden sein. Dies liegt daran, dass das Antidot genau 50% des Medikaments sofort eliminiert und damit die exponentielle Zerfallskette im Endresultat nicht beeinflusst.

* TIPP

* **HALFLIFE**
  Wenn Du Dir hierzu eine Zerfallstabelle erstellst, erkennst Du diesen Zusammenhang sofort.

24. Antwort D ist korrekt.

Zunächst bestimmt man die Gesamtinduktivität durch Bildung des Hauptnenners und Ersetzen von L_1: $\frac{1}{L_g} = \frac{1}{L_1} + \frac{1}{L_2} = \frac{L_2 + L_1}{L_1 L_2}$ → $L_g = \frac{L_1 L_2}{L_2 + L_1} = \frac{2 * L_2^2}{3 * L_2} = \frac{2}{3} L_2$.

Nach dem Austausch gilt:

$L_g = \frac{L_1 L_2}{L_2 + L_1} = \frac{\frac{3}{2} L_2^2}{\frac{5}{2} L_2} = \frac{3}{5} L_2$.

Es ergibt sich:

$\left(\frac{0{,}6}{0{,}67} - 1\right) * 100\% = -10{,}45\%$.

Diesen Term kann man sehr leicht im Kopf überschlagen:

$\frac{0{,}6}{0{,}66} \approx \frac{10}{11} \approx 90\%$

Die Gesamtinduktivität nimmt folglich um ca. 10% ab.

9. MUSTERLÖSUNGEN – SIMULATION 9

1. **Antwort D ist korrekt.**

   Es gelten die Beziehungen $q'_1 = 2q_1$, $q'_2 = q_2$ und $r' = 2r$. Eingesetzt in die Coulomb-Gleichung:

   $$F' = \frac{1}{4\pi\varepsilon_0} * \frac{q'_1 * q'_2}{(r')^2} = \frac{1}{4\pi\varepsilon_0} * \frac{2\,q_1 * q_2}{4r^2} = \frac{1}{2} * \frac{1}{4\pi\varepsilon_0} * \frac{q_1 * q_2}{r^2} = \frac{1}{2} * F$$

   Die Lösung lässt sich auch durch logisches Denken nachvollziehen. Durch den proportionalen Zusammenhang zwischen Coulomb-Kraft und Ladungsmenge q_1 verdoppelt sich die Coulomb-Kraft zwar bei einer Verdopplung der Ladungsmenge q_1, gleichzeitig nimmt die Coulomb-Kraft aber aufgrund des umgekehrt proportionalen Zusammenhangs zum Quadrat des Abstands der Mittelpunkte auf ein Viertel des Ausgangswerts ab. Insgesamt halbiert sich die Kraft also.

2. **Antwort C ist korrekt.**

   Laut Aufgabenstellung ist das Verhältnis $\frac{U_1}{U_2} = \frac{N_1}{N_2} = \frac{5\,V}{100\,V} = \frac{1}{20}$. Die Wicklungszahl der Sekundärspule muss daher um das Zwanzigfache höher sein als die Wicklungszahl der Primärspule.

3. **Antwort E ist korrekt.**

   Wird gleichzeitig C_1 vervierfacht und C_2 halbiert, verdoppelt sich der Zähler unabhängig von den Werten für C_1 und C_2, da es sich hierbei um ein Produkt handelt. Im Nenner jedoch wird die Summe aus C_1 und C_2 gebildet. Über das Ergebnis dieser Addition kann keine Aussage getroffen werden. Daher kann keine konkrete Aussage zur Ersatzkapazität C_{ges} getroffen werden. Hier ein Zahlenbeispiel zum besseren Verständnis.

   1. vorher: $C_1 = 1$, $C_2 = 1000$ ➜ $C_1 + C_2 = 1001$,
      danach: $C'_1 = 4$, $C'_2 = 500$ ➜ $C'_1 + C'_2 = 504$

   2. vorher: $C_1 = 1000$, $C_2 = 1$ ➜ $C_1 + C_2 = 1001$,
      danach: $C'_1 = 4000$, $C'_2 = 0{,}5$ ➜ $C'_1 + C'_2 = 4000{,}5$

   Zusammenfassung:

   Für $C_2 \gg C_1$ (Beispiel 1) wird der Nenner kleiner, für $C_1 \gg C_2$ (Beispiel 2) größer, bei beiden Möglichkeiten verdoppelt sich jedoch der Zähler. Insgesamt kann die Ersatzkapazität daher zu- oder abnehmen.

4. **Antwort C ist korrekt.**

   Fasst man die beschriebenen Informationen zusammen erhält man die Formeln $P = U * I$ und $U = R * I$. Da sich in der Aufgabenstellung nur I und R verändern, setzte man die beiden Formeln ineinander ein, indem man U ersetzt und erhält folglich: $P = R * I^2$. Ferner gilt $R' = 4R$. Da die Leistung konstant bleiben soll ergibt sich folgender Zusammenhang: $P = R * I^2 = P' = 4R * I'^2$. Daraus lässt sich ableiten: $\frac{1}{4} * I^2 = I'^2 \rightarrow I' = \frac{1}{2} I$. Die Stromstärke muss sich demzufolge halbieren.

5. **Antwort A ist korrekt.**

   Wenn $L_1 < L'_1$ und $L_2 < L'_2$ gilt, dann ist $\frac{1}{L_1} > \frac{1}{L'_1}$ und $\frac{1}{L_2} > \frac{1}{L'_2}$.

   Daraus folgt $L'_g > L_g$, wenn gilt L_g und $L'_g > 0$.

6. **Antwort D ist korrekt.**

   Da ein quadratischer Zusammenhang zwischen Kantenlänge und Fläche besteht ($A = a^2$), muss die vierfache Kantenlänge gewählt werden, damit die 16-fache Fläche entsteht. Die Kantenlänge muss demnach um 300% zunehmen.

7. **Antwort C ist korrekt.**

   Da sich lediglich r_2 ändert, genügt es sich auf den Term in der Klammer zu beschränken. Wenn r_2 größer wird, wird das Ergebnis der Klammer kleiner (sofern gilt r_1 und $r_2 > 0$). Folglich muss die Kapazität abnehmen.

8. **Antwort B ist korrekt.**

   Aus den Angaben in der Aufgabenstellung ergibt sich:
   $\frac{1}{f'} = \frac{1}{f'_1} + \frac{1}{f'_2} = \frac{1}{2} \left(\frac{1}{f_1} + \frac{1}{f_2} \right) = \frac{1}{2} * \frac{1}{f}$.

   Der Kehrwert der Brennweite halbiert sich. Demnach verdoppelt sich die Brennweite.

9. **Antwort E ist korrekt.**

   Da eine umgekehrte Proportionalität zwischen Druck und Volumen vorliegt, muss sich das Volumen halbieren, wenn sich der Druck verdoppelt etc.

10. **Antwort A ist korrekt.**

    Wenn eine isobare Zustandsänderung vorliegt, gilt p = konstant. Außerdem handelt es sich bei der universellen Gaskonstanten ebenfalls um eine Konstante. Es ändern sich durch die Zustandsänderung folglich nur die Größen V und T. Da diese auf verschiedenen Seiten der Gleichung stehen, muss sich das Volumen vervierfachen, wenn sich die Temperatur vervierfacht.

11. **Antwort E ist korrekt.**

    Umstellen der Gleichungen vereinfacht die Aufgabe: $Q = C * U$ und $W = \frac{1}{2} * C * U^2$. Die halbe Spannung führt zur halben Ladung und einem Viertel der Energie.

12. Antwort C ist korrekt.

Das ursprüngliche Volumen, in Abhängigkeit der Raumdiagonalen, berechnet sich durch:

$$V = \left(\frac{1}{\sqrt{3^3}}\right)^3 = \frac{d^3}{(\sqrt{3^3})} \, .$$

Die neue Kantenlänge berechnet sich durch: $a' = \dfrac{d'}{\sqrt{3}} = \dfrac{2d}{\sqrt{3}}$.

Das neue Volumen berechnet sich durch: $V' = a'^3 = \left(\dfrac{2d}{\sqrt{3}}\right)^3 = 8 * \dfrac{d^3}{(\sqrt{3^3})}$.

Das Volumen verachtfacht sich. Wer besonders clever an die Aufgabe herangeht, sieht sofort, dass die Raumdiagonale ein Vielfaches der Kantenlänge ist (proportionaler Zusammenhang). Da sich das Volumen bei einer Verdopplung der Kantenlänge verachtfacht, verachtfacht sich das Volumen demnach auch bei einer Verdopplung der Raumdiagonale.

13. Antwort B ist korrekt.

Durch die vierfache Fläche erhöht sich die Induktivität auf den vierfachen Wert. Damit sich die Induktivität nicht verändert, muss das Quadrat der Wicklungszahl auf ein Viertel des Ausgangswert sinken. Die Wicklungszahl muss sich folglich halbieren. Hier die ausführliche Rechnung:

$$L' = N'^2 * \frac{\mu_0 * \mu_r * A'}{2\pi r} = 4 * N'^2 * \frac{\mu_0 * \mu_r * A}{2\pi r} \quad \rightarrow \quad N'^2 = \frac{1}{4} N^2 \quad \rightarrow \quad N' = \frac{1}{2} N$$

Die Wicklungszahl der Spule muss sich halbieren.

14. Antwort E ist korrekt.

200 ml der ersten Mischung mit dem Mischungsverhältnis 3:1 enthalten 150 ml Wasser und 50 ml Ethanol. Es bietet sich an, einfach Zahlenwerte auszuprobieren. 600 ml der zweiten Mischung enthalten 500 ml Wasser und 100 ml Ethanol. Wird diese zur ersten Mischung gegeben, enthält die entstandene Mischung 650 ml Wasser und 150 ml Ethanol, was einem Mischungsverhältnis von etwas über 4:1 entspricht. Es muss also weniger der zweiten Mischung zur ersten gegeben werden. 150 ml der zweiten Mischung enthalten 125 ml Wasser und 25 ml Ethanol, die neu entstandene Mischung 275 ml Wasser und 75 ml Ethanol, also ein Mischungsverhältnis von unter 4:1. Weiteres Eingrenzen führt zur Lösung. Werden 300 ml der zweiten Mischung zur ersten gegeben, erhöht sich das Wasser auf 400 ml und das Ethanol auf 100 ml, insgesamt ergibt sich ein Mischungsverhältnis von 4:1.

15. Antwort B ist korrekt.

Das Prinzip lässt sich am besten bildlich darstellen:

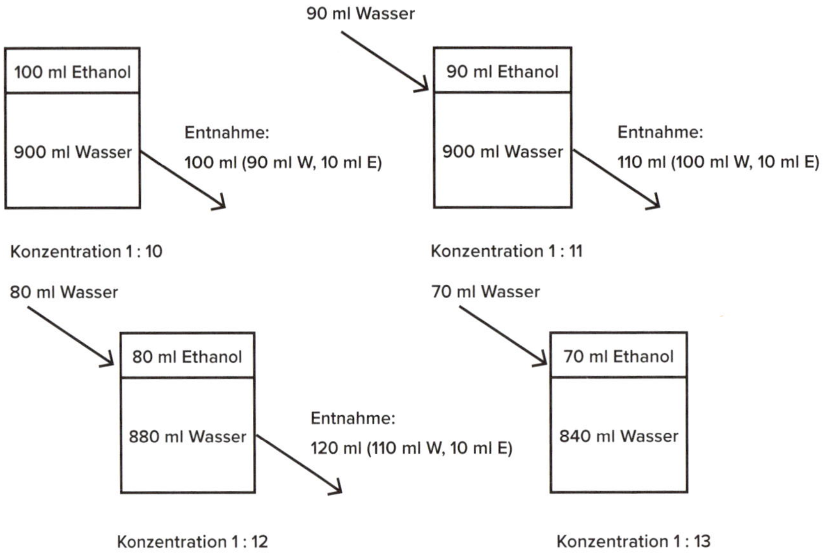

Die Konzentration der entstandenen Wasser-Ethanol-Lösung beträgt 1:13.

16. Antwort D ist korrekt.

Zunächst mischt er alle Lösungen miteinander, er erhält also eine Lösung, die 1600 ml Flüssigkeit enthält, wovon 1200 ml Wasser und 400 ml Methanol sind. Das ergibt die Konzentration 1:4. Bei einer Entnahme von 400 ml entnimmt er 300 ml Wasser und 100 ml Methanol (Rest: 900 ml Wasser, 300 ml Methanol). Füllt er danach 900 ml Wasser nach, besteht die finale Lösung aus 1800 ml Wasser und 300 ml Methanol, was einer Konzentration von 1:7 entspricht.

17. Antwort B ist korrekt.

Diese Aufgabe lässt sich über einen Dreisatz lösen. Wenn alle vier Pumpen das Schwimmbecken innerhalb von vier Stunden und zehn Minuten vollständig füllen können, könnte jede einzelne Pumpe das Becken innerhalb von 16 Stunden 40 Minuten vollständig alleine füllen. Dies entspricht einer Dauer von 1000 Minuten. Demnach kann jede Pumpe innerhalb von 10 Minuten das Becken zu einem Prozent füllen. Nach zwei Stunden mit vier Pumpen sind also 48 Prozent des Beckens mit Wasser gefüllt. Nach einer weiteren Stunde Einsatz mit drei Pumpen kommen 18 Prozent Füllmenge hinzu, insgesamt ist das Becken nach drei Stunden folglich zu 66 Prozent mit Wasser gefüllt.

18. Antwort B ist korrekt.

P_1 hat die halbe Fördermenge von P_2 ($P_1 = \frac{1}{2}P_2$). P_3 hat ein Drittel der Fördermenge von P_2 ($P_3 = \frac{1}{3}P_2$). Zusammen besitzen sie also $\frac{5}{6}$ der Fördermenge von P_2 ($\frac{1}{2}P_2 + \frac{1}{3}P_2$). Da sie nur $\frac{5}{6}$ der Fördermenge besitzen brauchen sie im Umkehrschluss $\frac{6}{5}$ der Zeit um die gleiche Menge zu fördern. Dies entspricht 120 Prozent. Damit brauchen sie 20 Prozent länger als P_2.

19. Antwort D ist korrekt.

Einsetzen der verschiedenen Einheiten, Umstellen der Gleichung und Kürzen liefert für die Gravitationskraft die Einheit $m^3 * (kg * s^2)^{-1}$.

20. Antwort B ist korrekt.

Einsetzen der verschiedenen Einheiten, Umstellen der Gleichung nach R_m und Verwendung der Hinweise liefert für die Gravitationskraft die Einheit $J / (mol * K)$.

21. Antwort A ist korrekt.

Einsetzen der verschiedenen Einheiten, Umstellen der Gleichung nach E und Verwendung des Hinweises liefert für die elektrische Feldstärke die Einheit V/m.

22. Antwort E ist korrekt.

Einsetzen der verschiedenen Einheiten, Umstellen der Gleichung nach B

$(B = F / (I * L))$ und Verwendung des Hinweises liefert für die magnetische Flussdichte die Einheit $\frac{kg}{As^2}$.

23. Antwort C ist korrekt.

Da die Terme auf der rechten Seite eine Summe darstellt und Summanden die gleiche Einheit besitzen müssen reicht es aus den Summanden, der die universelle Gaskonstante enthält, zu betrachten $p = \frac{RT}{V_m - b}$.

$$[R] = \frac{p * (V_m - b)}{T} = \frac{\frac{N}{m^2} * \frac{m^3}{mol}}{K} = \frac{Nm}{mol * K}$$

24. Antwort D ist korrekt.

Einsetzen der verschiedenen Einheiten, Umstellen der Gleichung nach μ_0 und Verwendung des Hinweises liefert für die magnetische Flussdichte die Einheit $\frac{kg * m}{s^2 * A^2} = \frac{N}{A^2}$.

BUCHEMPFEHLUNGEN, E-LEARNING UND SEMINARE

1. ÜBUNGSMATERIAL ZU DEN
EINZELNEN UNTERTESTS   235

2. E-LEARNING   237

3. VORBEREITUNGSSEMINARE   238

BUCHEMPFEHLUNGEN, E-LEARNING UND SEMINARE

Für eine intensive Vorbereitung ist eine intensive Eindeckung mit Übungsmaterial unverzichtbar. Wir haben dafür eine Liste empfehlenswerter Bücher zusammengestellt, die von uns selbst und vielen KursteilnehmerInnen getestet wurden.

Es empfiehlt sich in Gruppen Bücher zu besorgen und diese dann gemeinsam zu nutzen. Eine günstige Alternative ist die EMS, TMS, MedAT Tauschbörse. Du findest diese Gruppe auf Facebook und kannst hier mit ehemaligen TeilnehmerInnen nach eigenem Gusto tauschen. Die Bücher sollten auf alle Fälle sehr früh bestellt werden, da die Lieferzeiten kurz vor dem TMS bzw. EMS teilweise 1–2 Wochen betragen können. Du solltest vermeiden, die Aufgaben in den Übungsbüchern anzustreichen. Zuerst solltest Du immer Kopien erstellen, damit Du die Aufgaben öfters verwenden kannst.

1. ÜBUNGSMATERIAL ZU DEN EINZELNEN UNTERTESTS

Ausführliche Informationen zu unseren Büchern, Seminaren und zu unserer E-Learning-Plattform erhältst Du auf unserer Homepage www.medgurus.de. Wenn Du mehr Informationen, Bilder oder Leseproben zu den unten aufgeführten Büchern unserer TMS, EMS, MedAT und Ham-Nat Buchreihen erhalten willst, folge einfach dem QR-Link neben den Büchern.

DIE KOMPLETTE TMS & EMS BUCHREIHE

LEITFADEN
Medizinertest in Deutschland und der Schweiz
- Lösungsstrategien zu allen Untertests werden anhand anschaulicher Beispiele und Musteraufgaben erklärt
- Zahlreiche Übungsaufgaben zu allen Untertests
- Allgemeine Bearbeitungstipps und Tricks für den TMS & EMS
- Alle Infos rund um den TMS & EMS inklusive Erfahrungsberichten

MATHE LEITFADEN
Quantitative und formale Probleme
- Das komplette relevante Mathe-Basiswissen für den TMS & EMS
- Lösungsstrategien und Grundaufgabentypen für den TMS & EMS
- Zahlreiche aktuelle Übungsaufgaben und komplette TMS Simulationen mit ausführlichen Musterlösungen

SIMULATION
Medizinertest in Deutschland und der Schweiz
- Eine komplette Simulation des TMS in Deutschland
- Alle Aufgaben wurden vor der Veröffentlichung unter realen Testbedingungen getestet und den aktuellen Ansprüchen des TMS angepasst.
- Die Simulation entspricht in Form und Anspruch dem TMS

DIAGRAMME UND TABELLEN
Übungsbuch
- Zahlreiche Übungsaufgaben, die in Form und Anspruch den Originalaufgaben entsprechen.
- Musterlösungen zu allen Übungsaufgaben
- Lösungsstrategien, Tipps und Tricks zur effizienten Bearbeitung der Aufgaben

FIGUREN UND FAKTEN LERNEN
Übungsbuch
* Zahlreiche, aktualisierte Übungsaufgaben
* Schritt-für-Schritt Erklärungen zu den wichtigsten Mnemotechniken
* Tipps und Tricks für eine effizientere und schnellere Bearbeitung

KONZENTRIERTES UND SORGFÄLTIGES ARBEITEN
Übungsbuch
* Test-relevante Konzentrationstests mit Lösungsschlüssel
* Tipps für eine effizientere und schnellere Bearbeitung

MEDIZINISCH-NATURWISSENSCHAFTLICHES GRUNDVERSTÄNDNIS
Übungsbuch
* Übungsaufgaben zu Test-relevanten, naturwissenschaftlichen Themen
* Musterlösungen zu allen Übungsaufgaben
* Lösungsstrategien, Tipps und Tricks zur effizienten Bearbeitung

MUSTER ZUORDNEN
Übungsbuch
* Genaue Analyse der typischen Fallen und Fehler im TMS & EMS
* Erklärung der Bearbeitungsstrategien anhand von Musterbeispielen
* Zahlreiche, Test-relevante Übungsaufgaben mit kompletten Simulationen

SCHLAUCHFIGUREN
Übungsbuch
* Zahlreiche, erprobte Übungsaufgaben für ein ausgiebiges Training
* Genaue Analyse der typischen Fallen und Fehler im TMS & EMS
* Tipps für eine effizientere und schnellere Bearbeitung

TEXTVERSTÄNDNIS
Übungsbuch
* Medizinische Übungstexte zu TMS & EMS relevanten Themen
* Lösungsstrategien, Tipps und Tricks zur effizienten Bearbeitung
* Integrierter Lernplan mit Auswertungsbogen

2. E-LEARNING

In den letzten Jahren haben wir eine E-Learning-Plattform entwickelt auf der Du mittels Video-Tutorials alle Lösungsstrategien gezeigt bekommst und diese direkt mithilfe verschiedener Übungs- und Simulationsmodi trainieren kannst. Mithilfe der ausgeklügelten Lernstatistik erhältst Du Deinen individuellen Lernplan und kannst Dich dank unserer innovativen Ranking-Funktion mit allen anderen Teilnehmern vergleichen.

TIPPS

* **FÜR UMME**
  Auf unserer E-Learning-Plattform hat jeder die Möglichkeit kostenlos einen Einstufungstest zu machen. Dank der Ranking-Funktion kannst Du Dich direkt mit allen anderen Teilnehmern vergleichen und erhältst eine detaillierte Auswertung Deiner Stärken und Schwächen. Mehr Infos gibt es im Video. Einfach dem QR-Link folgen.

* **GEHE DIREKT AUF LOS!**
  Scannen und loslegen! Hier geht's direkt zu unserer Lernplattform. Einfach dem QR-Link folgen.

AKTUELL

* **BULLSEYE**
  Eine Umfrage unter allen Teilnehmern unserer E-Learning Plattform im vergangenen Jahr hat gezeigt, dass unser errechnetes Ranking beim Großteil auch dem tatsächlichen TMS Ergebnis entsprach. Mehr als 80 Prozent der Teilnehmer gaben an das exakt gleiche oder nur ein minimal abweichendes Ergebnis erreicht zu haben

3. VORBEREITUNGSSEMINARE

Seit 2007 bieten wir Vorbereitungskurse zu studentisch fairen Preisen für den EMS, TMS, MedAT und Ham-Nat an. In unseren Seminaren stellen wir effiziente Bearbeitungsstrategien zu den einzelnen Untertests vor und trainieren diese mit den Teilnehmern anhand von Beispielaufgaben ein. Video Tutorials, Allgemeine Informationen zum EMS, TMS, MedAT und Ham-Nat, sowie Informationen zu unserem Kursangebot findest Du auf unserer Homepage www.medgurus.de.

* **WATCH AND LEARN**
  Lass Dir von Lucas unser gurutastisches TMS & EMS Kursprogramm verständlich erklären. Da ist für jeden Geschmack etwas dabei. Einfach dem QR-Link folgen.

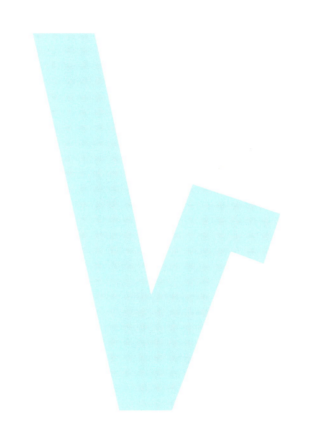

NOTIZEN